中国社会科学院创新工程学术出版资助项目

劳动市场中的性别分析：
理论、方法与实证研究

王 震 著

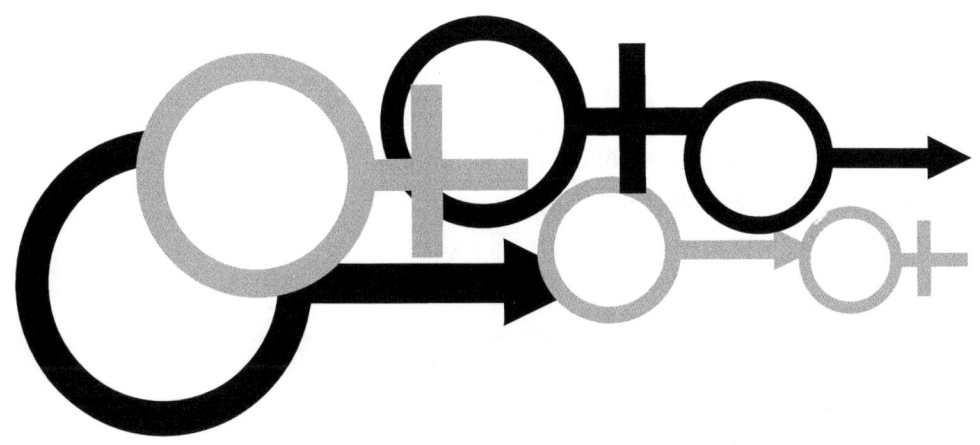

经济管理出版社

图书在版编目（CIP）数据

劳动市场中的性别分析：理论、方法与实证研究/王震著. —北京：经济管理出版社，2014.6
ISBN 978-7-5096-3145-4

Ⅰ.①劳… Ⅱ.①王… Ⅲ.①劳动力市场—性别差异—研究 Ⅳ.①F241.2

中国版本图书馆CIP数据核字（2014）第112160号

组稿编辑：徐　雪
责任编辑：徐　雪　赵喜勤
责任印制：黄章平
责任校对：赵天宇

出版发行：经济管理出版社
　　　　　（北京市海淀区北蜂窝8号中雅大厦A座11层　100038）
网　　址：www.E-mp.com.cn
电　　话：(010) 51915602
印　　刷：大恒数码印刷（北京）有限公司
经　　销：新华书店
开　　本：720mm×1000mm/16
印　　张：14.75
字　　数：242千字
版　　次：2014年11月第1版　2014年11月第1次印刷
书　　号：ISBN 978-7-5096-3145-4
定　　价：48.00元

·版权所有　翻印必究·
凡购本社图书，如有印装错误，由本社读者服务部负责调换。
联系地址：北京阜外月坛北小街2号
电话：(010) 68022974　　　邮编：100836

序 一

1995年在北京举行的联合国第四次世界妇女大会，可谓性别分析进入中国经济学研究领域的一个里程碑。此前的收入分配分析虽然已引入性别变量，但尚未将性别差异、性别不平等以及特定政策的性别影响作为观察焦点。北京世界妇女大会在给予中国经济学界社会性别意识启蒙的同时，激励经济学人引进国际通行的性别差异分析理论和方法，将其应用于社会经济转型中的性别问题研究。王震的《劳动市场中的性别分析：理论、方法与实证研究》一书，便是这类尝试的一个结果。

自英国工业革命始，社会经济领域中的性别不平等，特别是女性劳动者的平均工资低于男性的问题即进入经济学家的视野。从工场作坊时代的亚当·斯密（Adam Smith），到后工业化时代的加里·贝克尔（Gary Becker），都曾试图对劳动市场中的性别差异和不平等加以理论解释。到目前，无论是基于劳动市场分割的"拥挤理论"和性别歧视理论，还是与家庭时间配置决策相联系的人力资本理论，都曾明确揭示，行业和职业的性别隔离可以使女性劳动者陷入低工资境地。阿马蒂亚·森（Amartya Sen）则进一步将研究聚焦于这些现象背后的制度性原因，从而在阐明公共政策切入点的同时，加固了性别分析方法的理论基础：

第一，穷人、妇女、老人、残疾人和少数民族等群体在获得健康、知识、信息、收入和参与社会活动方面，通常处于不利地位。一个人如果同时具有上述多种特征，那就更可能生活在社会边缘。其根本原因在于，他们遭遇现有社会政治、经济、文化条件的限制，不能获得与其他社会群体平等的权利，即处于被剥夺、被排斥的状态。

第二，基于社会公正的理念，任何一个社会成员都不应由于种族、性别、年龄、财富、身体和宗教信仰等特征，得不到必需的产品、服务和机会。政府干预

劳动市场中的性别分析：理论、方法与实证研究

和公共服务供给的一个重要作用，就在于既要为公平竞争提供制度保障，又要帮助在竞争起点处于不利地位的群体和个人克服发展的障碍，增强他们获得机会的能力；同时，还要为尚未具备市场参与能力和失能的群体提供社会保护。

据此推论，理想的状态应当如同以下设想：一个穷人不必变成富人就能享受基本健康服务，一位女子不必变成男子就能获得基础教育，一名残疾人不必变成健全人就能参与自己向往的社会活动，一个少数民族的成员不必变成多数民族的成员就能自由迁移和择业，等等。然而在多数情况下，现实与理想却相去甚远。其中的差异，可以借助一种称为"反事实"的分析方法来计量。

例如，倘若劳动市场不存在性别歧视，那么在个人能力特征（譬如受教育年限和工作经验等）相同的条件下，女性和男性就业者的工资当无显著差异（即女性与男性就业者各自的工资方程应无显著差异）。但现实中我们观察到的现象未必如此。在采用调查数据分别计算男性和女性的工资方程后，基于这两个方程把男性和女性之间的平均工资差异分解为两部分。（在此环节，既可将男性的工资方程也可将女性的工资方程作为"基准"方程。）若以男性的工资方程为基准，分解式的第一部分是男性和女性之间个人特征均值的差异与男性工资方程系数之积，第二部分是男性和女性之间工资方程系数差异与女性个人特征均值之积。第一部分表达的是，可观测到的男女间个人特征差异对其平均工资差异的解释；而第二部分则不能由前述个人特征差异解释，它显示了未观测到的因素对男女间工资差异的影响，从而很可能表现了劳动市场内在的、不可观测的机制，通常被理解为劳动市场上的"性别歧视"。

"反事实"分析方法在比较研究中多有应用。循此思路所做的性别差异分析，为消除性别歧视、保障女童和妇女权利及促进她们的发展，提供了具有说服力的政策依据。例如健康、知识和劳动市场参与程度，均为影响工资水平的决定性因素。女性只有获得充足的保健、教育、就业和培训机会，才有可能缩小与男性相比的工资差异。加里·贝克尔基于对美国高等教育和劳动市场的性别分析指出，1970年，美国的硕士学位获得者中女性占40%。2010年，在四年制大学毕业生中，女性约占57%；在硕士学位获得者中，女性占60%，而且获得博士学位的女性也比男性多。1980年，在25~34岁的就业者当中，全职女性的周薪仅为男性的69%。到2009年，这一比率已将近89%。在夫妇二人皆就业的家庭中，妻子的薪水高过丈夫的家庭约占30%。

这里陈述的美国案例，舍去了诸多影响男女之间工资差异的因素。例如，技

术进步导致劳动强度减轻,信息革命激发弹性工作制度,以至体力和生育对女性就业及其劳动市场表现的影响显著减弱。不过在全职就业者当中,美国女性每年和每周的工作时间依然少于男性,因为她们多半是一边照顾子女,一边工作。这也是同等学历条件下,女性平均收入仍低于男性的一个原因。事实上,女性养育子女的劳动对社会的贡献,已日益广泛地得到公众和决策者的承认。因此,除了法定生育保险和政府严格监管下的幼儿服务外,发达国家还在养老制度安排上,借助最低养老保障、遗属年金和共同年金等政策工具,对女性因生儿育女和照料家庭承受的收入损失,给予一定程度的补偿。一些拉美国家在社会保障制度改革中,也采取了类似的措施。

与一般市场经济中的劳动市场相比,当前的中国劳动市场除了存在相似的性别差异外,还因计划经济遗留的一些歧视性制度,形成了三个层面的隔离现象,即城乡社会隔离、公有体制内外隔离和地方行政辖区隔离。因此,跨省/市就业的农村迁移工人(农民工)同时遭受三重排斥,其中女性遇到的歧视尤为严重。从劳动需求的角度来看,招收女工的城市企业出于对作业精度和劳动强度的考虑,优先选择来自农村的未婚女青年;从劳动供给的角度来看,生产和服务一线的女性迁移工人因婚姻和生育中断就业后,大多难以返回此前受雇的正规部门,故而不得不转向非正规就业,其收入或社会保障往往滑落到更低的水平。纵观这一群体的个人生命周期,无论是在进入劳动市场前的早期发展和人力资本积累阶段,还是在劳动市场中的职位获得、工资谈判和劳动保护方面,乃至到退出劳动市场后的社会保障环节,基本都处于社会的边缘。

虽然在经济改革前后国家都曾颁布过促进男女平等的法律,但在不同地域、行业和职业中的执行程度仍有明显差异。在人口红利消失、劳动力紧缺的情况下,农村迁移工人的平均工资水平逐年上涨。然而由于城市社会的排斥性制度,他们依然未能享有与当地市民同等的公共服务、社会保障和福利,女性迁移工人的不利地位也无实质性的改善。可见,减少和消除农村迁移工人中的性别不平等,必定以增强整个社会的公平正义为前提,与保障每个社会成员平等地实现其社会政治经济权利相联系。不仅如此,还需针对女性边缘群体特有的困境,从权利保障和人力资源投资方面做出附加的制度安排。这就对中国社会经济发展战略和政策的制定,提出了强化性别意识的要求。

与此相对应,研究中国劳动市场中的性别差异和不平等问题,不但需要采用国际通用的计量方法分析观察到的事实,而且还需深入探究中国的社会政治经济文化条件赋予这些事实何种特点。原因在于,计量结果虽然有助于确认可观测到的因素所发生的影响,却无助于充分说明,在未观测到的因素中,究竟是怎样的机制在劳动市场上造成性别差异和性别歧视。进一步讲,即使对于可观测到的男女间个人能力特征的差异,计算结果本身也不可能显示其形成的原因。探索这些问题,不仅有望深化和扩展中国经济学人对性别差异和不平等现象的研究,而且还可促进决策者和公众共同采取行动,减少和消除中国特有的歧视性制度和政策,以提高发展进程中的社会包容性。

朱 玲*

---

* 朱玲,中国社会科学院学部委员,经济研究所研究员。

序 二

世界的发展理念正经历着一个从单纯追求GDP增长向以人为核心的包容性可持续经济增长的根本性转变。以人为核心的包容性经济增长的目标是为社会所有的人——不论是男性还是女性,提供平等的机会,使他们都能参与发展进程并分享发展的成果。因此,国际社会把促进两性平等并为女性赋权列为联合国千年发展目标之一。

在中国,实现男女平等是国家的基本国策之一。长期以来,中国政府一直致力于推动性别平等。在消除社会、经济和政治等各个领域的性别不平等和性别歧视方面,中国走在了许多发展中国家的前面。然而,改革开放30多年带来的快速变化也为实现性别平等这一目标提出了新的挑战:传统性别观念影响力在上升,男女出生比例失衡加重,劳动市场表现的性别差距在扩大。而社会性别作为人类最基本的社会关系,与其他社会分层器,如种族、阶级、城乡、年龄、教育、健康等,相互交叉,性别不平等使得某些边缘化社会群体中的女性变得更贫困、脆弱,缺少发展机会。

本书聚焦农民工这个城市劳动力市场上相对边缘化的群体,从职业获得、劳动供给、工资差异、社会保障等方面对农民工群体的性别差异进行了深入、系统的研究。本书对推动我国社会性别的经济研究有以下几个方面的贡献:

第一,这是第一本系统论述农民工劳动市场性别差异的经济学专著。本书对性别与农民工身份交叉性的研究深化了人们对社会不平等现象的理解。

第二,本书包含的信息量很大。作者从经济思想史的角度对西方经济学中性别差异理论的思想发展脉络和不同流派进行了梳理,并详细介绍了当前主流经济学关于劳动市场性别差异的理论和实证研究方法。这些文献对新入门的青年学者很有帮助。

第三,本书把经济学定量分析与我国的公共政策紧密结合,这有助于帮助我国青年学者克服脱离实际、把经济分析变成纯数学练习的不良倾向。

第四,本书通过系统介绍发达国家如何在养老保险政策设计中推进性别平等和具体分析我国农民工养老保险设计的性别影响,为如何对公共政策进行性别评估提供了一个很好的案例。

长期以来,人们把性别问题等同于妇女问题,且性别问题的研究人员大多都是女性。事实上,社会性别问题不仅关系到女性,也关系到男性,正确理解性别不平等的现象不仅需要女性的努力,也需要男性的合作,没有男性的参与,性别平等是无法实现的。希望能有更多的男性经济学者像王震一样关注社会性别问题,与女性经济学者一道为实现性别平等和以人为核心的包容性增长这一长期的、艰巨的任务做出贡献。

董晓媛*

---

* 董晓媛,加拿大温尼伯大学教授。

目 录

第一章 绪论：经济学中的性别与性别研究 ………………… 1

    第一节 经济学中的性别：经济思想史的考察 ………………… 3
    第二节 性别差异实证分析方法的思想基础 …………………… 10
    第三节 劳动市场中的性别平等政策概述 ……………………… 14
    第四节 本书的结构 ……………………………………………… 17

第二章 劳动市场性别分析的相关理论 ………………………… 19

    第一节 劳动市场分割与"拥挤理论" …………………………… 19
    第二节 人力资本理论与性别差异 ……………………………… 21
    第三节 性别歧视理论 …………………………………………… 23

第三章 农民工劳动市场中的性别差异 ………………………… 31

    第一节 有关农民工的几个特征性事实 ………………………… 31
    第二节 数据介绍 ………………………………………………… 36
    第三节 家庭与人口学特征的性别差异 ………………………… 41
    第四节 人力资本与社会资本的性别差异 ……………………… 44
    第五节 就业特征的性别差异 …………………………………… 52
    第六节 劳动市场表现的性别差异 ……………………………… 58
    第七节 小结 ……………………………………………………… 60

第四章 职业获得与性别职业隔离 ……………………………… 63

    第一节 性别职业隔离的测度与实证研究方法 ………………… 65
    第二节 性别职业隔离的特征性事实 …………………………… 71

第三节　农民工职业获得与性别职业隔离 …………………… 76
　　第四节　农民工的职业获得：MNL 模型的估计 ……………… 82
　　第五节　性别职业隔离的分解 …………………………………… 87
　　第六节　小结 ……………………………………………………… 93

第五章　劳动供给的性别差异 …………………………………… 97

　　第一节　劳动供给的相关理论 …………………………………… 99
　　第二节　实证研究中的劳动供给函数与估计 …………………… 105
　　第三节　关于劳动供给的一些特征性事实 ……………………… 112
　　第四节　农民工的劳动供给特征 ………………………………… 116
　　第五节　劳动供给函数的估计结果及其解释 …………………… 119
　　第六节　小结 ……………………………………………………… 127

第六章　劳动市场中的性别工资差异 ………………………… 129

　　第一节　性别工资差异的研究方法 ……………………………… 130
　　第二节　性别工资差异的一些特征性事实及已有研究综述 …… 140
　　第三节　农民工的性别工资差异及与城镇职工的比较 ………… 149
　　第四节　小结 ……………………………………………………… 160

第七章　社会保障项目的性别分析 …………………………… 163

　　第一节　社会养老保险中的性别分析与政策设计 ……………… 164
　　第二节　非正规就业与农民工养老保险设计的性别分析 ……… 176
　　第三节　新型农村社会养老保险设计的性别分析 ……………… 183

参考文献 …………………………………………………………… 191

　　中文文献 …………………………………………………………… 191
　　英文文献 …………………………………………………………… 199

后　记 ……………………………………………………………… 221

第一章 绪论：经济学中的性别与性别研究

自工业革命以来，越来越多的女性走出家庭参与到劳动市场中。特别是第二次世界大战（以下简称"二战"）之后，女性逐渐成为劳动市场中不可或缺的重要参与力量。但是，一个不争的事实是女性在劳动市场中一直处于弱势地位。相比于男性，她们在职业发展、工资收入、社会保障等方面都处于劣势。更重要的是，这种状况长期以来一直存在，持续至今。这种状况不符合现代社会的发展理念，也不利于长期经济增长。已有研究表明，在教育方面的性别平等通过减少婴儿死亡率、防止儿童营养不良以及促进人力资本投资等途径促进经济增长，而性别不平等对经济增长有显著的负面影响（Klasen, 1999；Abu-Ghaida & Klasen, 2004）。

基于这一状况，推动性别平等已经成为当前国际社会的基本共识。联合国千年发展目标（Millennium Development Goals）中的第三个目标就是促进两性平等并对女性赋权，第四个目标——降低儿童死亡率和第五个目标——改善产妇保健，也与性别平等及对女性的赋权有直接联系。在中国，实现性别平等是国家的基本国策之一，推动妇女在各个领域中享有平等权利，已经成为中国政府的重要承诺，并已贯彻到相关女性发展的政策框架中。

在经济学的研究中，性别问题也已成为一个重要课题，特别是在发展经济学和劳动经济学中，性别研究成为重要的分支。随着女性劳动参与率的升高，经济学家开始对劳动市场中的性别差异问题进行研究，并形成了一整套解释性别差异的理论以及实证研究方法。针对不同国家劳动市场中性别差异的实证研究也层出不穷，这些研究成果不仅对推动性别平等政策的制定和实施提供了依据，而且也丰富了经济学的研究内容，提高了经济学解释现实世界的能力。

中国女性的经济地位在新中国成立之后有了显著改善，女性在劳动参与率、职业获得以及工资收入等方面同男性的差距逐渐缩小。改革开放以来，女性的劳动和就业又出现了新的情况，发生了深刻的变化。其中，最为明显的一个变化是农村女性就业的非农化和外出就业。对于中国农村女性而言，这为她们获得平等的劳动和就业机会提供了条件，无疑是一个重大的历史进步。但是，计划经济下形成的对女性的劳动和就业保护体系也受到冲击，劳动和就业中的性别不平等以新的形式表现出来。

在这一现实背景下，对中国劳动市场中的性别差异的研究成为学术界的一个重要领域，从研究主题看，该领域的研究主要集中在职业获得和工资收入的性别差异方面；从研究人群看，则主要是关于城镇职工和农村居民的研究。这些研究取得了大量成果，对认识中国劳动市场中的性别差异提供了新的信息和知识。但是，对农民工群体劳动市场中的性别差异的研究，则相对较少。农民工群体已经成为中国产业工人的重要组成部分。在一些行业如建筑业、服务业中，农民工已经成为主力。截止到2011年，我国农民工总量已达2.5亿人，其中外出农民工达到1.59亿人。其中，女性农民工所占比例超过了1/3（34.1%）。在这种状况下，忽视对农民工群体的研究，会对理解和刻画中国劳动市场中的性别差异带来系统性的偏差。

基于上述理由，本书从梳理经济学中性别差异的理论、实证研究方法入手，从实证研究角度对中国农民工群体劳动市场的性别差异进行研究。在本章中，为了让读者了解经济学中性别研究的演变过程，我们首先对劳动市场中性别差异理论的演进进行经济思想史的考察。在古典经济学时期，虽然性别并不为大多数经济学者所关注，但却有一部分经济学家，包括亚当·斯密（Adam Smith）对性别问题进行了阐述。这些思想不仅成为主流的新古典经济学框架中性别分析的思想来源，而且也是女权主义经济学等其他思想流派的思想来源。其次笔者将对劳动市场中的性别分析方法，主要是基于新古典性别理论的实证研究方法进行介绍。在此基础上，笔者对促进劳动市场性别平等的政策工具进行介绍。最后一节给出本书的结构和框架，并对本书中使用的数据和田野调查进行介绍。

第一节 经济学中的性别：经济思想史的考察

在经济思想史的一般著作中，古典经济学家们集中讨论的主题多是国家、财富、商业、贸易、市场、政府等问题，性别问题往往不被重视。这与当时的经济和社会发展状况有关。在工业革命初期和中期，女性的劳动参与率很低，多数妇女囿于家庭之中。但是，两性之间的劳动分工问题也已进入一些古典经济学家的视野之中。这些有关性别问题的论述又往往散落在不同著作的不同论题之下，难以被后来的思想史著作所重视。从思想发展的起源来看，古典经济学家们对性别问题的讨论以及提出的各种对两性劳动分工的思想已经蕴含了后来的不同性别理论的来源。近年来，经济思想史已经开始重视古典经济学家们对性别问题的论述（Dimand and Nyland，2003）。总体而言，古典经济学家基本上都承认女性在家庭和社会生活中从属于男性，地位低于男性。但是，对这种性别差异的来源及其后果则持不同的看法。基于对性别差异来源和后果的不同看法，学者们对能否实现性别平等及女性地位提高的后果又产生了不同看法。

女性从属于男性，在家庭和社会经济生活中的地位低于男性，是人类有史以来长期存在的事实。对这一现象的解释，17世纪之前的学者们通常认为这是因为女性不仅在体力上，而且在智力上都处于劣势，没有能力获得与男性相同的地位。换句话说，这些学者认为女性从属于男性这一事实是自然形成的，是因为女性天生缺乏能力获得与男性平等的地位。这一思想在欧洲启蒙运动中受到了质疑，并引发了一场关于男性和女性关系的大争论。17世纪晚期法国学者拉巴尔在其著作中对女性天生缺乏与男性相同的能力提出了质疑，认为女性和男性除了在生理上有所差别外，在智力和理性方面并无差别。现实中女性对男性的从属地位是社会歧视的以及环境的产物，而不是女性天生就弱于男性。这一观点在法国启蒙思想家孟德斯鸠（Montesquieu）关于性别问题的论述中得到了进一步深化。孟德斯鸠认为，女性的社会地位主要是由其所在的社会环境，包括地理、习俗、社会制度等塑造的，而不是天生如此。他还根据当时掌握的材料，通过比较法国、英国、土耳其等不同国家女性的社会地位，来论证虽然同为女性，但在不同的社会环境中，女性的社会地位并不相同。

在古典经济学家中，亚当·斯密比较系统地论述了性别差异的问题。这主要体现在 1762~1764 年，斯密在格拉斯哥大学关于法律的演讲中（Smith, 1762）。斯密认为，女性和男性一样生来就被赋予了一系列不可剥夺的权利。女性天生的智力、能力和理性与男性并无差别。她们虽然在生理上，诸如身体的体力、生育能力上不同于男性，但是性别之间的这些生理差别并不是女性社会地位的决定性因素。女性从属于男性的状况是社会环境导致的。在社会环境诸因素中，最重要的是社会的生产方式。基于对这一性别差异起源的理解，斯密阐述了在以不同生产方式为主的社会中，性别关系发展的不同阶段。在以渔猎、游牧和农耕为主要生产方式的社会中，体力在社会生产中占有主导地位。而男性由于体力上的优势成为社会产品的主要生产者，占据了社会的主导地位；女性由于体力上的弱势，只能从事辅助性工作，形成了女性对男性的从属地位。但是，随着商业和贸易的发展以及机器的应用，体力在社会生产中的作用逐渐下降，女性在体力上的弱势对其在社会生产中的地位的影响也日渐下降。这样，女性越来越多地参与到社会生产中，并成为财富的直接创造者。在这一过程中女性的社会地位和经济地位逐渐得到提高，并将最终获得与男性平等的社会地位。当然，斯密也承认社会文化和习俗的滞后性，认为之前形成的两性之间的不平等关系即使在商业社会中也将持续一段时间，但是，随着商业社会的发展，最终会形成性别之间的平等。

斯密的这一进步主义性别观在当时也受到保守主义者的挑战，其中一个反对者是曾经在格拉斯哥大学听过斯密讲座的约翰·米勒（John Millar）。米勒在他的著作《社会等级的差别》（*The Distinction of Ranks in Society*）中虽然也接受了斯密的性别关系发展阶段论，但是对进步主义的性别平等理论和预言持畏惧和怀疑态度，认为如果女性获得了与男性平等的社会地位和经济地位，那将会侵蚀父权制的权威，动摇家庭关系的基础。其论证的依据是，相比于男性，女性意志力薄弱，易为感官享受所感，对自己的财产难以理性使用（Dimand and Nyland, 2003）。

这一争论涉及女性是否具备"理性人"的能力，女性和男性在理性计算方面是否有先天性的差别。如果相比于男性，女性的理性能力较弱，那么自然的推论就是女性没有能力承担起与男性相同的责任，从而不能获得与男性平等的社会地位和经济地位。这一点也涉及女性的政治地位。如果女性缺乏理性能力，那么也不能给予女性政治上的投票权，因为她们没有能力行使这一"权利"。女性缺乏理性能力这一点也被 19 世纪初期的古典经济学家詹姆斯·穆勒（James Mill）所赞同，他认为女性最感兴趣的是她们的丈夫和家庭；在社会生活和政治生活中，女性缺乏理性分析的能力，因此也就不能行使投票权。

詹姆斯·穆勒的这一观点被杰里米·边沁（Jeremy Bentham）驳斥为"异端邪说"。边沁作为经济学思想史中功利主义（效用主义）的主要倡导者，提出了"男女无差别"（Let there be no distinction between the sexes）的论断①。边沁断言，女性不论在理性计算能力上，还是在对自己利益的判断上都不弱于男性；对女性的歧视来自没有理由的社会偏见。基于这一论断，边沁提倡女性也应走出家庭，参与到经济生活和政治生活中，应给予女性选举权，并让女性参选议员，加入议会。边沁关于性别平等的论述散见于他的不同著作中，因此对当时社会的影响力有限。

在19世纪中后期，对性别平等问题进行论述且社会影响力比较大的是约翰·斯图亚特·穆勒（John Stuart Mill）。与他的父亲詹姆斯·穆勒不同，约翰·穆勒接受了斯密的性别观，认为虽然男性因为体力上和生理上的优势获得了社会主导地位，但是随着经济发展，特别是商业社会的发展，男性来源于体力上的优势将逐渐消失，并最终实现性别之间的平等。女性除了在体力上和生育能力上与男性有差别外，在智力和理性能力上并不比男性弱，在市场上、社会生活中和政治生活中，同男性一样能够做出理性的判断。他的名言——"每个人都是自己权利和利益的最好守护者"，并不限于男性。约翰·穆勒的这些论述主要体现在他的《论妇女的从属地位》（*The Subjection of Women*）一书中。在书中，约翰·穆勒肯定了女性和男性之间的平等，并认为应给予女性以平等的选举权和被选举权，但是作为一名集古典经济学大成的古典经济学家，他却从劳动市场供求两个方面出发，认为即使女性获得了完全的法律上的平等权利及自由，女性特别是已婚女性也应该留在家庭中从事家务劳动和照料家人的工作，而不应参与社会劳动。他做出这一推论的理由是大量妇女进入到劳动市场中，增加了劳动市场中劳动力的供给，供给方的竞争将压低市场工资，从而降低工人家庭的总工资收入，而这并不利于女性。约翰·穆勒的这一推论涉及了女性在劳动市场中的职业发展和工资收入问题。实际上，随着越来越多的女性参与到劳动市场中，女性工资低于男性的现象确实一直存在。而约翰·穆勒的这一推论也已经涉及了后来的经济学家们用来解释性别工资差异的"拥挤理论"。

19世纪中晚期工业革命进入到第二阶段。随着工业规模的扩大和对劳动力

---

① 转引自 Dimand and Nyland（2004）。

需求的增加，越来越多的女性进入劳动市场中，并成为劳动市场中的重要参与力量。1870~1890年前后，在英国和美国，女性的劳动参与率上升到了20%~40%（Goldin，1977；Costa，2000）。在女性大量参与劳动市场的过程中，一个长期存在的现象是女性的工资收入低于男性。古典经济学家们也注意到了这个现象，并试图对此现象提出理论解释。当然，这一时期的大部分经济学家已经接受了男性和女性具有平等的理性能力的观点。他们的解释首先基于对男性和女性在理性能力上的平等的理解。

在这些解释中，"拥挤理论"（Overcrowding theory of women's wages）对以后经济学中的性别分析影响最大。斯密·博迪肯（Barbara Leigh Smith Bodichon）是早期"拥挤理论"的代表人物。在她1857年的著作《妇女与工作》（*Women and Work*）中，博迪肯认为在劳动市场中，有许多行业和职业限制女性的参与，她们只能"拥挤"到少数几个职业中，导致这几个职业中的劳动力供给过度，从而压低了职业工资。这是导致女性工资收入低于男性的主要原因①。在博迪肯之后，美国经济学家亚玛撒·沃克尔（Amasa Walker）将"拥挤理论"引入了他编著的经济学教科书中（Walker，1872）。沃克尔认为，在以体力作为主要生产力的职业中，男性工资高于女性是可以理解的，因为女性在体力上不如男性。但是沃克尔观察到，在马萨诸塞州的公立学院中女教师的平均工资远低于男教师的平均工资，而这不是性别之间的体力差别引起的，因为在这些职业中体力所起到的作用是微不足道的。对此，沃克尔认为这是因为存在职业的隔离，女性被"拥挤"到少数几个行业和职业，导致该行业和职业的劳动力供给大于需求，从而造成女性平均工资低于男性平均工资的现象。因此，沃克尔提出要扩大女性就业的职业范围，从而促进性别工资的平等。

对"拥挤理论"的形成和完善起到最重要作用的是19世纪晚期和20世纪早期的女权运动倡导人及经济学家米莉森特·加勒特·福西特（Millicent Garrett Fawcett）②。米莉森特·福西特在她的著作中（Fawcett，1892，1918）使用供求理论详细阐释了"拥挤"如何导致女性平均工资低于男性。米莉森特·福西特首先认为，在工业社会中，女性具有同男性一样的掌握各种技术的能力，经过培训也

---

① 转引自Dimand and Nyland（2004）。
② 米莉森特·福西特的丈夫就是19世纪中后期英国著名经济学家亨利·福西特（Henry Fawcett）。亨利·福西特曾任剑桥大学政治经济学教授（这一职位的继任者就是著名的新古典经济学家马歇尔），而且也是女权运动的早期倡导者之一。他在英国议会任职期间曾积极推动女性获得选举权和财产权。

能从事技术性工作。在劳动市场中,女性与男性从事相同的工作,具有相同的效率,但是所得报酬却普遍低于男性,其原因在于政策和制度障碍导致的性别之间的职业隔离。而且女性所从事的有限的行业和职业都是那些低技术、低收入、低产出的行业。而男性所从事的都是诸如技术工人、银行家、工程师等高收入的工作。在这样的职业和行业隔离下,女性更换职业的机会成本较高,若更换职业,她们只能进入工资更低的职业。在存在性别差异和职业隔离的情况下,女性的一般均衡工资低于男性。福西特还以剑桥大学女教师和男教师的工资为例解释了职业的"拥挤"如何导致女性教师的工资低于男性教师。若一名女教师不满意大学给出的低工资,那么她不但几乎没有机会进入与大学教师工资相似的其他行业,反而更有可能进入那些不如大学教师的职业中。进一步地,福西特还总结到,如果社会中某一群体的就业范围受到制度限制,那么在劳动市场供求法则下一定会导致这一群体的均衡工资下降。

古典经济学家们对性别问题的探讨缺乏系统性,且多散见于不同的著作中。总体而言,古典经济学家们在性别问题上还是达成了一些基本的共识,这些共识构成了后来经济学中性别分析理论和方法的基础,也成为不同性别研究流派的思想来源。这些共识包括(Dimand and Nyland,2003):第一,男性和女性在本质上是相同的,自出生起就被赋予了同等的权利。第二,男性和女性存在生理上的差别,这些差别中最重要的是体力上的差别以及女性具有的生育能力。第三,生理差别并不是导致女性地位低下的主要原因。性别之间的不平等的社会和经济地位主要是社会因素导致的,这些因素包括社会生产方式、地理环境、文化习俗等。

这些共识也成为建立在新古典经济学分析框架之上的现代主流经济学性别分析的基础。新古典经济学对性别问题的分析首先建立在男性和女性都是理性人且具有相同的理性计算能力的基础上。在这一前提下,现代经济学在新古典经济学分析框架上发展出了一整套较为完善的性别分析的理论和方法。新古典经济学的性别分析框架除了接受并完善了古典经济学家提出的"拥挤理论"外,主要是人力资本理论和性别歧视理论。

性别差异的人力资本理论解释主要建立在贝克尔(Becker,1965)的家庭时间配置理论上。家庭时间配置理论从家庭效应最大化出发,得到了男性和女性时间的最佳配置,认为女性选择家庭劳动是家庭效应最大化的理性选择。以此为基础,形成了劳动市场性别差异的人力资本理论。该理论认为,女性之所以在劳动市场中工资低于男性，主要是其人力资本积累低于男性所致；而女性人力资本积累低于男性则源于女性在人力资本投资决策上的理性选择。女性由于预期到自己在生育和哺育小孩期间会从劳动市场中退出，即女性的劳动市场过程是间断的，因此，女性在人力资本投资上主要投资于那些能够适应劳动市场间断的领域，而这些领域一般是人们通常认为的"女性职业"。投资到这些人力资本上，女性能够获得生命周期的最大效用。但是，表现在劳动市场中，这些职业的市场回报通常小于其他职业，从而导致女性的平均工资收入低于男性平均工资。

但是，人们在劳动市场中观察到，除了人力资本投资的性别差异外，还存在其他导致性别差异的原因，其中最主要的是性别歧视。性别歧视理论主要有两个：一是偏好歧视理论（Becker，1957），即对女性的歧视来源于雇主、顾客对女性的歧视性偏好。由于雇主或顾客对女性有歧视性偏好，因此女性生产的产品或服务的市场价值低于男性，从而她们的工资（等于边际产品）也低于男性。偏好歧视导致的产品价值差别导致了性别之间的工资差异。按照偏好歧视理论的推论，在自由竞争市场中，那些没有偏好歧视的企业凭借成本优势（雇用低工资的女性）会逐渐将有偏好歧视的企业逐出市场，并实现劳动市场均衡，最终结果是性别之间的工资差异消失。但是，这一推论并没有得到现实劳动市场的支持。劳动市场中的性别工资差异几乎总是存在的，而且这种差异也是人力资本积累差异所无法解释的。基于此，发展出了统计歧视理论（Aigner and Cain，1977）。

统计歧视理论认为劳动市场中对女性的歧视源于劳动市场中供需双方的信息不对称。由于雇主无法获得雇员劳动生产率的完整信息，他们只能依靠劳动市场中的某种信号来确定其劳动生产率，并按边际产品付酬。这类传达劳动生产率的信息包括性别、种族、学历、家庭背景等。当性别作为劳动生产率的信号时，统计歧视就产生了。由于女性的社会平均劳动生产率低于男性，因此，当雇主按照社会平均的女性劳动生产率向女性雇员支付报酬时，那些高于社会平均劳动生产率的女性雇员就会受到歧视，因为她们的工资是根据社会平均劳动生产率支付的。

在人力资本理论及歧视理论的框架下，从传统的"拥挤理论"出发，还发展了性别的职业隔离理论，这些理论构成了现代主流经济学的性别分析框架。在本书中，笔者对劳动市场中性别差异的研究，其框架还是基于新古典经济学的分析框架。因此，这些内容在后面的相关章节中有详细的介绍。

劳动市场性别差异的理论，除了主流经济学的新古典分析框架外，还存在其

第一章 绪论：经济学中的性别与性别研究

他流派，其中影响最大的当属女权主义经济学（Feminist Economics）。女权主义是一系列庞杂的有关性别的理论的总称。林志斌、李小云（2001）将女性主义理论流派区分为七类：自由女权主义、激进女权主义、马克思女权主义、社会主义女权主义、文化女权主义、后结构女权主义和生态女权主义。此处我们主要介绍女权主义经济学对主流经济学的新古典性别分析框架的挑战，这些挑战主要集中在以下三个方面：

第一，对新古典经济学性别分析方法论的挑战。女权主义经济学认为，新古典经济学的方法论是个人主义的、原子主义的，这种方法论将人抽象为理性人，忽略了人的社会属性。在性别分析中，新古典经济学貌似保持性别中立（Gender-Neutrality），实际上是站在男性角度的经济学，其经济人的行为模式实际上是男性的行为模式（Nelson，1993；Strassmann，1994）。

第二，新古典经济学中的理性选择中，性别差异仅剩下生理性别的差异，性别的社会含义被抹杀了。女性面临的约束条件中，社会或制度对女性的约束使得女性的"自由选择"并不是真正"自由的"，但是新古典经济学的性别分析并没有考虑性别的社会含义（Dewan，1995）。女权主义经济学认为性别的社会建构贯穿于男性和女性的整个劳动市场经历中。在经济分析中，性别不仅仅是一个"虚拟变量"、"被控制"的其他因素，而是具有丰富社会含义的变量。即使是新古典经济学中的歧视理论，也很少能提供对歧视过程的理解，不能识别引起性别差异的不同的社会因素的影响（Figart，2005）。这也是女权主义经济学家更喜欢使用"社会性别"（Gender）[①] 这一概念而不是"生理性别"（Sex）概念的原因。

第三，在对现实经济的分析中，女权主义特别重视女性的无酬劳动，认为女性从事的家务劳动，包括生育和哺育等，也是生产性劳动，但是却没有被统计到国内生产总值中。这不仅是对国民经济运行的误解，也抹杀了女性在经济发展中的贡献。对女性而言，忽视家庭劳动的重要性，使女性在家庭资源的配置中也处于劣势地位。

女权主义经济学还认为忽视性别的社会差异的经济学研究导致经济学理论在解释占人口一半的女性的经济行为时，出现"性别偏误"（Gender Bias）

---

① 在英文中，Gender 与 Sex 的含义有所不同。Gender 主要指"社会性别"，而 Sex 主要指生理性别。社会性别是由社会文化、制度形成的有关男性和女性的社会角色分工、社会期望和行为规范的综合体现。社会性别的概念是西方第二次女性主义浪潮中出现的一个分析范畴，现在已经扩展到人类学、社会学、政治学、经济学等相关学科中，成为一个重要的分析工具。

(Dijkstra and Plantenga, 1997)。这种性别偏误可能会降低经济学对现实的解释能力。当然,女权主义经济学对主流经济学的挑战也对主流经济学的性别分析产生了影响,这些影响不仅表现在性别差异的理论分析方面,而且也体现在数据收集和分析中,特别是女性的无酬劳动,现在已经成为劳动经济学中的重要研究课题之一(Faulkner, 1986)。

第二节 性别差异实证分析方法的思想基础

"二战"之前,经济学家对性别问题的讨论主要还是理论上的,其原因:一方面,在当时的社会条件下,从理论上厘清性别平等问题更为重要;另一方面,当时的数据收集和数据分析方法也受到限制。当然,也有一些古典经济学家非常注重收集劳动市场中的性别差异数据,但是其对数据的分析是有欠缺的,主要停留在描述统计方面。"二战"之后,随着家计调查数据的丰富、计量经济学的发展以及计算技术的进步,从实证角度对劳动市场性别差异进行的经验研究逐渐丰富起来,并成为现代发展经济学和劳动经济学中的重要研究课题。

计量经济学是实证研究的基础。现代计量经济学的最基本方法是"回归"(Regression Analysis)的方法。在计量经济学中,"回归"一词的本来含义是指"回归到中等"(Regression to Mediocrity)。回归分析的含义是"关于研究因变量对一个或多个解释变量的依赖关系,其意在于通过后者(在重复抽样中)的已知或设定值,去估计和预测前者的(总体均值)"(Gujarati, 2002)。使用回归的方法研究劳动市场中的性别差异,如最常见的工资差异,一般的方法是在解释变量集合中加入一个性别的虚拟变量。如在式(1.1)中,若因变量 Y 为工资,X 为其他解释变量,G 为表示性别的虚拟变量(G=1 为男性,G=0 为女性),那么 G 的系数 β_1 表示的就是性别的工资差异。例如,若估计的 $\beta_1 > 0$,那么男性在劳动市场中的平均工资就高于女性;而若估计的 $\beta_1 < 0$,那么男性在劳动市场中的平均工资就低于女性。

$$Y = \beta_0 + \beta_1 G + \beta_2 X + \varepsilon \tag{1.1}$$

这是实证研究中处理性别差异的最一般方法。从回归的基本含义中可以得知,在解释变量中加入性别虚拟变量只能测度性别对因变量的平均影响。使用这一方法的一个前提是假定性别变量对因变量的边际影响是相同的。例如，在式（1.1）对工资的回归中，实际上已经暗含了这样的假设，即在控制了性别虚拟变量 G 后，其他解释变量不论对男性还是对女性，其边际效应（系数）都是相同的。如果其他解释变量 X 能够包含所有影响工资的变量，不存在遗漏变量，那么这一假设也是能够成立的，对性别工资差异的估计结果是能够接受的。

但是，不论是在理论上还是现实的数据分析中，我们发现总存在遗漏变量或不可观测变量对工资产生影响。例如，在现实中，我们永远无法观测到性别歧视的代理变量。在劳动市场存在性别歧视的情况下，简单地通过性别虚拟变量来估计和测度性别工资差异会引起估计偏误。如果教育作为解释变量进入到 X 中，若不存在不可观测的变量，那么教育对工资的回报（系数）对男性和女性都是相同的；但是，若存在不可观测变量或遗漏了重要变量，那么实际上教育对男性和女性的回报是不同的。这可以通过分别对男性和女性的工资方程进行估计证实。在这样的情况下，若仅加入性别虚拟变量，实际上对教育回报率的估计是有偏误的。而男性和女性回归系数的差别实际上代表了劳动市场中男性和女性所面对的市场制度结构是不同的。因此，在回归中仅通过加入性别虚拟变量的方法来处理性别差异，实际上是通过平均值抹杀了性别之间面对的市场结构差异。

那么，在性别分析中如何来处理这种问题呢？Oaxaca（1973）和 Blinder（1973）几乎同时提出了一种分解方法（下面称为 Oaxaca-Blinder 分解）。该分解方法认为工资方程中的回归系数包含着劳动市场结构的信息。例如，若对白人和黑人的工资方程分别进行回归，得到的系数实际上也包含了二者面对的劳动市场的结构信息。因此，可以使用回归的系数来表示市场结构。男性的回归系数实际上包含了男性面对的市场结构信息。如果将女性的个人特征数据代入男性的回归系数，就可以发现当女性面临与男性相同的市场结构时她们的表现。将女性的实际回归结果与代入男性回归系数所得到的结果进行比较，就可以得到不同性别面临的不同劳动市场制度性结构所带来的性别差异。

这种方法的思想源于心理学和哲学中的"反事实"（Counterfactual Thinking）思维方法。反事实思维通常是在头脑中对已经发生了的事件进行否定，然后表征原本可能发生但事实上并未发生的心理活动。反事实思维的具体形式可以表述为：如果……，那么……。比较形式化的反事实思维是 Kahneman 和 Tversky（1982）提出的。

在劳动市场性别差异的实证研究中，若将女性的特征事实（个人特征数据，如教育、工作经验、健康等)代入男性所面临的劳动市场结构中,即如果女性面对的是与男性相同的市场结构,那么就可以获得女性被当作男性对待的劳动市场结果。将这一"反事实"结果与女性的实际估计结果进行比较,可以将观察到的性别差异分解为两部分:一部分可称为"特征差异"或"可观测因素导致的差异",即男性和女性具有不同的教育年限、健康水平、工作经验等所导致的差异。这部分差异是男性和女性不同的人力资本积累及其他个人特征所导致的差异。因为个人特征与劳动生产率直接相关,因此,由特征差异导致的性别工资差异不包含劳动市场制度性的性别偏差因素。另一部分可称为"系数差异"或"残差差异"或"不可观测因素导致的差异"。这部分差异来源于男性和女性工资方程的回归系数差异,而其背后则是男性和女性所面对的不同劳动市场结构所带来的差异。从另一个角度看,这一差异实际上又测度了那些不可观测因素对工资的影响。因为这些不可观测因素对工资差异的解释是在剔除掉可观测因素带来的差异后的剩余部分,所以又被称为"不可解释差异";与之相对应,"特征差异"则又被称为"可解释差异"。

因为在影响性别工资差异的不可观测因素中,很重要的一个因素就是劳动市场中存在的性别歧视,因此,在一些研究中系数差异也被视为劳动市场中性别歧视带来的工资差异或性别歧视对性别工资差异的影响。但是,需要注意的是,在劳动市场性别差异的实证研究中,使用这种方法得到的对性别歧视效应的估计不同于理论上的性别歧视,因为这是那些不能被可观测因素解释的因素所导致的工资差异,在这其中既包括性别歧视因素,也包括其他不可观测因素。如果在解释变量集合中多加入一些变量,那么这一"性别歧视"效应就小;反之,则大。从程度上看,实证研究中的系数差异总是大于等于理论上的性别歧视,而不会小于理论上的性别歧视。这是原始的 Oaxaca-Blinder 分解存在的一个重要问题。从计量技术上看,这一问题是无法解决的,只能依靠理论分析讨论哪些因素应该进入解释变量集合中,哪些不应该进入变量集合中。

原始的 Oaxaca-Blinder 分解存在的另一个问题是所谓的"指数问题",即以男性还是女性的回归系数作为基准系数。在上面的讨论中,我们一直以男性的工资方程回归系数作为基准系数,将女性的个人特征数据代入男性的回归系数中,这实际上会高估性别歧视效应;而若以女性工资方程的回归系数作为基准系数,而将男性的个人特征数据代入女性的回归系数中,则会低估性别歧视效应。为了解决这一问题,Cotton(1988)提出了一种分解方法。Cotton 分解的基本思想是通过对男性和女性工资方程的回归系数进行加权，得到"中间"的一个回归系数作为基准系数，并将实际观察到的性别工资差异分解为三部分：第一部分为特征差异，与 Oaxaca-Blinder 分解中的特征差异相同；第二部分和第三部分则将 Oaxaca-Blinder 分解中的系数差异分解为男性因为性别优势的"得利"部分和女性因为性别劣势的"失利"部分。Cotton 分解用来得到基准系数的加权权数为男性和女性在样本中所占的比例。而 Neumark（1988）提出了另一种分解方法。Nuemark 分解方法与 Cotton 分解方法的差别在于构造基准系数的方法不同。在 Neumark 分解中，基准系数使用的是全部样本（男性和女性）工资方程的回归系数。

在上述方法中，不论是原始的 Oaxaca-Blinder 分解，还是 Cotton 分解或 Nuemark 分解，所关注的性别差异都是条件均值差异。均值差异的好处是将性别之间的差异归结为一个特征值（均值），从而将劳动市场中的性别差异一目了然地呈现在人们面前。但是，均值差异的一个弊端是掩盖了整个分布上的差异。在劳动市场中，一个可以经常观察到的现象是在低工资人群中的性别工资差异与高工资人群中的性别工资差异是不同的。例如，在宾馆服务员中男性和女性服务员的工资差异并不大，但是在宾馆销售人员和管理层中，可能就存在较大的性别工资差异。如果使用均值分解的方法，可能就会掩盖整个分布上的性别差异。因此，近年来在劳动市场性别差异的实证研究中，又发展了基于分位数回归（Quantile Regression）的方法。不同于通常的最小二乘法回归，分位数回归在不同分位点上估计解释变量对因变量的影响，从而可以得到整个分布上解释变量的系数。将分位数回归应用到性别差异的分析中，则可以得到整个分布（不同分位点上）上的性别差异以及性别差异的分解。在性别工资差异的分析中，基于分位数回归的分解，其基本思想也来源于 Oaxaca-Blinder 分解，即通过构造反事实的工资分布（Counterfactual Wage Distribution），并将其与实际的工资分布进行比较，将全部性别工资差异分解为特征差异和系数差异。

如上节所述，在劳动市场中还存在性别的职业隔离。如果在劳动市场中存在着性别职业隔离，那么会导致女性大量涌入少数几个职业，造成这个职业中的女性劳动力供给过度，从而压低女性的工资。这也是"拥挤理论"的主要含义。性别的职业隔离也是造成性别工资差异一个重要原因。那么，在性别差异的计量分析中，如何将职业拥挤这一因素与性别的工资差异结合起来呢？上文提到的几个分析方法中，并没有讨论性别职业隔离对性别工资差异造成的影响。如果相同的个人特征在决定工资收入与职业获得上起同样的作用，那么实际上在 Blinder-

Oaxaca 分解以及上文提到的几个分解方法中也可以解决性别职业隔离对工资差异的影响问题。

但是，职业获得的过程与工资的决定过程是不同的，还有其他的一些因素决定了不同性别的职业获得。例如，劳动市场的分割。这样，如果具有相同个人特征的工人进入不同的职业，那么其所获得的工资收入也会不同。在 Blinder-Oaxaca 分解中，也可以将职业的虚拟变量纳入工资方程的估计中，从而得到职业对工资差异的影响；但是，通过虚拟变量获得职业的效应，实际上只是将职业对性别工资差异的效应归入到了回归的截距中，没有从根本上解决问题。这就要求在性别工资差异中分离出性别职业隔离的影响，将性别职业获得中的歧视因素纳入对工资差异的解释中。对此，Brown 等（1980a）给出了性别工资差异分解的 Brown 分解方法，将全部性别工资差异分解为职业内的差异和不同职业间的差异两部分，而职业内的差异和职业间的差异又可以分别分解为特征差异和系数差异。

总体而言，劳动市场中性别分析的实证研究方法的思想基础还是 Oaxaca-Blinder 分解。后面发展起来的诸种方法都是对 Oaxaca-Blinder 分解方法的扩展。Oaxaca-Blinder 分解在提出之初主要被用来研究种族和性别工资差异，特别是在性别歧视的实证研究领域，已经成为占主导地位的方法。现在，这一方法已经扩展到诸如职业获得、社会地位获得等领域的性别研究中。例如，在分析不同性别的职业获得和性别职业隔离的过程中，基于 Oaxaca-Blinder 分解的方法也得到了应用。

本节对劳动市场中性别差异的实证分析方法的介绍，着重于这些方法的思想来源。至于不同研究主题的具体研究方法，本书将在后面相关章节中进行介绍。

第三节　劳动市场中的性别平等政策概述

劳动市场中的性别不平等是一个历史现象。自工业革命以来，随着现代商业社会的发展，造成性别不平等的社会性和制度性因素也在人们的不断努力下逐渐减少。但是，不可否认，劳动市场中的性别不平等依然存在。在政策方面，国际社会很早就针对劳动市场中的性别不平等提出了相关的措施。

首先关注性别不平等的国际机构是国际劳工组织（ILO）。1919年国际劳工组织就制定了关于生育的国际劳工组织公约。1944年在费城举行的第26届国际劳工大会上通过的《关于国际劳工组织的目标和宗旨的宣言》中也着重强调了男性和女性在劳动和就业领域中的平等问题。1951年国际劳工组织通过了《男女工人同工同酬公约》，对各成员国消除性别歧视提出了原则性的规定，其中第二条第一款规定，"凡成员国，应通过与现行决定报酬率的方法相适应的各种手段，促使并在与这种方法相一致的条件下保证男女工人同工同酬原则适用于全体工人"。

联合国《经济、社会及文化权利国际公约》专门在第三条规定，"本公约缔约各国承担保障男子和妇女在本公约所载一切经济、社会及文化权利方面有平等的权利"，其中经济方面的权利就包括消除性别歧视造成的工资差异。针对就业及职业中的歧视，国际劳工组织还于1958年专门通过了《歧视（就业及职业）公约》，以反对劳动市场中的性别歧视。世界妇女大会历次会议的宣言，包括1975年第一次会议的《墨西哥宣言》、1980年第二次会议的《消除对妇女一切形式歧视宣言》、1985年第三次会议的《内罗毕宣言》、1995年的《北京宣言》，都对劳动市场中的性别歧视以及由此导致的性别工资差异做出了规定；特别是《消除对妇女一切形式歧视宣言》，其第十一条第一款，专门对男女同工同酬做出了规定："同等价值的工作享有同等报酬（包括福利）和享有平等待遇的权利，在评定工作的表现方面，也享有平等待遇的权利。"

为了在经济、社会、文化等领域全面促进两性平等，1995年在北京举行的联合国第四届世界妇女问题国际会议通过的《行动纲领》明确了社会性别的主流化，并将它作为提高两性平等的一项全球性策略。当前包括联合国、世界银行、国际劳动组织、国际粮农组织在内的各大国际组织以及一些国家的政府都将性别主流化作为保证性别平等的一项重要政策。

1997年6月，联合国经济及社会理事会（ECOSOC）给出了性别主流化的官方定义（ECOSOC Agreed Conclusions, 1997/2）。性别主流化（Gender Mainstreaming）是指"在各个领域和各个层面上评估所有有计划的行动包括立法、政策、方案对男女性双方的不同含义。作为一种策略方法，它使男女双方的关注和经验成为设计、实施、监督和评判政治、经济和社会领域所有政策方案的有机组成部分，从而使男女双方受益均等，不再有不平等发生。纳入主流的目标是实现男女平等"。性别的主流化对政策分析的影响主要在于在给定性别差异和性别不平等的条件下，研究政策对不同性别的影响。社会性别的研究视角扩大了政策选择的视野，对于政策制定者而言，有利于在政策制定过程中关注政策的性别敏感性。根据国际劳工组织的统计，自 1995 年世界妇女大会后，已经有 161 个国家或地区建立了国家妇女机制（National Women Machineries）。这些国家妇女机制采取了多种形式，已经得到了政府和社会的普遍承认；国家妇女机制的性别专家在提升女性地位方面做出了重要的贡献。

促进男女平等也是中国的一项基本国策。自新中国成立以来，中国女性的社会地位和经济地位都有了显著的提高。随着中国经济的持续增长和社会的全面进步，妇女与男子平等的权利和机会不断得到保障。在社会主义意识形态下，中国政府在劳动市场的性别关系上采取了平等的性别政策，男女平等成为一项基本国策。在计划经济条件下，政府对劳动市场，特别是城市劳动市场拥有完全的控制权，企业在招工、劳动力的使用、工资的制定等方面没有或只有很少的自主权。这种状况对政府在企业中贯彻和执行性别平等政策极为有利。中国成为当时世界上劳动市场性别差异比较小的国家之一（国务院新闻办公室，2005）。

从整体上看，中国已经形成了促进性别平等与妇女发展的国家机制。自改革开放以来，中国政府先后制定和颁布了《妇女权益保障法》、《母婴保健法》、《女职工劳动保护规定》、《关于女职工禁忌劳动范围的规定》以及《女职工保健工作规定》等 10 多部专门针对女性的法律法规；而且在《宪法》、《劳动法》等相关法律中也对男女平等做出了具体规定。此外，中国政府还将女性的发展纳入经济社会发展总体规划中。中国政府在《中国妇女发展纲要（1995~2000）》目标基本实现的基础上，为适应国家经济与社会协调发展的需要和联合国《千年发展目标》的要求，又于 2001 年颁布了《中国妇女发展纲要（2001~2010）》。

本节对劳动市场中性别平等政策做了粗略概述，目的在于总结国际社会和中国关于在劳动和就业领域促进性别平等的政策导向，一方面是给本书的分析提供政策背景；另一方面也是为了佐证性别平等的国际潮流以及性别研究的重要性。在本书后面的相关章节中，笔者还将针对劳动市场中性别研究的不同领域对相关的政策进行详细的介绍和梳理。

第四节 本书的结构

本书的主题是对劳动市场中性别分析的理论和方法进行介绍，并使用这些理论和方法对中国农民工群体劳动市场表现的性别差异进行分析。在本章中，笔者对经济学中性别分析的理论、方法和劳动市场中的性别平等政策进行了概述，意在为阅读本书提供一个概括性的背景。除了第二章集中对相关理论进行综述外，对性别分析的实证研究方法的介绍和梳理放到具体相关章节中。

在第二章我们将对劳动市场中性别分析的理论进行介绍。这些理论主要是基于新古典经济学分析框架的理论，包括人力资本理论、劳动市场分割理论以及性别歧视理论。

第三章我们对本书使用的调查数据进行描述，并从描述统计的角度分析劳动市场中的性别差异。从描述统计的角度来看，劳动市场中的性别差异可以分为三个方面：首先是前市场差异，包括男性和女性在人力资本、社会资本等方面的差异；其次是劳动市场表现的差异，包括男性和女性的职业获得、劳动供给和工资差别；最后是社会保障方面的性别差异。

第四、五、六章分别对性别职业隔离、劳动供给和性别工资差异的理论和实证研究方法进行介绍，并使用这些方法研究和分析农民工群体劳动市场表现的性别差异。

第七章对社会养老保险中的性别差异和性别政策进行评述，其后基于相关田野调查对农民工养老保险制度设计中的性别差异进行分析，并对新型农村社会养老保险的实施进行性别分析。

第二章 劳动市场性别分析的相关理论

在经济学领域,对劳动市场中的性别差异存在多种理论解释,例如在第一章中介绍的女权主义经济学。但是在各种理论解释中,当前占主流地位的是建立在新古典经济学框架之上的性别差异理论。新古典经济学强调的是个人的理性选择,其基本逻辑是劳动市场上的性别差异是男性和女性在面对不同约束条件下的最优选择结果。我们观察到的劳动市场上对女性的歧视,也可以找到在逻辑上与新古典经济学分析框架一致的解释。在本章中,笔者着重介绍三个对劳动市场性别差异的理论解释:一是基于劳动市场分割的"拥挤理论";二是人力资本理论;三是性别歧视理论。这三个理论也是本书对劳动市场性别差异分析的主要理论背景。

第一节 劳动市场分割与"拥挤理论"

以劳动市场分割为基础的"拥挤"模型将女性在劳动市场中的弱势地位解释为女性受到了制度性的排挤,被"拥挤"到少数几个职业和行业中。由于这种劳动市场的分割,使得大部分女性被排除在工作环境好、报酬高、社会地位高的职业之外,大量女性"拥挤"到工作环境差、报酬低、社会地位低的"女性"职业中,并造成这些职业中女性劳动力供给的大量增加,压低了她们的工资收入。

劳动市场的性别分割曾经是古典经济学家们观察和解释劳动市场性别差异的主要工具。正如第一章中所述,古典经济学家们对劳动市场性别差异的理解经历了不同的阶段,经过了几百年的争论。这些争论最终落脚于大家争议较少的劳动市场分割和"拥挤理论"上。在古典经济学没落和新古典经济学兴起的年代里,

"拥挤理论"不仅在理论上成为解释劳动市场性别差异的经典理论,而且也是包括国际劳工组织在内的国际组织和一些国家推动性别平等政策的理论基础。新古典经济学继承了古典经济学的"拥挤理论"并对之进行了改进,形成了现代劳动市场分割的理论,并在此基础上发展了性别的职业隔离理论。

Fawcett(1918)通过比较"一战"前和"一战"后英国女性的就业状况,指出战前的工会法规将女性排除在所有技术部门之外,降低了对女性劳动力的需求;大量女性劳动力进入非技术部门工作,造成非技术部门的过度拥挤(Overcrowded),从而导致了女性劳动力工资的下降。Edgeworth(1922)比较正式地提出了"拥挤假说",认为男性和女性之间工资的差异主要原因在于女性被"拥挤"到了相对较少的几个职业中,造成这些职业中的劳动力过度供给,从而压低了工资。这些职业都是社会所认为的"低等"职业。

Cain(1976)对劳动市场分割理论进行了综述,并建立了一个统一的模型来刻画拥挤理论。女性被"拥挤"到少数几个职业和行业中,其前提是劳动市场的分割。这一理论建立在新古典经济学分析框架之内,其出发点是假设一些机构,如工会、大公司等,在工人的雇佣、解聘、提升、工资等方面起决定性的作用;假定劳动市场是分割的,每一个被分割的局部劳动市场都按照新古典模式运行,而工人则由于社会性或制度性的原因很难跨越这种分割。在这一理论中,劳动市场一般被区分为"高级"部门和"次级"部门(Doeringer & Piore,1971),或者区分为"静态"职业和"进步"职业(Standing,1989),或者区分为"正规"部门和"非正规"部门(ILO,1972)。在"高级"部门的企业具有一定的市场能力可以避免激烈的竞争,而在"次级"部门,市场竞争激烈,导致二者之间在报酬等方面的差异。劳动市场的这种分割,导致了"男性"职业和"女性"职业的出现。在劳动市场分割的条件下,即使与男性拥有相同的人力资本积累水平,女性也会由于大量"拥挤"到少数几个职业和行业中,获得低于男性的报酬。

Bergmann(1971,1974)则将这种劳动市场分割导致的职业性别隔离及其对性别工资差异的影响纳入一个"拥挤"模型中,并给出了正式的模型化表述。性别职业隔离的理论将在本书第四章中进行详细介绍,在此不再赘述。

第二节 人力资本理论与性别差异

人力资本理论对劳动市场表现性别差异的解释首先从工资差异开始。基于Becker（1962）的经典文献，女性之所以在劳动市场上工资低于男性，主要是因为其人力资本积累低于男性。而这种人力资本积累的差异是不同性别工人理性选择的结果。女性预期自己参与劳动市场的时间少于男性，这种预期上的差异导致女性的人力资本投资少于男性。女性人力资本投资少于男性，导致了在劳动市场上其工资回报低于男性。

使用Becker（1965）给出的家庭时间配置模型，可以说明女性的人力资本投资倾向。在家庭时间配置模型中，家庭不仅是一个消费单位，而且也是一个"生产单位"；家庭所消费的不是直接从市场中购买的商品，而是"基本商品"（Basis Commodities），基本商品通过市场购买的商品和家庭成员的时间进行生产：

$$Z_i = f_i(x_i, T_i) \tag{2.1}$$

其中，Z_i 为基本商品，$i = 1, \cdots, m$，为基本商品种类；x_i 和 T_i 分别为投入到第 i 种基本商品中的市场购买商品和家庭成员的时间投入；f_i 为家庭生产函数。家庭的联合效用函数：

$$u = u(Z_1 \cdots Z_m) \equiv u(f_1 \cdots f_m) \equiv u(x_1 \cdots x_m; T_1 \cdots T_m) \tag{2.2}$$

这个家庭效用函数说明，家庭消费需要两类投入，即市场商品投入和家庭劳动时间投入。这两类投入需要家庭成员进行分工：或者进入劳动市场获得收入，以购买市场商品，或者进行家庭劳动。而分工的基本原理是比较优势原理。女性在生育和照料小孩以及家庭劳动上具有比较优势，因此，为了实现家庭效用的最大化，女性需要将更多的时间投入到这种家庭劳动上。这势必导致女性在其生命周期内比男性更多地从劳动市场退出。从劳动市场的退出会导致其人力资本的贬值，从而导致人力资本市场回报的减少。女性预期到这一点，在一开始便选择较少的人力资本投资。

早期人力资本模型，包括扩展到生命周期的效用最大化模型（Ben-Porath，1967；Blinder and Weiss, 1976；Heckman, 1976），将工资差异归结为人力资本投资水平的差异，其引申出的一个含义是工资差异仅在于投资于人力资本上的时间差异。要得出这个结论,需要一个假定,即人力资本是同质的(Polachek,1981)。但是,这一框架忽略了人力资本在类别上的差异,从而不能解释为什么具有相似人力资本存量的男性和女性进入到不同的职业中。虽然早就有学者认识到了这个问题(Fuchs,1971),但是正式将人力资本的类别纳入到职业获得和职业性别隔离中来的是 Polachek(1979,1981)。Polachek(1981)认为,收入不仅与人力资本的量有关,而且与人力资本的类别有关。为了分析人力资本类别与职业获得的关系,Polachek(1981)引入了一个表示职业特征的享乐主义指数(Hedonic Index)向量 δ。在最大化生命周期收入的框架内,个人的目标函数为:

$$\underset{S,\delta}{\text{Max}} \ Y = (T - H - S)W(\delta, I)K(S, \delta) \tag{2.3}$$

其中,T 为退休年龄减去 5,H 为退出劳动市场的时间,S 为学校教育年限,δ 为描述人力资本类别以及职业特征的向量,I 为个人特征向量,W 为人力资本的回报率函数,K 为生命周期中的人力资本存量。个人通过选择教育年限和人力资本的类别最大化收入。将上述框架应用到性别职业隔离中,并将向量 δ 简化为只有一个分量 δ,以 δ 为标准对职业进行分类。δ 是退出劳动市场带来的损失率(Atrophy)[①]。

为简化起见,假设男性和女性除了从劳动市场上退出的时间 H 上存在差异外,平均而言具有相同的个人特征。对人力资本生产函数 K 进行设定:

$$K(S, \delta) = (1 - \delta)^H \kappa(S) \tag{2.4}$$

式(2.4)的含义是从劳动市场退出的时间会对人力资本带来贬值;如果 H = 0,即从不退出劳动市场,那么 $(1-\delta)^H$ 等于 1,从而得到经典人力资本投资的公式。将式(2.4)代入式(2.3),得到:

$$\underset{S,\delta}{\text{Max}} \ Y = (T - H - S)W(\delta, I)(1 - \delta)^H \kappa(S) \tag{2.5}$$

一阶条件:

$$Y_S = -W(\delta, I)K(S, \delta) + (T - H - S)W(\delta, I)\frac{\partial K}{\partial S} = 0 \tag{2.6a}$$

$$Y_\delta = (T - H - S)\left[(1 - \delta)^H \kappa(S)\frac{\partial W}{\partial \delta} - W(\delta, I)\kappa(S)H(1 - \delta)^{H-1}\right] = 0 \tag{2.6b}$$

---

① 其逻辑在于工资会随着在职培训和工作经验的增加而增长。如果退出劳动市场,则原先积累的人力资本会因为技术进步而贬值,从而导致收入损失。

式（2.6b）的含义是一个人选择某种职业，使得在此职业中，由于退出导致的人力资本贬值的边际货币价值 $W(\delta, I)\kappa(S)H(1-\delta)^{H-1}$，正好等于生命周期中所获得的边际收益 $(1-\delta)^H \kappa(S)\frac{\partial W}{\partial \delta}$。

上面的模型是标准人力资本框架的拓展：以最大化生命周期收入为出发点，个人的人力资本投资决策，不仅要最优化投资数量 S，还要最优化人力资本的类别 δ。那么，从劳动市场退出的时间 H 如何影响到职业类别或人力资本投资类别的选择呢？对式（2.6a）和式（2.6b）进行全微分，得到：

$$\frac{d\delta}{dH} = \frac{Y_{\delta S}Y_{SH} - Y_{\delta H}Y_{SS}}{Y_{\delta\delta}Y_{SS} - Y_{\delta S}Y_{S\delta}} < 0 \tag{2.7}$$

式（2.7）的含义是随着退出时间的缩短，所选择职业的退出损失率会变大；即如果男性预期自己从劳动市场上退出的概率比较小，那么就会选择那些退出损失率比较大的职业。而女性基于其性别角色，诸如家务劳动、生养小孩等，在劳动市场上比之于男性更容易退出。因此，女性在对其人力资本进行投资决策时，为最大化整个生命周期的收入，选择那些退出损失率比较小的人力资本种类。当其进入劳动市场并选择职业时，也就只能进入那些退出损失率比较小的职业。而这些职业正是我们通常所认为的"女性"职业。

人力资本理论对性别之间劳动市场表现的解释，将性别之间的劳动供给差异、职业差异以及工资差异都归结为不同性别的理性选择；而这种理性选择的基础是不同性别之间的生理差异。基于人力资本理论，之所以在劳动市场中出现性别差异，不是因为制度性和社会性的性别歧视，而是因为不同性别的生理特征决定了他们的理性选择就是如此。但是，这种解释不仅受到了来自其他学科理论的批评，而且也受到了来自经济学内部的批评，这些批评中最具代表性的是性别歧视理论。

第三节 性别歧视理论

人力资本理论对性别差异的解释，是在新古典经济学的框架中给出的，认为性别差异来源于人力资本投资数量和种类的差异。人力资本理论对劳动市场表现性别差异的解释基于不同性别人力资本的水平差异,而且这种人力资本积累水平的差异是不同性别理性选择的结果,不存在系统性地针对女性的歧视。按照人力资本理论的解释,如果女性的人力资本积累水平提高到与男性相同的水平,那么劳动市场表现的性别差异就会消失。

但是,现实的逻辑并没有证实人力资本理论对性别差异的解释和预测。在 20 世纪 60 年代,美国曾实行了大规模的"向贫困挑战"的政策,加大对少数人群如黑人和妇女的人力资本投资,以减少少数人群的贫困。但是,Cain(1976)指出,这些政策并没有从根本上消除女性在劳动市场中的弱势地位,贫困和收入不平等依然存在,教育和培训计划没有取得预期的效果。England(1982)使用 NLS① 数据对以人力资本理论为基础的性别职业隔离进行了验证,实证结果并不支持 Polachek 的理论框架。人力资本的分析框架不能完全预测劳动市场中的性别差异。这就引出下面的问题:除了人力资本外,还有其他原因导致了劳动市场表现的性别差异。这其中,第一个是劳动市场的制度性分割。制度分割理论将女性在劳动市场中的弱势地位解释为女性被"拥挤"到少数几个职业和行业中,造成女性劳动力在这几个职业和行业中的"过度供给",从而产生性别的职业隔离和工资报酬的差异。第二个则是性别歧视。在古典经济学中,性别歧视也是用来解释劳动市场性别差异的一个重要原因。新古典经济学将性别歧视建立在严格地与理性选择一致的逻辑上,从而建立了新古典经济学的性别歧视理论。

歧视的理论模型主要有两类(Autor,2003):一类是竞争模型(Competitive Models);另一类是集体模型(Collective Models)。竞争模型以个人的理性行为为基础;在集体模型中,则研究不同集团之间的集体对抗行为。绝大多数对歧视进行分析的经济学模型都以竞争模型为基础,因此,此处我们对歧视理论的介绍只涉及竞争模型。而歧视的竞争模型则包括偏好歧视(Taste-based Discrimination)和统计歧视(Statistical Models of Discrimination)两类模型。

(一) 定义歧视

在理论上,劳动市场中的歧视可以定义为具有相同生产力的不同群体,所获得的报酬不同,即同工不同酬。令 Y 为工资,X 为外生的与生产能力相关的特征

---

① 即美国的 National Longitudinal Survey。

变量[①],并假设 X 代表了所有与生产能力相关的特征,Z 为表示性别的二值变量(Z=1,男性;Z=0,女性),β 为每一种生产能力变量相应的生产技术[②],ε 为其他影响收入的因素,那么收入可以表示为式 (2.8):

$$Y = X\beta + \alpha Z + \varepsilon \tag{2.8}$$

如果 $\alpha > 0$,即如果其他条件相同,只是因为是男性而获得更高的收入,那么就存在对女性的歧视;若 $\alpha < 0$,则存在对男性的歧视。

(二) 偏好歧视

Becker (1957,1971) 首先提出了偏好歧视模型。在偏好歧视模型中,雇主被假定持有对女性的"歧视偏好"(Taste for Discrimination),即如果雇用女性工人,那么雇主会得到一个负效用。如果雇主雇用了女性工人,那么这个女性工人需要对雇主的这个负效用进行补偿;补偿的方式或者是在相同的工资下具有更高的生产能力,或者是在相同的生产能力下获得较低的工资。令 M 为男性群体,F 为女性群体;d 为雇主的偏好参数或"歧视系数"。雇主最大化其效用:

$$U = pPF(N_m + N_f) - w_m N_m - w_f N_f - dN_f \tag{2.9}$$

其中,p 为给定的价格水平,PF 为生产函数,N_m 和 N_f 为男性和女性工人的数量,w_m 和 w_f 为男性和女性工人的工资。具有偏好歧视的雇主(d>0),雇用女性工人的条件是:

$$w_m - w_f \geq d \tag{2.10}$$

也就是说,具有歧视偏好的雇主雇用女性工人的条件是给女性工人的工资低于男性工人;低出的数量至少与其偏好系数相等。在这个条件下,我们来推导偏好歧视的市场含义。令 G(d) 为所有雇主歧视参数的累积分布函数(CDF)。那么,每一个雇主雇用的最优工人数量由下面两式的解给出:

$$pPF'(N_m) = w_m \tag{2.11}$$

$$pPF'(N_f) = w_f + d \tag{2.12}$$

式 (2.11) 和式 (2.12) 可以导出男性和女性工人的劳动需求函数 $N_m^d[w_m, w_f, G(d)]$ 和 $N_f^d[w_m, w_f, G(d)]$。令男性和女性的劳动供给函数为 $N_m^s(w_m)$ 和 $N_f^s(w_f)$,那么劳动市场中的工资由下列方程的解给出:

[①] 这里有一个强假设,即具有相同生产特征的工人,其生产力相同。我们将在下文进行详细分析。
[②] 即若变量 $X^i \in X$,那么 X^i 可以通过 $\beta^i(\beta^i \in \beta)$ 生产出相应的产品,从而获得相应的收入。

$$N_m^d[w_m, w_f, G(d)] = N_m^s(w_m) \quad (2.13)$$

$$N_f^d[w_m, w_f, G(d)] = N_f^s(w_m) \quad (2.14)$$

从图 2.1 中可以看出，如果想保持性别之间的工资差异 $d = w_m - w_f$，那么从需求方来说，其条件是歧视性雇主或歧视性职位的数量足够大，以至于当 $w_m = w_f$ 时对女性工人的需求少于女性劳动力的供给，即当 $w_m = w_f$ 时，还有一部分女性工人不能找到工作。当歧视性雇主足够多时，一些女性工人只能在 $d > 0$ 的条件下为歧视性雇主工作，这就造成了性别之间的工资差异。

上述情况是在局部均衡条件下的情况。在完全市场竞争条件下，假设规模报酬不变，那么非歧视性雇主将具有劳动成本的优势，歧视性雇主将承担歧视所造成的成本，竞争将把歧视性雇主排除在市场之外。消除歧视，从而减少歧视导致的成本是一个潜在的帕累托改进。这个模型的现实含义是如果市场竞争"足够强大"，那么偏好歧视将被消除。

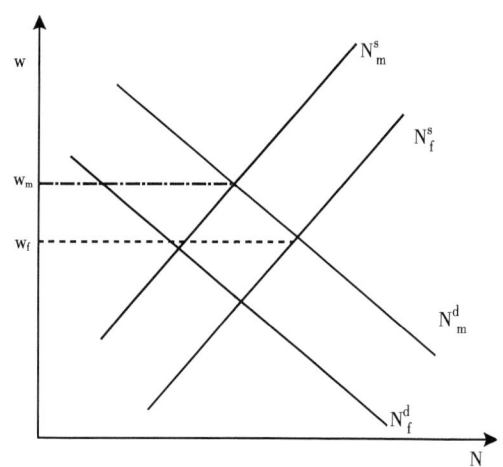

图 2.1 劳动市场均衡与歧视的产生

（三）统计歧视

早期关于统计歧视的文献是 Phelps（1972）以及 Arrow（1973）的著作。Aigner 和 Cain（1977）对统计歧视的理论框架进行了比较系统的研究，并将之形式化和模型化。下面对统计歧视的分析基于 Aigner 和 Cain（1977）以及 Autor（2003）。

统计歧视的基本逻辑是首先假设雇主（厂商/企业）拥有求职者的不完全信

息。在不完全信息的条件下，对雇主而言有动力使用比较容易观测到的特征，例如种族和性别，来推断求职者的期望生产能力（雇主假设这些容易观测到的特征与生产能力相关）。在这个基本逻辑下，统计歧视是一个信号精练问题（Signal Extraction Problem）的解。如果雇主观察到了关于求职者生产能力的噪音信号，并且雇主拥有对生产能力特征相关的前期信息如某一特殊群体的平均生产能力，那么雇主对求职者生产能力的预期将主要建立在群体平均值以及求职者发出的信号上面。下面我们以性别歧视为例，分三种情况来分析统计歧视。令所有的工人/求职者属于两个群体，即 $x \in \{M, F\}$，M 为男性，F 为女性。

1. 群体平均值不同，但方差相同

这种情况是最基本的情况。假设雇主观察到了求职者的性别（容易观测到的群体特征）以及求职者发出的关于生产能力的信号 $\tilde{\eta}$，并假设雇主已经具有如下信息：

$\eta_x \sim N(\bar{\eta}_x, \sigma_\eta^2)$，且有 $\bar{\eta}_m > \bar{\eta}_f$

按照假设，男性和女性的 σ_η^2 相等，即女性的平均生产能力低于男性，但是生产能力的离散程度相同。我们可以将某一个工人的真实生产能力写成群体的真实生产能力加上一个误差：

$$\eta_i = \eta_x + \varepsilon_i \tag{2.15}$$

这样，工人发出的生产能力的信号就有如下形式：

$$\tilde{\eta}_i = \eta_i + \tau \tag{2.16}$$

其中，$\tau \sim N(0, \sigma_\tau^2)$，且 $\sigma_\tau^2 > 0$。

将式（2.16）代入式（2.15）得出：

$$\tilde{\eta}_i = \eta_i + \varepsilon_i + \tau_i \tag{2.17}$$

并假设 $E(\tilde{\eta}_i | \eta_i) = \eta_i$，即发出的信号对真实生产能力是无偏的。现在，我们求在观察到工人发出的信号以及工人的性别后，雇主对工人生产能力的期望。求 η 对 $\tilde{\eta}$ 的回归，得到期望的生产能力：

$$E(\eta | \eta_i, x) = \bar{\eta}_x(1 - \gamma) + \tilde{\eta}\gamma = \bar{\eta}_x + \gamma(\tilde{\eta} - \bar{\eta}_x) \tag{2.18}$$

其中，$\gamma = \sigma_\tau^2 / (\sigma_\tau^2 + \sigma_\eta^2) < 1$，为回归系数。根据假设，有 $\gamma_m = \gamma_f$ 以及 $\bar{\eta}_m > \bar{\eta}_f$。

按照假设，由于雇主不能观察到每个工人的真正生产能力，因此将根据对每个工人的期望生产能力支付工资。现在假设一位女性工人具有与男性相同的生产能力 K，其差别仅在于性别。那么，这两位工人的工资差异等于：

$$w_m - w_f = E(\eta|\tilde{\eta} = k, x = m) - E(\eta|\tilde{\eta} = k, x = f) = (\bar{\eta}_m - \bar{\eta}_f) \times (1 - \gamma) \quad (2.19)$$

注意到 $\bar{\eta}_m > \bar{\eta}_f$ 以及 $\gamma < 1$，所以式（2.19）小于 0，即仅由于性别差异，就导致了性别之间的工资差异。女性工人仅仅因为是女性，其工资就会小于具有同等生产能力的男性。应该注意的是，此处的歧视只对女性群体中高于平均生产能力的女性工人造成了损害。

2. 群体平均值相同，但是方差不同

第一种情况是说，在男性和女性具有不同的平均生产能力条件下，女性受到了歧视。但是，即使男性和女性的平均生产能力相同，如果其方差不同则也可能产生歧视。现在假设 $\bar{\eta}_m = \bar{\eta}_f$ 以及 $\sigma_{\eta m}^2 = \sigma_{\eta f}^2 = \sigma_\eta^2$。考虑到对雇主而言，一个群体发出的信号含有比另一个群体更多的信息；此处假设雇主对男性发出的信号可以获得更多的信息①。这意味着 $\sigma_{\tau m}^2 < \sigma_{\tau f}^2$，即对男性发出的信号，雇主或经理的判断更准确，偏离平均值的程度较低。已知 $\gamma_x = \sigma_\eta^2/(\sigma_\eta^2 + \sigma_{\tau x}^2)$，则可以得到：

$$\gamma_m - \gamma_f = \sigma_\eta^2/(\sigma_\eta^2 + \sigma_{\tau m}^2) - \sigma_\eta^2/(\sigma_\eta^2 + \sigma_{\tau f}^2) > 0 \quad (2.20)$$

此处，男性和女性工人不仅发出的关于生产能力的信号相同，而且男性和女性的平均生产能力也相等。雇主依然根据预期生产能力支付工资，此时有：

$$w_m - w_f = E(\eta|\tilde{\eta} = k, x = m) - E(\eta|\tilde{\eta} = k, x = f) = (\gamma_f - \gamma_m) \times (\tilde{\eta}_x - \bar{\eta}) \quad (2.21)$$

对于女性工人而言，如果她的生产能力低于平均生产能力（此时男性和女性具有相等的平均生产能力），那么根据式（2.21），有 $w_m < w_f$，此时这位女性工人获得了高于其生产能力的工资；如果这位女性工人的生产能力高于平均生产能力，那么根据式(2.21)，有 $w_m > w_f$，此时这位女性工人获得了低于其生产能力的工资。这里的含义是歧视只对那些高于平均生产能力的女性工人造成了损害。

3. 风险规避的雇主

在上述两种情况下，歧视只对那些高于女性平均生产能力的女性工人造成了损害。第三种可能导致歧视的情况是风险规避的雇主。在这种情况下，歧视不仅对高于女性平均生产能力的女性工人造成了损害，而且对所有的女性工人都造成了损害。这里的假设是雇主风险规避。雇主仍然按照对工人的期望生产能力支付

---

① 例如，雇主或经理是男性，那么雇主或经理对男性工人发出的信号可以获得更多的信息；男性雇主或经理对男性真实生产能力的判断更加准确。

工资。仍然假设雇主从男性的生产能力信号中获得更多的信息。我们来看雇主对工人期望生产能力的估计误差,由式(2.18)可以得到雇主对工人期望生产能力的估计误差:

$$e = E(\eta | \widetilde{\eta}_i, x_i) - \eta = (\tau\sigma_\tau^2 - \varepsilon\sigma_\eta^2)/(\sigma_\tau^2 + \sigma_\eta^2) \qquad (2.22)$$

估计误差的方差等于:

$$\mathrm{Var}(e) \equiv \sigma_e^2 = \sigma_\tau^2 \sigma_\eta^2 /(\sigma_\tau^2 + \sigma_\eta^2) \qquad (2.23)$$

因为$\partial\sigma_e^2/\partial\sigma_\tau^2 = \sigma_\eta^4/(\sigma_\tau^2 + \sigma_\eta^2)^2 > 0$,所以这个方差随着$\sigma_\tau^2$的增加而增大。如果雇主根据女性发出的生产能力信号形成对女性工人的生产能力预期,那么由于雇主对于女性的信号所获得的信息较少,即女性生产能力分布的方差更大,那么雇主对女性的期望生产能力的估计误差就更大,其所获得的工资就越不容易与其生产能力相匹配,从而产生对女性的歧视。

第三章 农民工劳动市场中的性别差异

第一节 有关农民工的几个特征性事实

从发展经济学的角度看,在农业社会向工业社会转型的过程中,一定伴随着大规模的农业人口向城镇地区的转移,这是经济发展的必然现象。经历过工业革命的国家一般都经历了这种人口的转移过程。"二战"之后一些发展中国家在其工业化过程中也经历了大规模的乡—城人口迁移。不同于其他发展中国家,新中国成立之后,在 20 世纪 50 年代前半期也出现过一个短暂的规模比较大的乡—城人口迁移过程。但是随着计划经济体制的建立,这种人口迁移终止了。20 世纪 70 年代末期改革开放以来,对人口乡—城迁移的限制逐渐取消。在 20 世纪 80 年代,随着农村家庭联产承包责任制的推开以及农村人民公社体制的瓦解,农村剩余劳动力的问题开始凸显出来,并开始了农业人口的自发迁移。在整个 80 年代,这种自发的乡—城人口迁移在政策上是严格限制的。到了 90 年代,对人口的乡—城迁移虽然在政策倾向上还是限制的,但是已经有一些松动。2003 年人口遣返政策的取消以及 2006 年国务院《关于解决农民工问题的若干意见》的颁布,标志着中国政府对乡—城人口迁移政策的转向:从限制到鼓励。而在 2012 年召开的中国共产党第十八次代表大会,促进农村人口的城市化成为党的主导政策之一。

但是,与其他发展中国家不同的是,中国不仅面临着经济的发展,而且还面临着制度的转型。其他发展中国家的乡—城人口流动只是一个单纯的农村人口向城市的转移过程,面临的问题主要是移民的经济和社会适应;而中国的乡—城人口流动还面临着城乡之间的制度分割,这种制度分割的代表就是户籍制度。在计划经济时期,户籍制度存在的主要目的是限制农村人口向城市的迁移。随着改革的进行,与计划经济适应的一系列制度都已经不存在了,但户籍制度不仅没有进行改革,而且在一些地区,特别是在一些大城市还有固化的趋势。在户籍制度下,中国的乡—城迁移人口已经不仅是一个迁移工人的问题了,而是一个"农民工"的问题。

农民工是中国二元经济条件下,向市场经济转轨过程中产生的劳动者群体。按照官方的定义,农民工主要是指"户籍仍在农村,进城务工和在当地或异地从事非农产业的劳动者。农民工是我国工业化和城镇化进程中产生的独特现象"(中共中央宣传部理论局,2006)。国务院2006年颁布的《关于解决农民工问题的若干意见》中指出,"农民工是我国改革开放和工业化、城镇化进程中涌现的一支新型劳动大军。他们户籍仍在农村,主要从事非农产业,有的在农闲季节外出务工、亦工亦农,流动性强,有的长期在城市就业,已成为产业工人的重要组成部分"①。在国务院研究室课题组编写的《中国农民工调研报告》中,将农民工定义为"户籍身份还是农民、有承包土地,但主要从事非农产业、以工资为主要收入来源的人员"(国务院研究室课题组,2006)。

(一) 农民工已经成为中国产业工人的重要组成部分

农民工已经成为中国"产业工人的重要组成部分",这是国务院《关于解决农民工问题的若干意见》中对农民工地位的界定。从实际情况看,近年来农民工的数量增长也比较快。根据国家统计局的监测报告,2011年中国农民工总量已经达到25278万人,其中外出农民工的数量为15836万人②,比2008年增长了2736万人,年均增长3.89%。外出就业农民工占城镇地区就业人员的比重,在2008年就达到了43.7%,2011年增长到了44.2%。从总量上看,外出就业的农民工已经占到城镇地区就业人员的将近一半,如图3.1所示。

如此庞大的进城农民工为中国经济的发展,特别是中国的城市化进程做出了重要的贡献。农民工每年给城市经济创造1万亿~2万亿元人民币的GDP增量,并为农村增加5000亿~6000亿元人民币的收入(国务院研究室课题组,2006)。

---

① 国务院.关于解决农民工问题的若干意见 [N].新华社,2006-03-27.
② 根据国家统计局的统计标准,外出就业农民工是指就业地点在本乡外的农民工。

他们不仅为城市劳动市场提供了源源不断的廉价劳动供给,为城市的经济发展做出了贡献,而且还关系着解决中国庞大的农村剩余劳动力的出路问题,关系着中国"三农"问题的解决。他们不仅为城市创造了财富,还为改变城乡二元结构、解决"三农"问题闯出了一条新路,是"工业带动农业、城市带动农村、发达地区带动落后地区的有效形式"①。

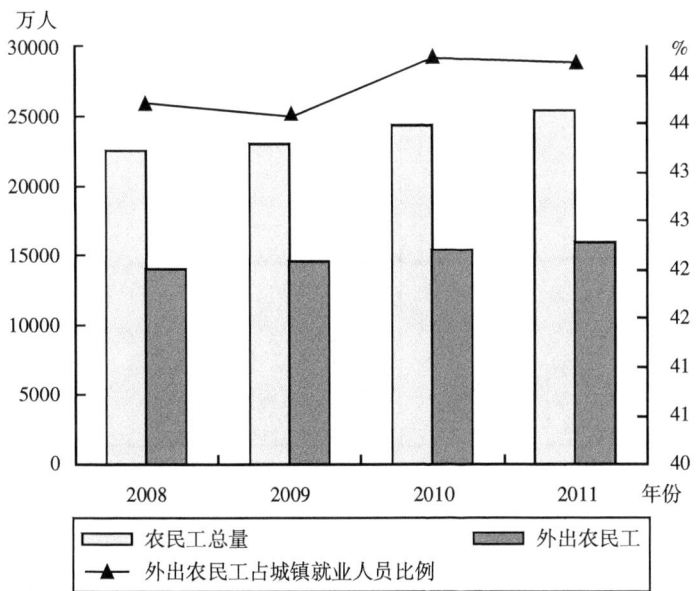

图 3.1　2008~2011 年农民工数量及占城镇就业人员的比重

注:外出农民工指就业地点在本乡外的农民工。
资料来源:国家统计局:《2011 年我国农民工调查监测报告》。城镇就业人员数量来自《中国统计年鉴 2012》。

(二) 农民工的年龄、教育水平与就业分布

农民工作为从农村到城市的迁移人口,其平均年龄低,以青壮年为主。根据国家统计局的调查②,农民工中 16~20 岁的占 6.3%,21~30 岁的占 32.7%,31~40 岁的占 22.7%,41~50 岁的占 24.0%,50 岁以上的占 14.3%。这在其他一些调查中也得到了证实。

农民工的教育水平主要以初中为主。2011 年国家统计局的调查显示,在全

---
① 全社会都要关心和保护农民工 [N]. 人民日报,2006-03-28.
② 国家统计局. 2011 年我国农民工调查监测报告 [R]. 2012.

部农民工中,初中程度教育水平的占61.1%,其次是高中/中专教育程度,占全部农民工的17.7%。相比于本地就业的农民工,外出就业农民工的教育程度更高。外出就业农民工小学及以下教育程度所占比重为11.6%,在本地就业的农民工这个比例则为20.5%。在初中以上教育程度,外出就业农民工的比例都高于本地就业农民工,如图3.2所示。

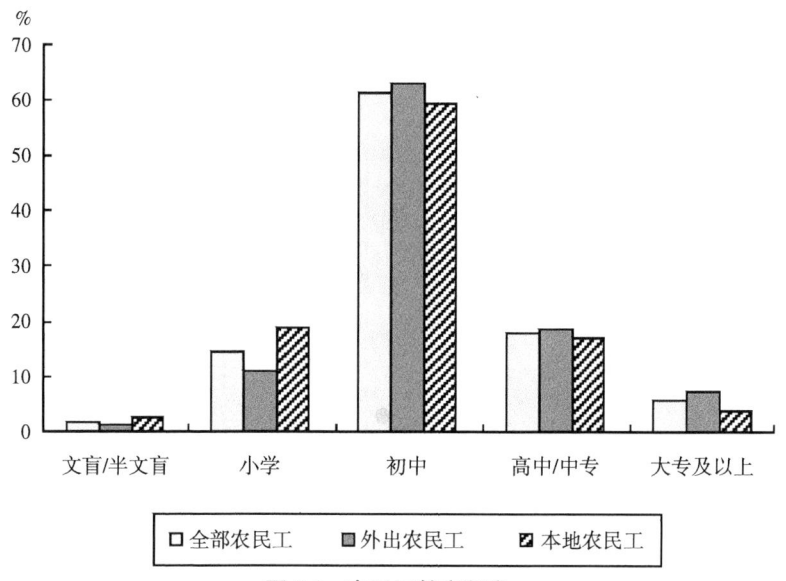

图 3.2 农民工教育程度

资料来源:国家统计局:《2011年我国农民工调查监测报告》。

从农民工的就业分布来看,农民工人数最多的三个行业依次是制造业、建筑业、居民服务和其他服务业。2011年,在制造业中就业的农民工占全部农民工的41%,在建筑业中就业的农民工占20%,在居民服务和其他服务业中就业的农民工占14%,如图3.3所示。

(三)农民工的性别结构与"女性化"趋势

近年来,中国农民工群体出现的另一个重要特征是女性占比的增加。根据1986年全国百村外出农村劳动力抽样调查资料显示,外出劳动者中,女性所占比例为21.8%;进入20世纪90年代,农民工中的女性比例上升到了30%左右。根据农业部有关课题组调查,1988年全国农村外出劳动力中,女性所占比例为

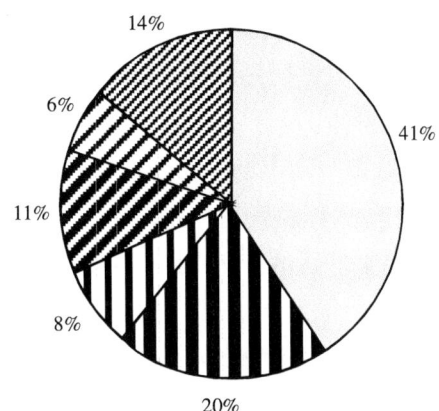

图 3.3 农民工就业分布

资料来源：国家统计局：《2011 年我国农民工调查监测报告》。

21.1%，1991 年上升到 23.7%，1993 年为 28.0%，1994 年达到了 30.4%[①]。在 2004 年，农民工群体中女性所占比例为 34%（劳动和社会保障部调研组，2006）；到 2006 年，女性在全部外出劳动力中所占的比例上升到了 36%[②]。2011 年，国家统计局农民工监测报告的数据显示，女性农民工占到了全部农民工的 34.1%。可以说，当前中国的农民工群体已经出现了"女性化"的趋势。

女性外出劳动力的增加，对中国女性的历史发展而言，无疑是一个重大的进步。外出打工使她们逐渐摆脱了传统女性的"从属地位"，提高了她们参与经济活动的能力和程度，让她们获得了较高的收入。

（四）女性农民工在城镇劳动市场中的"双重困境"

虽然农民工群体为城市的发展做出了重要贡献，成为中国产业工人的重要组成部分，但是他们并没有得到与其贡献相应的待遇。他们工作条件差、劳动时间长、工资待遇低，而且社会保障的覆盖面低。相当一部分农民工进入了非正规就业中，即使那些进入企业工作的农民工，也有一部分属于正规部门中的非正规就业。他们与城镇工人进行着同样的劳动，但却没有得到相同的对待。从这一点来看，他们在城市劳动市场中受到了歧视（王美艳，2007）。按照陆学艺（2003）的分析，针对农民工的歧视，主要表现在：政治上，农民工干了工人的活，但没

---

① 数据转引自翟振武、段成荣（2006）。
② 数据来源于国家统计局综合司的统计资料。

有得到工人的身份；经济上，农民工和正式工人同工不能同酬，同工不能同时，同工不能同权；社会方面，农民工由于没有城镇居民户籍，所以即使他们在一个城市打工多年，也始终是这个城市的边缘群体。

相比于男性农民工，女性农民工在城市劳动市场中面临着"双重困境"（李路路，2003）：一方面，作为农民工她们与男性农民工一样，受到了户籍制度的歧视；另一方面，作为女性，她们在农民工群体中，又受到了相对于男性农民工的性别歧视。

虽然向城市的迁徙能够使女性农民工获得更多的发展机会，但是城市劳动力市场也给女性带来了包括性别歧视在内的诸多不利因素（金一虹，2000，2001）。根据已有的调查，女性农民工在行业和职业获得、劳动供给以及工资收入等方面，都与男性农民工存在较大差异，处于相对不利的地位（翟振武、段成荣，2006；侯慧丽，2005；叶文振、葛学凤、叶妍，2005；戴霞，2005；Huang，2001）。

可以说，相对于男性农民工，女性农民工更加脆弱，在劳动市场上不仅与男性一样受到来自城镇的歧视，而且还受到来自男性的歧视，处于身为农民工和女性的"双重困境"之中。这也是本书选择农民工群体劳动市场性别差异作为研究主题的背景之一。

本节从一个较为宏观的角度对我国农民工的一些特征性事实进行了描述。从下一节开始，我们将转向微观调查数据中的农民工劳动市场性别差异，并从描述统计的角度对农民工的劳动市场性别差异进行分析。

第二节　数据介绍

本书使用的数据来自中国社会科学院经济研究所课题组2006年6~7月在大连、上海、武汉、深圳、重庆五城市进行的"农民工健康及社会经济状况调查"的统计数据。五城市2006年（调查年份）的主要社会经济指标见表3.1。从人均地区生产总值和城镇居民年均可支配收入来比较，五城市的经济发展排序依次为深圳、上海、大连、武汉、重庆。这五个城市经济发展状况的排序也大体上体现了中国经济发展的地区差异，即经济发展水平由南向北、由东向西依次下降。这种地区间经济发展的不平衡，也导致了中国农村剩余劳动力的基本流向，即由西部地区向东部沿海地区流动，由经济不发达地区向经济发达地区流动。在每一个地区内，由于所调查的城市都是本地区的经济中心，因此人口的流动又呈现出由农村和边缘城镇向中心城市的流动趋势。在调查的五城市中，除了深圳和上海外，大连、武汉和重庆也都吸引了大量的外来劳动力。特别是大连，在实施调查的大连市经济开发区，来自大连市下辖县、市、区的农民工占到了一半以上。

表3.1 2006年五城市主要社会经济统计指标

	地区生产总值（亿元）	地区生产总值比上年增长（%）	人均生产总值（元）	常住人口（万人）	户籍人口（万人）	居住半年以上外来人口	城镇居民可支配收入（元）	农村居民人均纯收入（元）
大连	2569.70	16.5	42579	603	572.1	—	13350	6984
上海	10366.37	12.0	57659	1815	1347.82	467.26	20668	9213
武汉	2590.75	14.8	29500	875	818.84	—	12359	4748
深圳	5813.56	16.6	69450	846	196.83	649.6	22567	—
重庆	3491.57	12.2	12457	2808	3198.87	—	11569	2873

注：①人均地区生产总值以常住人口计算；②大连数据来源于大连市2006年统计公报，其他城市来源于各城市统计年鉴；③上海农村居民收入为农村居民人均可支配收入；④深圳的收入状况统计不区分城镇和农村，为居民人均可支配收入。

本次调查具有以下几个特点：①调查对象为外来农村劳动力，他们在调查城市工作、居住和生活，但仍不具有当地城市的户籍；②除上海外，其余四个城市的样本都从企业抽取，因此样本偏向于反映生产线上被雇用的劳动力，自我雇用型的农民工并不在本研究的范围内[①]；③样本的抽取并不遵循简单随机原则，而是对企业的所有制类型、经营行业等特征按比例分割，对不同类型样本都要求其性别结构遵循一定的比例。这些特征使得本次调查的数据比较适合进行性别差异的研究。

（一）样本的地域分布

五城市的样本分布如表3.2所示。全部样本共2398个；大连的样本量比较

---

① 在武汉的调查中，也有部分来自所谓"门点"上的调查者，实际上是租赁某企业的门面从事自我经营活动，但这类样本数量非常少；在上海的调查虽然是在社区中进行的，但是也获得了样本工作单位的信息。

少，只有366个，占15.26%①。这次调查的一个重要特征是力求样本的性别平衡。在全部样本中，女性占到了51.98%，男性占到了48.02%；女性稍多于男性，基本上达到了性别之间的平衡。在不同城市中，大连的女性所占比例为73.97%，高于男性，这主要是数据清理所致②。

表 3.2 五城市农民工的样本分布情况

	全部		女性		男性	
	频数	频率（%）	频数	占比（%）	频数	占比（%）
大连	366	15.26	270	73.97	95	26.03
上海	543	22.64	251	46.22	292	53.78
武汉	466	19.43	197	42.27	269	57.73
深圳	498	20.77	272	54.62	226	45.38
重庆	525	21.89	256	48.76	269	51.24
五城市	2398	100	1246	51.98	1151	48.02

（二）样本在不同类型企业之间的分布

这次调查的另一个特征是进入企业调查。进入企业调查可以发现劳动市场需求方的一些特征，而这些特征无疑对农民工的劳动市场表现产生影响。我们从三个方面给出企业的特征：第一个是企业的所有制性质；第二个是企业所在的行业；第三个是企业的规模。

1. 企业的所有制性质

根据本书的研究目的，区分企业的所有制性质，主要是为了发现不同类别的资本对待工人的态度。因此，我们将调查中涉及的企业所有制性质分为五类：第一类是国有企业和事业单位，包括国有控股企业、国有联营企业和国有独资企业。之所以将事业单位也放到这一类中，有两个原因：第一个原因是大部分进入事业单位的农民工从事的并不是"事业性"的工作，而是诸如后勤、保安、清洁等工作，这些工作在性质上与在企业生产线上从事的工作类似，特别是与服务业

---

①② 大连样本中去掉了一些不符合本书农民工定义的样本，这些样本主要来自大连市开发区。他们基本上是被征地的农民，当地政府已经给予了他们城市户籍，在就业和社会保障上享受城市居民待遇。

的工作性质相似;第二个原因则在于事业单位一般都是政府投资和管理的,这与国有企业接受政府投资和管理相似。第二类是集体企业,包括农村集体企业和城镇集体企业。此处的农村集体企业是指在城市或城市郊区的农村集体企业①。这些农村集体企业虽然属于"农村",但是其活动范围主要还是在城市。第三类是私营企业。第四类是外资及合资企业(包括港澳台企业)。之所以将外资与合资企业联系在一起,主要是考虑到合资企业的管理方式已经在很大程度上与外方接轨。第五类是其他股份制企业,包括股份合作制企业、股份有限公司以及有限责任公司。

在这五类所有制企业中,私营企业所占比例最高,占到了全部样本的46.53%;其次是外资及合资企业,占到了全部样本的25.27%;国有企业和事业单位以及其他股份制企业各占到了10%左右;集体企业的比例最低,只有6.93%。从性别分布的角度看,外资及合资企业中女性农民工所占比例最高;而男性农民工则在其他股份制企业中所占比例最高。

2. 企业所在行业

为了控制不同行业对性别差异的影响,笔者将企业所在的行业分为三类。行业分类的标准主要是对不同性别工人的体力、素质等方面的要求。例如,建筑业可能需要更强的体力,从而对男性农民工更加偏好;而保洁等服务行业可能更偏好女性。这样,我们将建筑业、采掘业及农林牧渔业②等作为第一类行业。制造业作为第二类行业。第三类行业则比较复杂,主要包括如下几类:交通运输邮电通信业、商业、服务业以及房地产业中的物业管理,还包括在卫生、体育、教育等机关团体中从事服务业的农民工。总体而言,主要是第三产业中的行业。在总样本分布中,制造业所占比例最高,为60.26%;其次是第三产业,占到了32.57%;建筑业、采掘业及农林牧渔业所占比例最低,只有7.17%。在性别分布中,男性在第一类行业中占比最高,为72.09%;而女性则主要分布在制造业中,占这个行业样本的56.72%;在第三产业中,性别的分布则比较均匀,女性占48.53%,男性占51.47%。

---

① 在我们的样本中,主要是深圳郊区的一些企业。
② 此处的农林牧渔业不是农村的农林牧渔业,而是在城市中进行的种植业和养殖业。例如,在城市经营的花草种植业。这一点符合本书对农民工的定义。

3. 企业规模

根据国家统计局《统计上大中小型企业划分办法（暂行）》，划分大中小型企业的指标有三个，即从业人员、销售额、资产总额；并且这三个指标在不同行业的企业之间是不同的。按照这个规定，某一行业的企业需要在这三个指标都达到其上限时，才能定为上一个类型的企业。在本书中，笔者将这个规定进行变通处理，即一个企业只要在这三个指标中达到一个，即定为上一个类型的企业。按照这个标准，笔者将调查中所涉及的企业分为大型企业、中型企业和小型企业三类。

在这三类企业中，样本主要集中在小型企业上；其次是中型企业，占34.71%；大型企业所占比例最小，为18.46%。从性别分布看，在中型企业中，女性所占比例较高，为61.2%；而在小型企业中，男性样本所占比例较高，为56.38%，具体如表3.3所示。

表3.3 农民工在不同类型企业间的分布情况

	全部		女性		男性	
	频数	频率（%）	频数	占比（%）	频数	占比（%）
企业所有制性质						
国有企业、事业单位	242	10.11	111	45.87	131	54.13
集体企业	166	6.93	74	44.58	92	55.42
私营企业	1114	46.53	532	47.76	582	52.24
外资及合资企业	605	25.27	418	69.21	186	30.79
其他股份制企业	267	11.15	107	40.07	160	59.93
总计	2394	100	1242	51.9	1151	48.1
企业所在行业						
第一类行业	172	7.17	48	27.91	124	72.09
第二类行业	1445	60.26	819	56.72	625	43.28
第三类行业	781	32.57	379	48.53	402	51.47
总计	2398	100	1246	51.98	1151	48.02
企业规模						
大型企业	442	18.46	245	55.43	197	44.57
中型企业	831	34.71	508	61.2	322	39
小型企业	1121	46.83	489	43.62	632	56.38
总计	2394	100	1242	51.9	1151	48.1

第三节 家庭与人口学特征的性别差异

(一) 农民工平均年龄较低；女性农民工的平均年龄低于男性

已有的调查显示，从农村地区转移到城市劳动市场就业的农民工平均年龄较低。在我们的调查中，也显示出了这一特征。五城市调查样本的平均年龄为29.12[①]岁，最小的为15.83岁，最大的为62.25岁。在全部样本中，20~30岁所占比例最大，为42.75%；30~40岁的所占比例为30%。从分性别的年龄分布来看，男性的平均年龄（30.25岁）要显著高于女性的平均年龄（28.08岁）[②]；在不同性别的年龄分布上，从最小值到40岁之间，女性比例高于男性，在40岁以上，则男性比例高于女性。如图3.4所示。

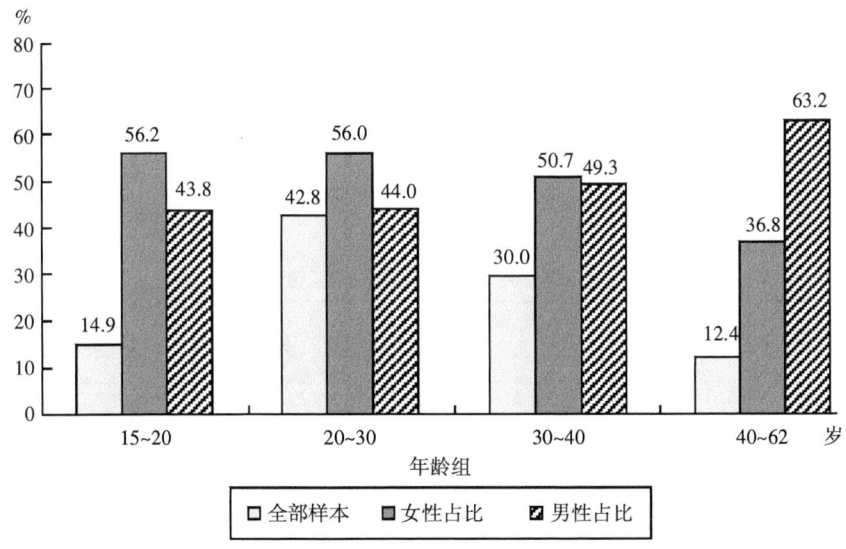

图3.4 农民工的年龄分布：分性别

[①] 本书所说年龄以及非农务工经商年限的计算都以调查月份（2006年7月）为准；以调查月份减去出生年月（第一次外出务工经商年月）得到以月计算的年龄（非农务工经商年限），除以12得到以年计算的年龄（非农务工经商年限）。

[②] 这个差异在统计上显著；男性和女性平均年龄差异F检验的F值为39.96。

上述特征都表明，相对于男性而言，女性农民工的年龄更小，而且更为集中；年龄较大的女性或者表现为更少的外出，或者更早地从城市劳动市场中退出。

（二）农民工在城市的家庭规模小，单身外出比例高

农民工群体的一个显著特征是在农村老家和打工地城市之间频繁流动。因此，按传统方式定义的家庭并不能概括其在打工城市的居住和家庭特征。根据本书的研究目的，笔者将"家庭"定义为在打工地共同居住并具有血缘或姻缘关系的家庭成员。

五城市农民工平均家庭人口为1.61人。其中，大连的平均家庭人口为1.73人，上海为1.84人，武汉为1.58人，深圳为1.38人，重庆为1.54人；所有城市的平均家庭人口都不超过2人。从平均家庭人口分析，我们所调查的农民工的家庭规模比较小，这与中国农民工"候鸟"式的乡城频繁流动有密切的关系。由于户籍制度，农民工很难获得所在打工城市的户籍以及依附于户籍上的社会保障和社会福利，大部分农民工选择了单身进城的模式。表3.4给出了五城市农民工家庭人口的分布状况。从中可以看出，只身进入城市打工的样本占到了全部样本的61.18%；两口人的样本占到了21.48%；单身和两口人占到了全部样本的82.66%。虽然近年来中国农民工的迁移模式越来越带有居家迁移的特征（劳动和社会保障部调研组，2006），但是，从我们的调查中仍然可以发现，单身进入城市的农民工还是占大多数。

表3.4 农民工的家庭人口分布状况

家庭人口	全部		女性占比（%）	男性占比（%）
	频数	占比（%）		
1	1467	61.18	46.86	53.14
2	515	21.48	59.03	40.97
3	331	13.80	61.93	38.07
4	58	2.42	56.90	43.10
5	23	0.96	60.87	39.13
6	2	0.08	100.00	0.00
7	2	0.08	50.00	50.00
总计	2398	100.00	51.98	48.02

（三）婚姻状况与小孩数量

在我们使用的问卷中，被调查者的婚姻状况分为 6 类：未婚、初婚、再婚、离婚、丧偶、其他。根据研究目的，笔者将这 6 类重新分组为两类：已婚和未婚。初婚、再婚两类为已婚，其他类别则为未婚。样本农民工的婚姻状况如图 3.5 所示。在全部调查样本中，未婚比例为 41.53%，其中男性占 48.14%，女性占 51.86%。已婚比例为 58.47%；在已婚者中，与配偶共同外出的比例为 48.72%；其余 51.28% 为单独外出[①]，在单独外出者中，男性比例为 42.98%，女性比例为 57.02%。在我们所调查的打工地，与其配偶共同外出者中，女性所占比例高于男性。

在家庭中，女性是抚育小孩的主要承担者；抚育小孩需要大量的时间和精力，不能不对其劳动市场的表现产生影响。对于农民工而言，小孩数量较少，这可能与其平均年龄较低有关。从被调查者子女数量来看，平均小孩数量 0.68 个；没有子女的样本所占比例超过了 50%；有 34.09% 的被调查者有一个子女。在没有子女的样本中，女性占了 48.64%，低于男性；在有 1 个孩子的样本中，女性所占比例则高于男性。在全部样本中，女性的小孩数量平均值为 0.63 个，低于男性（0.70 个），如图 3.5 和表 3.5 所示。

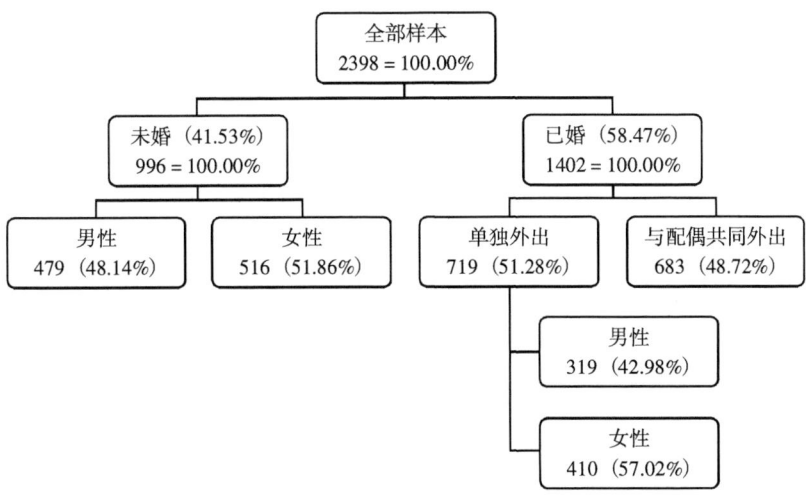

图 3.5 农民工的婚姻状况结构图

---

① 已婚者单独外出的含义是已经结婚，但是在调查地其配偶没有与其一起外出。

表 3.5 农民工子女数量状况

子女数量	全部		女性占比（%）	男性占比（%）
	频数	占比（%）		
0	1032	50.76	48.64	51.36
1	693	34.09	50.07	49.93
2	267	13.13	43.45	56.55
3	35	1.72	31.43	68.57
4	4	0.20	0.00	100.00
5	2	0.10	50.00	50.00
总计	2033	100.00	48.06	51.94

第四节 人力资本与社会资本的性别差异

人力资本和社会资本是与工人生产能力直接相关的个人特征变量。我们的调查显示，对于农民工而言，不论是可观察到的人力资本变量，还是可观察到的社会资本变量，女性都显著低于男性。

（一）在人力资本存量上，女性农民工显著低于男性

人力资本是影响农民工劳动市场表现的主要因素。按照人力资本理论的解释，教育、健康、工作经验和培训构成了人力资本的主要组成部分（Schultz，1971；Becker，1964）。

1. 农民工的教育程度主要集中在初中水平，女性平均教育年限显著低于男性

从教育程度看，五城市农民工中初中教育程度的比例最高，占全部样本的56.4%；其次是高中教育程度，占17.36%。在文盲、小学和初中阶段的农民工中，女性所占比例都高于男性；而在高中教育阶段，男性比例明显高于女性。虽然在职业高中、技校和中专阶段，女性所占比例高于男性，但是这三个阶段在全部样本中所占比例则比较小，只有5.01%和6.93%，见表3.6。

表 3.6 农民工的教育状况

教育程度	全部		女性占比（%）	男性占比（%）
	频数	占比（%）		
文盲	24	1.00	70.83	29.17
小学	239	9.97	61.92	38.08
初中	1352	56.40	52.66	47.34
高中	416	17.36	38.7	61.30
职高技校	120	5.01	67.23	32.77
中专	166	6.93	52.41	47.59
大专	67	2.80	49.25	50.75
大学及以上[①]	13	0.54	53.85	46.15
总计	2397	100.00	51.96	48.04
教育年限平均值（年）	全部	女性	男性	性别差异F检验p值
全部	9.40	9.23	9.55	0.0025

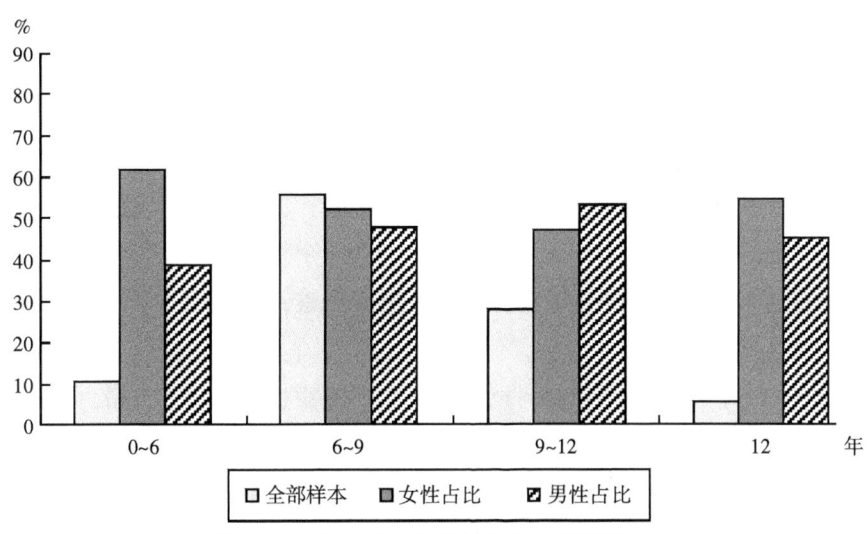

图 3.6 农民工教育年限的分布：分性别

从平均教育年限来看，全部样本平均接受教育年限为 9.4 年，女性农民工的平均教育年限为 9.23 年，低于男性的 9.55 年。从教育年限的分布上看（见图3.6），

---

① 在原有体制下，如果农村居民接受了大学及以上教育，那么一般会获得城市户籍，成为城市居民；但是，随着户籍制度的改革，一部分省市（如山东、河北等）逐步取消了城市户籍和农村户籍的区别；一些农村居民虽然接受了大学及以上教育，但是还保留了农村户籍，或户籍所在地仍然留在农村或县城。这部分人在进入大城市工作后，其户籍仍然保留在老家农村或县城。这部分人也被定义成了农民工。

女性在9年以内的教育年限组别中，所占比例都高于男性；但是，在9~12年的组别中，女性所占比例要低于男性。

2. 农民工的自评健康状况较好，但是女性的自评健康状况显著低于男性

健康不仅是人类发展的目标之一，而且也是一项重要的人力资本投资（Mushkin，1962；Grossman，1972），它对人们在劳动市场中的表现有重要的影响。在劳动市场上，健康对劳动市场表现的影响已经被已有的研究所证明（Fein，1958；Luft，1975；Grossman and Benham，1980；樊明，2002；魏众，2003）。

在实证研究中，一般有三类健康测度指标：自评健康指标、因病损失的工作天数或效率、死亡率等客观指标以及自评与客观指标相融合的综合指标。在劳动经济学中，使用最为广泛的是自评健康指标（Self-ranked health）。一些研究（Ferro，1980）发现自评健康状况和由医生根据医疗记录所作的健康评价是高度相关的。对自评健康指标的批评主要集中在其偏差性上，例如，两个健康状况完全一样的人未必对其自己的健康状况做出同样的评价（Bartel and Taubman，1979）。

本书借鉴樊明（2002）的方法，构造自评健康测度指标对农民工的健康进行测度。根据樊明（2002），在调查问卷中，有6个涉及健康的问题。这6个问题分为三个方面：一是功能障碍，包括：①最近一个月里，您是否有举手或弯腰困难；②最近一个月里，您是否有行走一公里的困难；③最近一个月里，您是否有爬楼梯的困难。二是身体症状，包括：④过去3个月里您是否经常头疼或头晕；⑤最近一个月，您是否感到体弱疲劳。三是精神症状，包括：⑥最近一个月，您是否经常感到心情烦躁①。

上述6个问题的选项，前5个为"是、否"格式，第6个为排列格式，对应如下6个选项："没有、有一点、有些日子、相当多日子这样、多数时间这样、总是如此"。1~3项的功能限制直接影响农民工的劳动市场表现。一个人在这些功能上有障碍将难以从事相当的生产活动，所以凡有此类功能限制，设定一个子测度hh=6。4~5项的身体症状对工作有一定影响，但不如1~3项那样严重，所有此类症状赋值为hh=3或4；出现这些功能限制和症状可反映一定疾病的严重程

---

① 上述6个问题根据樊明（2002）进行了修改，使得问题更加适合中国城市劳动市场中工作的农民工进行回答，但是，问题的含义与樊明（2002）相同。

度。对许多疾病,在初发阶段,人会感到头疼和易于疲劳,而在后期,人的某些身体功能会受到限制,他们可能很难走得比较远,或者上楼梯有困难等。一个人能否感觉平静在一定程度上反映了其精神状态,这也是和劳动市场表现相关的。将每一个样本的健康子测度 hh 相加,就得到这个样本的健康测度得分 h,h 值越大,则健康状况越差。健康自评测度得分的赋值过程如表 3.7 所示。

表 3.7 健康测度的赋值

	变量格式	子测度
1. 举手或弯腰困难	是/否	如果是,hh=6;如果否,hh=0
2. 行走一公里的困难	是/否	如果是,hh=6;如果否,hh=0
3. 爬楼梯的困难	是/否	如果是,hh=6;如果否,hh=0
4. 过去 3 个月经常头疼或头晕	是/否	如果是,hh=3;如果否,hh=0
5. 感到体弱或疲劳	是/否	如果是,hh=4;如果否,hh=0
6. 感到心情烦躁	1~6 等	对应 0~5 分

按照上面的健康构造,全部样本健康得分的平均值为 2.33948。其中,得 0 分的,即在上述 6 个问题中,全部回答"否"的,占到了 50.58%;得分在 1~6 分的,即至少没有任何功能障碍,只回答有身体症状和精神症状的占到了 36.86%;而得分在 13 分以上的只占到了全部样本的 4.42%。这个状况说明,在我们所调查的农民工中,其自评健康状况比较良好[①]。这种情况,可能与我们的调查样本有关,因为我们的调查是在企业中进行的,所调查的农民工在进入企业之前,都经过企业的筛选,所以其健康状况可能要好于平均水平。除此样本偏差之外,另外一个原因可能是大部分进入城市劳动力市场的农民工年龄主要在 20~30 岁,正处在一个最健康的年龄段;而进入城市务工,本身就是一个筛选过程,那些健康状况较差的可能已经在迁移过程中被淘汰掉了。

农民工的健康状况也显示出了比较明显的性别差异:女性农民工的自评健康状况显著低于男性。女性健康得分的平均值为 2.619355,高于男性(2.037555);性别差异的 F 检验显示,这个差异在统计上是显著的。我们将所有样本分为 4

---

① 其他的一些调查也表明农民工的健康状况比其他人群要好。例如,卫生部统计信息中心编(2004)[转引自房莉杰(2006)],关信平、姜妙屹(2002)在沈阳和成都的调查,国家统计局服务业调查中心(2006),北京市统计局人口就业统计处(2006)等。

组,那么在第 1 组,即没有回答任何健康问题的组别,男性所占比例 (51.44%) 要高于女性 (48.56%);而在第 2 组、第 3 组和第 4 组中,女性所占比例都要高于男性 (见表 3.8)。这表明在回答有健康问题的样本中,女性的比例要高于男性。特别是在第 4 组中,女性比例高于男性,这说明在健康状况最差的组别中,女性要多于男性。

表 3.8 农民工的健康测度得分情况

	全部		女性		男性	
	频数	频率 (%)	频数	占比 (%)	频数	占比 (%)
分组 1 (0 分)	1213	50.58	589	48.56	624	51.44
分组 2 (1~6 分)	884	36.86	473	53.57	410	46.43
分组 3 (7~12 分)	195	8.13	118	60.51	77	39.49
分组 4 (13 分以上)	106	4.42	66	62.26	40	37.74
总计	2398	100	1246	51.98	1151	48.02
	平均值	标准差	最小值	最大值	性别差异 F 检验	
全部	2.33948	4.202975	0	29		
女性	2.619355	4.44955	0	26		
男性	2.037555	3.89968	0	29	F=11.45;p=0.0007	

3. 非农务工经商年限:女性农民工显著低于男性农民工

工作经验是人力资本的重要组成部分之一。农民工是从农村和农业产业中进入到城市第二产业和第三产业中工作的劳动者。他们在农村和农业中已经有过工作经验。我们认为农业中的工作经验对第二产业和第三产业中的工作影响非常微小,可以忽略不计。在本书的研究中,我们只关心农民工的非农工作经验。

表 3.9 给出了农民工非农务工经商年限的基本情况。全部样本的平均非农务工经商年限为 7.14 年,最大值为 31 年。非农务工年限低于 1 年的样本只占 9.38%;而非农务工经商年限在 1~5 年、5~10 年以及 10 年以上的分别占到了全部样本的 32.15%、31.23% 和 27.23%。女性农民工的平均非农务工年限为 6.42 年,比男性低大约 1.5 年,而且这个差异在统计上显著。如果将非农务工经商年限分为 4 组,那么在低于 10 年的组别中,女性所占比例都低于男性;而在高于 10 年的组别中,男性所占比例 (55.9%) 则高于女性 (44.1%)。总体而言,在非农务工经商年限上,女性要低于男性。

第三章 农民工劳动市场中的性别差异

表3.9 农民工非农务工经商年限

单位：年

	全部		女性		男性	
	频数	频率（%）	频数	占比（%）	频数	占比（%）
低于1年	225	9.38	114	50.67	111	49.33
1~5年	771	32.15	451	59.00	320	41.50
5~10年	749	31.23	393	52.54	355	47.46
10年以上	653	27.23	288	44.10	365	55.90
总计	2398	100	1246	51.98	1151	48.02
	平均值	标准差	最大值	性别差异的F检验		
全部	7.1434	5.533094	30.91703			
女性	6.417664	4.766757	29.16626			
男性	7.925861	6.162729	30.91703	F=44.89；p=0.0000		

4. 在接受培训的比例上，女性农民工低于男性农民工

培训是人力资本的重要组成部分。对于农民工而言，在其决定迁移到城市之前，可能已经在老家接受了培训，这种在老家接受的培训无疑会影响到他们在城市劳动市场的表现。因此，在我们使用的问卷中，设计了两个与培训有关的问题，一个是农民工在老家接受培训的情况，另一个是进入城市后接受培训的情况。为了区分不同的培训类型，在老家接受的培训分为5类，即自费接受的技能培训（包括学徒）、政府组织的培训、用工单位组织的培训、其他类型培训以及没有接受过培训；进入城市后接受的培训分为6类，即自费接受的培训（包括学徒）、政府组织的培训、用工单位组织的技能培训、用工单位组织的上岗安全培训、其他培训以及没有接受过培训。

在老家没有接受过任何类型培训就进入城市劳动市场的比例占到了80.03%。自费接受的技能培训（包括学徒）占到了13.21%；而政府组织的培训及用工单位组织的培训都只占到了极小的比例。在老家接受培训的性别差异比较明显。在老家没有接受培训的样本中，女性占到了54.51%，高于男性（45.49%），而且这个差异在统计上是显著的（见表3.10）。在自费接受的技能培训、政府和用工单位组织的培训以及其他类型的培训中，女性所占比例也低于男性。这说明，在以培训表示的人力资本存量上，女性农民工要显著低于男性。

这个状况在进入城市后发生了变化。在进入城市后，没有接受培训的农民工比例下降到35.9%，用工单位组织的技能培训和上岗安全培训的比例分别上升到了45.6%和39.06%，这说明在进入城市后，农民工所接受的培训大部分都是由所

表 3.10 农民工接受培训情况

单位：%

	老家				进入城市后			
	全部	女性占比	男性占比	皮尔森卡方检验 p 值	全部	女性占比	男性占比	皮尔森卡方检验 p 值
自费技能培训	13.21	39.11	60.89	0.001	9.54	49.49	50.51	0.709
政府组织的培训	2.2	44.44	55.56	0.611	1.13	73.91	26.09	0.013
用工单位组织的培训	5.7	44.44	55.56	0.385	—	—	—	—
用工单位组织的技能培训	—	—	—	—	45.60	55.33	44.67	0.000
用工单位组织的上岗安全培训	—	—	—	—	39.06	54.41	45.59	0.02
其他类型培训	4.46	46.32	53.68	0.708	5.77	59.66	40.34	0.013
没有培训	80.03	54.51	45.49	0.000	35.9	50.41	49.59	0.122

在单位组织的。女性与男性在进入城市后接受的培训，基本上已经没有显著差异。在没有接受培训的样本中，虽然女性所占比例（50.41%）还是稍微高于男性（49.59%），但是这个差异在统计上并不显著。

（二）女性的社会资本存量显著低于男性

社会资本[①] 是"个人通过他们的成员身份在网络或者在更宽泛的社会结构中获取稀缺资源的能力。获取能力不是个人固有的，而是个人与他人关系中包含着

---

① 社会资本（Social Capital）的概念是社会学家首先提出并使用的。在学术界，对于社会资本的定义还没有达成共识。最先提出并使用社会资本概念的是法国社会学家 Bourdieu（1986）。他认为"社会资本是现实或潜在的资源的集合体，这些资源与拥有或多或少制度化的共同熟识和认可的关系网络有关。换言之，与一个群体中的成员身份有关。它从集体拥有的角度为每个成员提供支持，在这个词汇的多种意义上，它是为其成员提供的'信任状'"。除了 Bourdieu 对社会资本的定义外，其他主要的社会资本的定义还有 Coleman（1988，1990）的功能主义定义。Coleman 按照社会资本的功能，将其定义为"个人拥有的社会结构资源"。与其他形式的资本一样，社会资本是生产性的；是否拥有社会资本，决定了行动者能否实现某个特定的工具性行动。社会资本存在于人际关系的结构中，它既不依附于独立的个人，也不存在于物质的生产过程中。林南（1999）把社会资本界定为"在具有期望回报的社会关系中进行的投资"。个人为了创造收益才参与互动和建立网络。他把社会资本的功能概括为四个方面：第一，促进信息的流动；第二，社会关系人可以对代理人施加影响，这些代理人在有关行动者的决定（如雇用或提升）中发挥了关键性作用；第三，社会关系资源及其被确认的与这个人的关系，也被组织及其代理人视作这个人的社会信任的证明，这些信任反映了个人通过社会网络和关系汲取资源的能力；第四，社会关系被期待着强化身份和认可。其他对社会资本的定义还有 Burt（1992）的"结构洞"社会资本观等。有关社会资本理论和经验研究的文献综述可以参见张文宏（2003）以及陈柳钦（2007）。

的一种资产"(Portes, 1995);"与物质资本和人力资本相比,社会资本指的是社会组织的特征,例如信任、规范和网络,它们能够通过推动协调和行动来提高社会效率。社会资本提高了投资于物质资本和人力资本的收益"(Putnam, 1993)。

本书无意对社会资本的概念进行深入讨论。根据本书的研究目的以及已有的对社会资本的研究,本书认为作为影响劳动市场表现的社会资本,至少具有如下特征:第一,是一种社会网络或社会关系;第二,工人可以通过这种社会网络或社会关系提高其生产效率,获得回报;第三,这种社会网络或社会关系产生劳动市场回报的途径可以是促进信息交流,减少信息成本,或者是表现为社会交际能力,或者是增加信任,减少因为不确定性导致的成本等;第四,作为社会资本的社会网络或社会关系在现实中很难观察到,需要某种代理变量。

在上面四个特征下,根据使用的问卷,本书使用如下四个指标作为社会资本的代理变量,来测度农民工的社会资本存量:一是中共党员的身份,在当前中国的社会制度和政治制度下,加入中国共产党至少代表了此人在其活动群体中的群众信任度和政治活动能力[①];二是参军经历,农民工在未流动之前,一般是农村居民,参军是他们第一次比较正式地参与到现代化的集体生活中,可能会增加其社会交际的能力;三是在老家的干部经历;四是在打工地经常交往的朋友或老乡个数。

在全部样本中,中共党员的比例为4.32%,有参军经历的比例为3.67%,在老家有过干部经历的比例为6.72%,在打工地经常交往的朋友或老乡的个数平均值为8.13个。

表3.11显示农民工的社会资本存量存在着显著的性别差异:女性农民工在四个指标上都显著低于男性农民工。在具有中共党员身份的样本中,女性只占到了1/3(33.01%),显著低于男性(66.99%);在参军经历中,女性更是大大低于男性比例,只有8.05%;在老家的干部经历上,女性要稍微好一些,所占比例低于男性大约11个百分点,但是也表现出显著低于男性的特点。在打工地经常交往的朋友或老乡个数上,女性平均比男性要少大约2个,而且这个差异在统计上显著。

[①] 在中国的政治制度下,加入中国共产党,需要经过许多环节,其中一个很重要的环节是党员和群众的投票。使用党员身份作为社会资本或政治资本的代理变量在劳动经济学的研究比较普遍,例如王美艳(2005)。

表 3.11 农民工社会资本拥有情况

	全部		女性		男性		皮尔森卡方检验
	频数	比例（%）	频率	占比（%）	频率	占比（%）	p 值
中共党员	103	4.32	34	33.01	69	66.99	0.00
参军经历	87	3.67	7	8.05	80	91.95	0.00
干部经历	161	6.72	71	44.1	90	55.9	0.039
朋友或老乡个数	平均值		平均值		平均值		性别差异 F 检验
	8.13151		7.320833		9.017226		F=16.88；p=0.0000

第五节 就业特征的性别差异

本节从就业稳定性、正规化程度、社会保险覆盖率、组织化程度以及就业环境的安全性等方面分析农民工的就业特征及其性别差异。

（一）农民工的就业稳定性较低；女性农民工的就业稳定性高于男性

我们从如下三个方面来讨论农民工的就业稳定性：一是在当前单位的工作时间；二是此前换过工作的次数；三是失业经历以及失业持续时间。

首先来看农民工在当前单位的工作月数。平均而言，农民工在当前单位的平均工作时间不到 3 年（34.23 个月）；在当前单位工作时间为 1 年之内的占到了全部样本的 40.33%；1~2 年的占到了 16.1%；2~5 年的占到了 23.19%；在 5 年以上的占到了 20.39%。

在当前单位工作时间上存在较为明显的性别差异。女性农民工在当前单位的工作时间要比男性农民工长出大约半年，而且这个差异在统计上显著。从在当前单位的工作时间看，女性农民工的就业稳定性要高于男性。

从全部样本看，农民工有过失业经历的比例高达 27.02%；在有过失业经历的样本中，失业的持续时间大约为 2 个月（51.74 天）。农民工在进入城市工作后变换工作的次数平均为 1.6 次。这些指标都可以说明，对于农民工而言，其就业的稳定性较低。从工作变换次数看，女性农民工在进入城市工作后，平均变换过 1.17 次工作，显著低于男性（2.08 次）。

在失业和工作变换上,农民工群体中存在着显著的性别差异。在有过失业经历的样本中,女性所占比例为39.04%,显著低于男性所占比例(60.96%)。但是,需要注意的是,在有过失业经历的样本中,女性的平均失业持续时间(62.28天)要显著高于男性(44.98天)。

表3.12 农民工在当前单位的工作月数

	全部		女性		男性	
	频数	频率(%)	频数	占比(%)	频数	占比(%)
1~12个月	967	40.33	458	47.36	509	53
12~24个月	386	16.1	212	54.92	174	45.08
24~60个月	556	23.19	308	55.5	247	44.5
60个月以上	489	20.39	268	54.81	221	45.19
总计	2398	100	1246	51.98	1151	48.02
平均值(月)	34.22915		37.01372		31.13707	
性别差异的F检验	F=12.24;p=0.0005					

表3.13 农民工的工作变换次数和失业经历

	全部		女性		男性		皮尔森卡方检验p值
	频数	频率(%)	频数	占比(%)	频数	占比(%)	
有过失业经历	648	27.02	253	39.04	395	60.96	0.0000
	平均值		平均值		平均值		性别差异F检验
失业持续时间(天)	51.73611		62.27668		44.98481		F=5.43
工作变换次数	1.601516		1.168684		2.075838		F=59.61

(二)农民工就业正规化程度低;女性签订劳动合同的比例高于男性,但是签订劳动合同的期限却显著低于男性

笔者使用农民工与工作单位签订劳动合同的比例以及劳动合同的期限来分析农民工的就业正规化程度。在全部样本中,没有与用工单位签订劳动合同的比例超过了1/3(34.56%);与用工单位签订固定期限劳动合同的比例超过了一半以上(55.16%);没有固定期限劳动合同的比例只有不到一成(9.23%);季节工的比例为1.05%,如表3.14所示。

表 3.14 农民工签订劳动合同情况

	全部		女性		男性	
	频数	频率（%）	频数	占比（%）	频数	占比（%）
固定期限	1315	55.16	720	54.79	594	45.21
无固定期限	220	9.23	98	44.55	122	55.45
季节工	25	1.05	11	44.00	14	56.00
没有劳动合同	824	34.56	411	49.88	413	50.12
总计	2384	100	1240	52.04	1143	47.96
劳动合同期限（月）	平均值		平均值		平均值	
	13.38631		12.58367		14.33173	
性别差异 F 检验	F=14.06；p=0.0002					

在签订劳动合同的样本中，劳动合同规定的期限平均为 1 年多一点（13.39个月）。这说明，虽然有大约 2/3 的农民工与用工单位签订了劳动合同，但多是短期劳动合同。

在签订劳动合同上，农民工群体中存在着比较明显的性别差异。具体而言，在没有劳动合同的样本中，女性所占比例低于男性；仅就这一点而言，女性就业的正规化程度要好于男性。在固定期限劳动合同中，女性所占比例要高于男性。但是，在无固定期限劳动合同中，女性所占比例低于男性。值得指出的是，在签订劳动合同的样本中，女性的劳动合同期限平均要比男性低出大约两个月。

（三）农民工的社会保险覆盖率较低，组织化程度较低；在社会保险覆盖率和组织化程度上女性农民工高于男性

从当前我国的社会保障制度分析，现行社会保障制度没有排斥正规就业的农民工参加社会保障。但是，从总体上来看，农民工的社会保险覆盖率比较低（国务院研究室课题组，2006；郑功成、黄黎若莲，2006）。在我们所调查的五城市中，截止到调查日，农民工的社会保险体系可以分为两类：一是允许农民工参与到城镇职工的社会保险体系中来，武汉和重庆实行的是这种制度①；二是建立了专门的农民工的社会保险体系，农民工的保险基金单独列账。大连、上海和深圳

---

① 两城市从 2007 年开始也准备建立专门的农民工社会保险体系。武汉市自 2007 年 1 月起开始实施《武汉市农民工参加医疗保险实施意见（试行）》。重庆市则拟出台《重庆市农民工住院医疗保险暂行办法》。

属于后者①。

我们的调查显示，农民工社会保险的覆盖率也比较低。表3.15给出了五城市农民工四项社会保险的覆盖率。五城市农民工参加打工地养老保险的比例为23.46%，参加打工地医疗保险的比例为33.32%，参加打工地工伤保险的比例为46.69%，参加打工地失业保险的比例为8.32%。工伤保险的覆盖率最高，但是也不超过50%；失业保险的覆盖率最低，只有不到10%。

表3.15 农民工社会保险覆盖率的性别差异

	全部		女性		男性		皮尔森卡方检验 p值
	频数	频率（%）	频数	占比（%）	频数	占比（%）	
养老保险	545	23.46	356	65.44	188	34.56	0.000
医疗保险	736	33.32	427	58.1	308	41.9	0.000
工伤保险	1106	46.69	591	53.48	514	46.52	0.139
失业保险	186	8.32	123	66.13	63	33.87	0.000

农民工四项社会保险的覆盖率也存在比较明显的性别差异。在养老保险覆盖的样本中，女性所占比例（65.44%）显著高于男性（34.56%）；在医疗保险和失业保险覆盖的样本中，女性的比例都显著高于男性。在工伤保险覆盖的样本中，女性所占比例（53.48%）也要高于男性，虽然这个差异在统计上不显著。

已有的研究发现工人的组织程度提高了他们与雇主的谈判能力，从而提高了工人总补偿中附加福利的份额（Freeman，1981）。对于农民工而言，其组织化程度提高可能会提高其谈判能力，也可以通过其他一些方式来影响农民工的劳动市场表现。在当前中国城市劳动市场中，工人的组织形式有职工代表大会、工会等，但是，农民工的流动性以及就业的非正规性，往往使他们游离于这种正式的组织之外。

笔者使用三个指标来刻画农民工的组织化程度：第一个指标是参加其他类型

---

① 大连市2005年11月开始实行《大连市农民工社会保险暂行办法》，规定与本市用人单位形成劳动关系的农民工，可以参加城镇职工的社会保险，也可以参加专门的农民工社会保险。上海在2002年9月开始实行《上海市外来从业人员综合保险暂行办法》，并在2005年4月颁布了综合保险的实施细则，规定不论是有单位的还是无单位的外来务工人员，都可以参加包括工伤保险、住院医疗保险和老年补贴三部分在内的综合保险；综合保险基金实行集中管理、单独立户、专款专用。深圳自2005年3月开始试点劳务工合作医疗试点，并于2006年6月实行《深圳市劳务工医疗保险暂行办法》，《暂行办法》规定，劳务工医疗保险实行现收现付、当年收支基金基本平衡的原则，基金纳入财政专户，不设立个人账户。

工会的比例,此处"其他类型"的工会,主要是指由政府或单位组织的正式工会;第二个指标是参加农民工自己组织的工会的比例;第三个指标是一年以来有工会或其他组织帮助他们增加工资或提高福利待遇的比例。

在五城市全部样本中,参加其他类型的工会的比例为13.54%;参加自己组织的工会的比例为3.18%;在最近一年来,有工会或其他组织帮助提高福利的比例为13.64%,如表3.16所示。

表3.16 农民工参加工会的比例

	全部		女性		男性		皮尔森卡方检验 p值
	频数	频率(%)	频数	占比(%)	频数	占比(%)	
参加其他类型的工会	324	13.54	227	70.28	96	29.72	0.000
参加自己组织的工会	76	3.18	43	56.58	33	43.42	0.411
有工会或其他组织帮助提高福利	325	13.64	230	70.77	95	29.23	0.000

农民工的组织化程度存在明显的性别差异,女性农民工要好于男性。表3.16显示,在参加其他类型工会的样本中,女性所占比例(70.28%)要远高于男性(29.72%)。参加自己组织工会的样本中,女性所占比例(56.58%)也要高于男性(43.42%),但这个差异在统计上不显著。在最近一年来得到工会或其他组织的帮助的样本中,女性所占比例也显著高于男性。

(四)女性农民工所处的工作环境安全性高于男性

农民工工作环境的安全性直接影响到他们的身心健康,从而对其劳动市场表现产生影响。但是,对工作环境安全性的测度比较困难。本书通过构造一个工作环境安全性的测度,来分析农民工在工作中面临的环境风险。工作环境的安全性实际上有两个维度:一是对工作环境安全性的客观测度,即在客观上,工作环境如何;二是农民工主观上对工作环境是否安全的判断,这个判断的根据是工作环境是否影响到了在其中工作的人的健康。

首先看客观测度。在我们使用的问卷中,设计了5个有关工作环境的问题:是否接触有毒有害物质、空气中粉尘含量是否很高、噪音是否很大、环境是否很潮湿、是否经常从事高空作业。对这5个问题设计了3个选项:"是"、"一般"

和"否"。我们将这3个选项分别赋值为"2"、"1"和"0"①。但是，这个指标对工人健康的影响是不同的，需要根据工人的主观判断对其重要性进行区分。这就涉及工作环境安全性测度的主观维度。在我们使用的问卷中，设计了这样的问题来测度工人对工作环境安全性的主观判断：您认为当前工作是否会影响到您的身体健康？这个问题的选项有两个，即"是"和"否"。将回答"是"的设定为1，回答"否"的设定为0。为了从主观判断上给出5个客观测度的重要性，我们以主观测度为因变量，以5个客观测度为自变量进行Logistic回归，得到比数比（Odds Ratio）。而比数比的含义正是自变量对因变量产生作用的重要性。

Logistic回归的比数比显示，对工人主观判断产生影响的重要性排序依次为：有毒、粉尘、噪音、潮湿、高空。这个结果显示，对于农民工而言，工作环境中的有毒有害物质对其健康的影响最大；而高空作业的影响最小，而且在统计上不显著。这个结果可能与我们的抽样有关。在我们抽样时，没有专门到建筑企业，特别是室外建筑工地上进行调查。

根据上面的回归结果，我们将上述5个客观测度赋值如下：有毒有害物质赋值为4，粉尘赋值为3，噪音赋值为2，潮湿赋值为1，高空赋值为0。将这5个客观测度的值相加，得到农民工工作环境安全性的一个测度。从上面的赋值过程可以看出，测度得分越高，农民工所在工作环境的安全性越差。

全部样本工作环境安全性测度得分的平均值为3.96；得分为0分，即工作环境非常安全的占到了43.49%；得分在1~4分的占到了20.68%；得分在4~10分的占到了24.27%；其余11.55%的得分在10分以上，如表3.17所示。

表3.17 农民工工作环境安全性测度得分

	全部		女性		男性	
	频数	频率（%）	频数	占比（%）	频数	占比（%）
0分	1043	43.49	579	55.51	464	44.49
1~4分	496	20.68	248	50	248	50
4~10分	582	24.27	283	48.71	298	51.29

---

① 此处的赋值过程以及下面根据主观判断的赋值过程实际上取了其序数含义，即赋值越高的选项，其安全性越低，对工人健康的影响越严重。但是，序数相加没有意义。为了部分地解决这个问题，我们将不同权重之间的间隔设定为1个相等单位，并控制在0~5。赋值为0实际上是说这个指标对因变量没有影响。

续表

	全部		女性		男性	
	频数	频率（%）	频数	占比（%）	频数	占比（%）
10分以上	277	11.55	136	49.1	141	50.9
总计	2398	100	1246	51.98	1151	48.02
皮尔森卡方检验	Pearson chi^2 (3) =9.4069; p=0.024					
	全部		女性		男性	
平均值	3.959849		3.709911		4.225413	
性别差异F检验（全部）	F=6.32; p=0.0120					

相对于男性农民工而言，女性农民工所面临的工作环境的安全性要好一些。女性工作环境安全性测度得分的平均值为3.71，低于男性（4.23），而且这个差异在5%的显著水平上显著。从分布上看，除了在0分组别中女性所占比例高于男性外，在其他三个组别中，男性所占比例都等于或大于女性，这也说明男性农民工所面临的工作环境安全性比女性要差；列联表的皮尔森卡方检验显示，这种分布差异在5%的显著水平上显著。总体而言，可以大致得出这样的结论：女性农民工所面临的工作环境在安全性上优于男性。

第六节 劳动市场表现的性别差异

那么，在职业获得、劳动供给和工资三个方面的劳动市场表现上，农民工表现出了什么样的特征？这些特征的性别差异如何呢？从已有的研究看，进入城市的农民工群体的职业层次较低、劳动时间过长、工资较低（国务院研究室课题组，2006）。我们的调查也显示出了这个特征[①]。

（一）农民工的职业层次较低；女性主要集中在办事人员和非技术工种上

虽然我们的抽样是在企业中进行的，样本多为生产第一线的工人，但是从农

---

① 此处仅从描述统计的角度给出农民工劳动市场表现的主要特征，在后文将对之进行全面分析。

民工的职业分布上,还是可以看出农民工主要集中在生产工人职业上;进入管理层以及办公室人员的比例都很低(分别为8.23%和5.64%)。如果将管理层以及办事人员作为"白领"职业,技术工种和非技术工种作为"蓝领"职业,那么,至少从我们的数据看,农民工主要还是集中在"蓝领"职业中。

在农民工群体中,已经发生了职业的性别隔离。在"白领"职业中,女性在办事人员中的比例(6.86%)高于男性所占比例(4.36%);而在管理层职业中,男性所占比例(9.16%)则高于女性(7.36%),如图3.7所示。

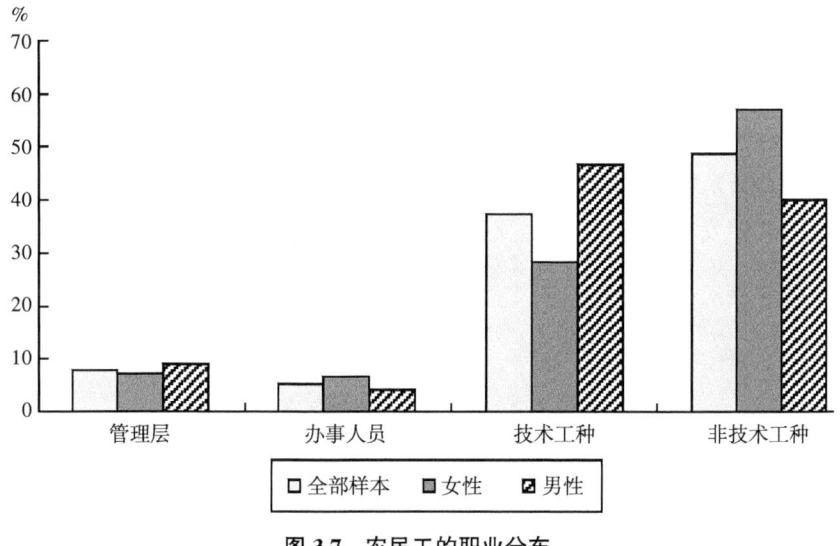

图 3.7 农民工的职业分布

(二)农民工的劳动时间超出法定劳动时间;男性劳动时间显著高于女性

我们所调查的数据显示,农民工每月的平均工作天数为25.60天(每周大约平均工作6天半);每天平均的工作时间为9.14小时;每月平均工作时间高达234.97小时。按照法定工作时间,每周工作5天,每天8小时,农民工的劳动时间要大大超长,如表3.18所示。

表 3.18 农民工的劳动供给状况

	全部	男性	女性	性别差异的F检验
每月平均工作天数	25.60	25.99	25.24	F=32.37;p=0.0000

续表

	全部	男性	女性	性别差异的F检验
每天平均工作小时	9.14	9.17	9.12	F=0.47；p=0.4940
每月平均工作小时	234.97	238.89	231.42	F=9.43；p=0.0022

从劳动供给时间的性别差异看，女性每月工作的天数要显著低于男性；每天工作时数也低于男性（虽然在统计上不显著）。

（三）农民工的工资较低；女性农民工的工资显著低于男性

五城市农民工的月工资平均只有1002.05元。其中，女性平均月工资只有910.78元，男性平均月工资为1100.24元。女性农民工的月工资显著低于男性。因为男性农民工的每月工作时间显著高于女性，为了剔除劳动时间的影响，我们使用小时工资来对男性和女性的工资差异进行比较。全部样本小时工资平均为4.51元，其中女性为4.17元，显著低于男性的4.87元。以月工资计算的女性与男性工资比为0.83，以小时工资计算的女性与男性工资比为0.86，如表3.19所示。

表3.19 农民工的性别工资差异

	全部	女性	男性	性别差异F检验	工资性别比
月工资（元）(均值)	1002.05	910.78	1100.24	F=99.62	0.83
小时工资（元）(均值)	4.51	4.17	4.87	F=51.40	0.86

第七节 小 结

农民工群体中，在以教育、健康、非农工作经验和培训表示的人力资本存量中，农民工整体的人力资本存量较低，而且女性农民工的人力资本存量都显著低于男性；在以中共党员、参军经历、干部经历和打工地经常交往的朋友或老乡个数表示的社会资本存量上，女性农民工也显著低于男性。从就业特征上看，农民工的就业稳定性较差；从性别差异上看，女性农民工的就业稳定性高于男性，但是在失业后，女性再就业的等待时间显著长于男性。农民工就业的正规化程度较

第三章 农民工劳动市场中的性别差异

低,与所在单位签订劳动合同的比例低,劳动合同的期限较短;虽然女性农民工与所在单位签订劳动合同的比例高于男性,但是在签订劳动合同的农民工中,女性劳动合同的期限要比男性短。农民工的工作环境较为恶劣,工作环境的安全性较低;从性别差异看,女性的工作环境安全性要高于男性。农民工的社会保险覆盖率较低,组织化程度较低;从性别差异看,女性的社会保险覆盖率要高于男性,组织化程度也高于男性。

从劳动市场表现的特征来看,农民工的职业层次较低,主要集中在"蓝领"职业中;劳动时间超过法定劳动时间;工资较低。从劳动市场表现的性别差异分析,相对于男性农民工,在"白领"职业中,女性农民工主要集中在办事人员职业中;在"蓝领"职业中,女性农民工主要集中在非技术工种中。女性的劳动时间低于男性;女性的工资也显著低于男性。在城市劳动市场中,农民工的劳动市场表现存在显著的性别差异。

第四章 职业获得与性别职业隔离

职业获得（Occupational Attainment）是指在既定条件下，获得某种职业的可能性。在劳动市场中，经常存在的一个现象是在一些职业中男性多一些，而在另一些职业中女性多一些。从获得某种职业的概率上分析，这一现象实际上说明男性和女性获得某种职业的概率有差别。这种职业获得概率上的差别反映到不同性别在不同职业中的分布上，则是职业的性别隔离。

一般而言，性别职业隔离是指男性和女性在不同职业中就业的倾向（Tendency），即性别的职业分布[①]（Anker，1997，1998）。性别职业隔离所导致的一个后果是劳动市场中的职业被分为"男性"职业和"女性"职业[②]（Anker，1997）。相对于男性，女性大多集中到那些诸如秘书、服务员、护士等技术要求低、工资收入低、工作环境差的职业中。性别的职业隔离会对劳动市场产生一系列的不良影响。性别的职业隔离扭曲了资源配置，使劳动市场严重僵化，浪费了人力资源，降低了效率。性别的职业隔离不仅影响到女性的收入和经济、社会地位，而且损害了性别之间的公平。不仅如此，性别的职业隔离还会通过对女性的歧视，将这种不平等遗传到下一代（Korupp，Sanders and Ganzeboom，2002）。

当然，职业的隔离不仅发生在性别之间，也发生在任何存在职业流动障碍的劳动群体之间。农民工群体，一方面由于自身特征的原因，另一方面由于中国劳

[①] 隔离不同于"集中"（Concentration），后者指劳动市场中，一种职业或几种职业内劳动力的性别结构，一般表示为女性占此职业人数的比例。职业中的性别"集中"，是性别不对称的，除非男性和女性各占50%。而职业中的性别隔离是性别对称的，女性隔离于男性，那么男性也同样隔离于女性。此外，隔离也不同于"暴露"（Exposure），暴露是指一个性别在工作中与另一性别接触的机会或程度，它同样是性别不对称的；在劳动市场中，男性的数量多于女性，那么男性对女性的暴露就是低的（Blackburn and Jarman，2005）。一些文献不区分"隔离"与"集中"（Anker，1997；Anker，1998）。在本书中，我们对此做出区分，并将性别职业隔离定义为男性和女性在不同职业中的分布。

[②] 比较正规的定义是：如果一个职业中女性（男性）所占的比例高于整个劳动市场中女性（男性）所占的比例，那么这个职业就是"女性（男性）"职业（Watts，1998）。

劳动市场中的性别分析：理论、方法与实证研究

动市场的城乡分割，大部分进入了收入较低、福利较少、工作环境较差的职业，特别是一大批农民工进入了城市的非正规就业中（国务院研究室课题组，2006；郑功成、黄黎若莲，2006；张慧，2005；张智勇，2005；宋丽娜、张小玲，2005；蔡昉、都阳、王美艳，2005）。调查显示，农民工就业最集中的前三个行业是建筑业、制造业和服务业，以从事体力劳动和低技术工作为主（刘爽、武晓萍，1999；Du，2000；蔡昉，1996）。这种职业状况使得农民工即使具有同城镇工人相似的生产力特征，在工资收入、社会保障、工作环境等方面也低于城镇工人，造成劳动市场的城乡分割。

更进一步，从性别差异的角度来看，男性和女性农民工之间也存在职业隔离，即性别的职业隔离。近年来，农民向城市劳动市场转移的一个重要趋势是女性的增加和家庭迁移比例提高，迁移中的"女性化"趋势越来越明显（李路路，2003；翟振武、段成荣，2006；朱信凯、陶怀颖，2006）。女性在进入城市劳动市场之后，多数进入了在社会声望、工资收入等方面比男性更低级的职业中（叶文振、葛学凤、叶妍，2005；侯慧丽，2005）。这种不同性别的工人进入不同职业的现象，就是劳动市场中的性别职业隔离。对于刚刚离开农业、进入城市第二产业和第三产业就业的农民工而言，性别职业隔离的影响不仅仅是效率和公平的损失，其重要意义还在于，他们作为第一代城市移民，其职业地位将会对其后代产生重要影响。

本章将以农民工群体的职业隔离为例，对劳动市场中的职业获得和性别职业隔离进行研究。一个基本的思想是，将影响男性和女性进入不同职业的原因区分为两部分：一是有可观察的个人特征因素和需求方因素，二是难以观察到的制度性或歧视性因素。对于个人特征因素，诸如教育、健康、工作经验等人力资本因素，其政策含义则在于可以通过提高女性的人力资本积累改善其职业获得；对于制度性和歧视性因素，政策含义则有所不同，需要从制度上和文化上改变对女性的歧视，从而改善女性的职业获得。

第四章 职业获得与性别职业隔离

第一节 性别职业隔离的测度与实证研究方法

(一) 测度性别职业隔离

对职业隔离现状的描述涉及对职业隔离的数量测度,即用一个数值指标描述性别职业隔离的程度。性别职业隔离的数量测度主要可以分为三大类(Mora and Ruiz-Castillo, 2003):第一类是以差异指数(Index of Dissimilarity)为基础的指标。以差异指数为基础,发展形成了多种指数(Grusky and Charles, 1998; Karmel and MacLachlan, 1988)。第二类对性别职业隔离测度的指标涉及收入不平等的测度方法,将性别的职业隔离视为不同性别在职业中分布的不平等。在此类测度中,诸如收入不平等测度中的基尼系数、阿特金森指数、泰尔指数等,被应用到性别职业隔离的测度中(Butler, 1987; Hutchens, 1991; Hutchens, 2004)。第三类是性别职业隔离的结构方法。这种方法认为,传统的使用标量指标描述职业性别隔离的方法需要嵌入一个可以加以验证的模型中进行研究。Grusky and Charles (1998)、Charles and Grusky (1995) 使用一个 Log-multiplicative 模型对这一问题进行了研究; Kakwani (1994) 则在 F-分布的基础上,发展了一个模型用以检验两时期或两个国家之间性别职业隔离的变化是否显著。

本章只介绍两种比较常用的性别职业隔离指数:差异指数(Dissimilarity Index)和平方根指数。差异指数又称杜肯指数(Duncan Index)。1955年社会学家杜肯在其对种族隔离居住的研究中首先提出了这个指数(Duncan and Duncan, 1955)。从隔离曲线(Segregation curve)出发,杜肯推导出了一个表示隔离的指数:

$$D = \frac{1}{2} \sum_{1}^{k} |x_j - y_j| \tag{4.1}$$

其中,x_j 表示第 $j(j=1, 2, \cdots, J)$ 类职业中男性/女性占全部男性/女性劳动力的比例;y_j 表示第 j 类职业中女性/男性占全部女性/男性劳动力的比例;D 的含义是为了使每个职业中女性/男性的比例等于整个劳动市场中女性/男性的比例,女性/男性需要改变职业的比例数。例如,美国 2000 年的 D=0.463(Anker,

Malkas and Korten, 2003),即当年需要有 46.3%的女性改变其职业才能达到女性劳动力在整个美国劳动市场中所占的比例。

D 指数的好处在于容易计算、含义明确、简单明了。但是，它也存在诸多缺点，其中之一是 D 的计算依赖于对职业的分类。职业分类不同，计算出来的 D 也不同。这样，如果不同时期或不同国家、地区的职业分类发生了变化，那么就无法进行跨期或跨国比较。基于此，一些学者通过确定一个职业分类标准，并以此标准计算出一个调整因子，对 D 指数进行调整。如 Anker（1998，2003）以 75 类职业为标准，设计了一个调整的 D 指数，来研究 2000 年世界不同国家和地区的性别职业隔离状况。但是，即使对职业结构进行了调整，D 指数还是会依赖于性别—职业分布的边际比例，即这一指数对劳动市场的性别结构敏感（Charles and Grusky, 1995; Watts, 1998）。

D 指数的另一个局限是这个指数所测度的是总体隔离程度。使用 D 指数对一些国家的研究发现，如果以联合国的三个测度女性发展水平的指标即 HDI、GDI、GEM[①] 作为女性经济和社会地位的指标，以经过调整的 D 指数作为性别职业隔离的指标，那么，女性经济和社会地位与隔离程度正相关（Blackburn, et al., 2000），即在那些女性地位高、发展程度高的国家，性别职业隔离的程度也较高。为了解释这种现象，一些文献将总体性别职业隔离分解为垂直隔离和水平隔离（Blackburn and Jarman, 2005; Blackburn, et al., 2002）。

垂直隔离指在不同等级职业（按照不同的收入、社会地位、所需要的教育水平、技能、经验等来划分的职业等级）之间的隔离；水平隔离指在相似等级职业（有相似的收入、社会地位、所需要的教育水平、技能、经验等）之间的隔离（Blackburn, et al., 2002; Fortin and Huberman, 2002）。垂直隔离表示了性别职业隔离中的不平等成分；而水平隔离则不包含不平等的成分。通过将总体隔离分解为垂直隔离和水平隔离，可以解释收入水平与性别职业隔离之间的关系：高收入国家的高性别职业隔离是因为水平隔离的上升，而表示不平等程度的垂直隔离却在下降（Blackburn, et al., 2002）。

针对杜肯指数不能分解的局限性，Hutchens（2004）从收入不平等的测度方法出发，发展了平方根指数（Square Root Index）。Hutchens 将性别职业隔离的测

---

① 即人类发展指数（Human Development Index）、性别相关发展指数（Gender-related Development Index）和性别赋权测度（Gender Empowerment Measure）。

度与收入不平等的测度联系起来,在 Shorrocks(1984)定理 5 的基础上,通过测度收入分配不平等的广义熵指数发展了一个测度性别隔离程度的广义熵指数(Generalized Entropy Measure of Segregation),将之称为平方根指数,并证明了平方根指数是唯一的满足包括加性可分解性(Additive Decomposability)、加总性(Aggregative)等七个指数测度优良性质的指数。Hutchens 首先根据测度收入不平等的广义熵指数,构造了一个测度性别职业隔离的指数:

$$O_c(x) = -\sum_{j=1}^{T} S_{2j} [(S_{1j}/S_{2j})^c - 1] \tag{4.2}$$

其中,S_{1j} 为第 j 类职业中女性所占比例;S_{2j} 为第 j 类职业中男性所占比例。对 c 的赋值涉及价值判断:在比较不同的职业分布时,对某种职业分布状态重要性的判断。如果令 c = 0.5,那么就得到了平方根指数:

$$O_c(x) = O_{0.5}(x) = -\sum_{j=1}^{T} S_{2j} [(S_{1j}/S_{2j})^{0.5} - 1] = 1 - \sum_{j=1}^{T} \sqrt{(S_{2j})(S_{1j})} \tag{4.3}$$

这个指数属于广义熵指数一族,满足加总性和加性可分解性。因此,可以将这个指数作如下分解:可以将之分解为不同部分之和,也可以将之分解为组内隔离和组间隔离之和。如果按照收入水平,将所有的职业划分为高收入组、中收入组和低收入组,那么,平方根指数可以分解为这三个部分指数之和:

$$O(x) = \sum_{j \in H} [S_{2j} - \sqrt{(S_{2j})(S_{1j})}] + \sum_{j \in I} [S_{2j} - \sqrt{(S_{2j})(S_{1j})}] + \sum_{j \in L} [S_{2j} - \sqrt{(S_{2j})(S_{1j})}] \tag{4.4}$$

其中,H 为高收入组的职业,I 为中等收入组的职业,L 为低收入组的职业。也可以分解为组间隔离指数和组内隔离指数之和:

$$O(x) = \sum_g W_g O(x^g) + B \tag{4.5}$$

其中,g = 1, 2, ⋯, G 为所分的组数,$O(x^g)$ 为每组内部的隔离指数,$W_g = W_g[N_1(x^1), \cdots, N_1(x^G), N_2(x^1), \cdots, N_2(x^G)] > 0$ 为每组的权重,B 为组间项。

平方根指数的优点在于可以对总体性别职业隔离进行分解,从而发现被总体隔离指数所掩盖的一些问题。但是,由于平方根指数是从测度不平等的广义熵指数发展而来的,所以它也具有广义熵指数所具有的局限性(Hutchens,2004)。

(二) 职业获得

在经济学关于职业获得的实证研究中,多值选择模型(Multinomial Logit Model,MNL)是应用最为广泛的方法。早期的职业获得模型建立在人力资本理论基础之上。Boskin(1974)发展了一个条件 Logit 模型来验证人力资本理论对职业选择的预测。按照人力资本理论,工人进入到某个职业中,是在比较收益(预期的潜在收入)与成本(教育、培训成本与机会成本)的基础上,在其财富水平的约束下收益最大化的结果。设第 i 个工人选择职业 j 的概率是每一种职业的预期收入、机会成本以及与财富水平相关的成本的函数:

$$p_{ij} = f(E_{i1}, \cdots, E_{ij}, E_{ij+1}, \cdots, E_{in}; U_{i1}, \cdots, U_{ij}, \cdots, U_{in}; T_{i1}/W_i, \cdots, T_{ij}/W_i, \cdots, T_{in}/W_i) \tag{4.6}$$

其中,E 为预期收入的现值;U 为因失业导致的预期收入现值的损失;W_i 为个人所拥有的财富;$\frac{T}{W}$ 为相对于财富水平的人力资本投资成本。在上述结构模型的基础上可以推导出职业选择的 MNL 模型:

$$\ln(p_{ij}/p_{iJ}) = \ln(e^{X_i\beta_j}/e^{x_i\beta_J}) = X_i\beta_j \tag{4.7}$$

其中,X_i 为自变量,β_j 为要估计的系数,J 为基准职业。需要说明的是这个模型是从人力资本理论推导出来的职业选择的结构模型。要得到职业获得的多值选择模型,需要进一步的假设。Schmidt and Strauss(1975)在 Theil(1969)发展的多值选择模型的基础上,发展了职业获得的 MNL 模型。Schmidt and Strauss 使用种族、性别、教育年限和工作经验作自变量,估计了 5 种职业的获得概率;并且在这个模型中,讨论了种族和性别歧视对职业获得的影响。如果种族和性别的估计系数不为 0,即可以说明在控制了教育、工作经验等人力资本特征后,种族和性别影响了工人的职业获得。但是,得到这个结果需要假设在人力资本水平相同的条件下,不同种族和不同性别的工人具有相同的职业偏好[①]。此外,在这个职业获得模型中,如果不考虑歧视的影响,那么这个模型可以看作是 Boskin(1974)的职业选择模型。更为完善的职业获得 MNL 模型是由 Brown, et al.

---

① 这个问题是职业获得模型中的一个比较重要的问题,即不同性别的职业偏好不同。Brown, et al. (1980b)解决这个问题的办法是选择年龄段相同的男性和女性样本,以大致上控制偏好差异。

第四章 职业获得与性别职业隔离

(1980b) 给出的。Brown, et al. 首先对职业获得与职业选择进行区分①，并假设那些在职业选择中的非外生变量，在职业获得中可以设定为外生的。这样，第 i 个工人获得第 j 类职业的概率设定为：

$$p_{ij}|X_i = f(X_{i1}, \cdots, X_{iK}) \tag{4.8}$$

其中，X_i 为第 i 个工人可观察的特征向量。如果将式 (4.8) 中 $f(X_{i1}, \cdots, X_{iK})$ 的形式设定为多值 Logit 模型，那么，立即就得到与式 (4.7) 形式相同的职业获得 MNL 模型。在本书对农民工职业获得的研究中，我们使用的是式 (4.7) 给出的 MNL 模型。

（三）性别职业隔离的分解

在对性别职业隔离理论的叙述中，我们已经知道人力资本理论不能穷尽影响职业获得的所有因素，还有一些制度性和社会性的对女性的歧视影响了不同性别的职业获得。那么，如何在实证研究中量化"性别歧视"②因素对职业获得的影响？这就引出了使用职业获得模型分析歧视对不同性别职业获得影响的分解方法。

Schmidt and Strauss (1975) 的方法虽然已经讨论了性别歧视对职业获得影响，但是这种方法只能发现是否存在歧视，而不能定量地分析歧视影响的程度。在实证研究中，主要有两种方法 (Chzhen, 2006)，这两种方法的基本思想来源于 Blinder-Oaxaca 分解 (Blinder, 1973; Oaxaca, 1973)。

我们先从比较传统的方法开始③。方法的第一步需要分别估计男性和女性职业获得的 MNL 模型。首先在逻辑条件概率方程：$p_{ij}|X_i = e^{X_i\beta_j}/\sum_j e^{X_i\beta_j}$ 的基础上（j 为职业种类），得到所要估计的 MNL 模型，即式 (4.7)：

---

① 职业获得不同于职业选择（Occupational Choice），后者主要涉及个人能够控制的变量，主要是供给方的变量；前者则涉及劳动供给和劳动需求两个方面；在职业选择中，并不是所有的个人特征变量都是外生的。职业选择是一个自我选择过程，在这个选择过程中，工人需要比较各种职业的潜在收益和成本，并选择净收益最大化的职业；在职业选择过程中，工人考虑的主要是供给方的决策。而在职业获得中，不仅要考虑供给方的因素，而且要考虑到需求方因素，而需求方因素是工人不能选择的。

② 需要注意的是此处的"歧视"是一种"残差"（Residual）歧视，即在控制了与生产能力相关的个人社会经济特征变量后，模型不能解释的"残差"来表示"歧视"。实际上，此处的歧视也包括了那些不能观测到的变量所产生的影响（Brown, et al., 1980b）。在一些文献中，也称为"不可观测因素"导致的差异，或"不可解释"因素导致的差异。这一点在本书后面的分析中会经常提到。

③ 下文称为"概率密度法"，即女性的预测职业分布来源于使用男性回归系数和女性实际数据得到的概率密度方程。

第二步，利用第一步中得到的男性模型的估计系数，来模拟女性的职业获得，即将女性的数据代入男性的系数中，得到模拟的女性职业获得的概率：

$$\ln(\hat{p}_{ij}/p_{iJ}) = X_{fi}\hat{\beta}_{mj} \tag{4.9}$$

其中，X_{fi} 为女性的个人数据，$\hat{\beta}_{mj}$ 为第一步估计中得到的男性模型的系数。上式经过转换得到职业概率密度方程（Occupational Probability Density Function）：

$$\hat{p}_{fij} = e^{X_{fi}\hat{\beta}_{mj}} \Big/ \sum_{j} e^{X_{fi}\hat{\beta}_{mj}} \tag{4.10}$$

第三步，利用上述职业概率密度方程，对所有的女性劳动力求和得到每个职业中预测的女性劳动力人数：

$$E_{fj} = \sum_{i} \hat{p}_{fij} \tag{4.11}$$

E_{fj} 为预测的第 j 种职业中的女性劳动力的人数。这样就得到了预测的女性职业分布。通过职业概率密度方程模拟出的女性职业分布，乃是不存在"歧视"的女性的职业分布。此处的一个假设是在男性的职业分布结构中，不存在歧视性因素；而且男性和女性的职业分布的内在结构是相同的，即如果不存在歧视，那么与男性具有相同个人特征的女性应该获得与男性相同或相似的职业。

第四步，根据实际的职业分布和预测的职业分布分别计算职业隔离指数，实际的职业隔离指数与预测的职业隔离指数（没有歧视因子）之间的差即是歧视对女性职业获得的效应。Brown, et al.（1980b）使用这种方法，利用 1966 年和 1971 年美国的 NLS 数据，估计了歧视对性别职业隔离的影响，发现实际的杜肯指数为 0.505，而预测的杜肯指数为 0.15，二者的差可以看成是歧视对性别职业隔离的效应。这种方法不仅可以应用到性别的职业隔离中，还可以应用到种族职业隔离的研究中。Gabriel, et al.（1990）使用这种方法研究了美国白人、黑人和西班牙裔人群在职业获得中的歧视效应。

第二种方法① 第一步与第一种方法相同，都需要分别估计男性和女性职业获得的 MNL 模型，得到男性和女性模型的系数 $\hat{\beta}_{fj}$ 和 $\hat{\beta}_{mj}$（Chzhen, 2006; Brown, Pagan and Rodriguez-Oreggia, 1999）。

第二步，分别求出男性和女性模型中自变量的平均值，作为典型"男性"和典型"女性"的个人特征数据 $\overline{X}_{fi}$ 和 $\overline{X}_{mi}$，并求二者估计概率的差：

$$\ln(\hat{p}_{fj}/p_{fJ}) - \ln(\hat{p}_{mj}/p_{mJ}) = \overline{X}_{fi}\hat{\beta}_{fj} - \overline{X}_{mi}\hat{\beta}_{mj} \tag{4.12}$$

---

① 以下称为"平均值法"，即使用男性和女性个人数据的均值来计算预测的职业分布。

因为这是实际值,所以得到的差中含有"性别歧视"的效应。

第三步,将男性模型的系数代入女性的平均值数据中,并求差:

$$\ln(p_{fj}\hat{/}p_{fJ}) - \ln(p_{mj}\hat{/}p_{mJ}) = \overline{X}_{fi}\beta_{mj} - \overline{X}_{mi}\beta_{mj} \tag{4.13}$$

按照假设,女性和男性的职业获得结构是相同的,即如果女性与男性与生产能力相关的个人特征相同,那么女性与男性所获得职业是相似的。所以,这个差仅表示由于个人特征的差异所导致的职业获得的差异,不含有歧视因子。

第四步,比较这两个差,就可以得到"歧视"对职业获得概率的效应。这种方法可以得到歧视对每一种职业获得的效应。Chzhen(2006)使用这种方法对丹麦、德国和英国的比较研究发现,对于律师、高级官员和经理职业而言,若去掉歧视因素的影响,那么,在丹麦,女性进入这个职业的概率将提高104%;在德国,女性进入这个职业的概率将提高122%;在英国,女性进入这个职业的概率将提高47%。

第二节 性别职业隔离的特征性事实

(一)国际上性别职业隔离的趋势

性别职业隔离是劳动市场中广泛和持久存在的一种现象,存在于不同经济发展水平、不同经济体制、不同文化的国家和地区(Anker,1997)。鉴于性别职业隔离所导致的效率损失和性别之间的不平等,早在20世纪50年代末国际劳工组织就在其《就业与职业歧视公约》[Discrimination (Employment and Occupation) Convention, No. 111, 1958]中将消除职业的性别隔离作为国际劳工组织的一项基本目标。20世纪90年代开始,联合国、国际劳工组织等国际组织又开始在就业和职业领域广泛推动性别主流化运动(Untied Nations,2001),以期引起国际组织和世界各国的重视。

从世界范围看,随着女性在劳动市场中地位的提高,性别职业隔离现象出现了一定程度的减轻,但是隔离的程度仍然较高。表4-1给出了1990~2000年部分国家和地区女性在非农业职业中的性别隔离情况。在2000年,女性在非农劳动力中的比例,发达国家平均为44.8%,美国达到了47.2%。但是,这些国家调整的杜肯D指数却达到了0.517。在欧洲一些国家,例如奥地利,未调整的D指数达到了 0.569。在东欧的转型国家中,如捷克,女性在非农劳动力中所占比例还发生了下降的趋势;捷克 2000 年女性在非农劳动力中的比例为 43.5%,比 1990 年下降了 4.9 个百分点。这些转型国家的 D 指数也居高不下,捷克和波兰调整的 D 平均为 0.591。亚洲国家和地区的性别职业隔离状况比其他地区要稍好些,但是 D 的平均值也高达 0.447。特别是一些中东国家,由于对女性进入劳动市场的偏见,导致女性在非农劳动力中所占的比例比较低,埃及只有 17.1%,而伊朗则只有 13.1%;中东部分国家的平均 D 只有 0.6。

表 4.1　1990~2000 年部分国家和地区女性在非农业劳动力中的比例及杜肯指数的变化

国家/地区	年份	PFEM (%)	PFEM (%)的变化 1990~2000 年	非农业职业数	调整的 D*	未调整的 D	D 的变化 1990~2000 年
发达国家							
奥地利	2000	43.3	2.7	71	0.572	0.569	-0.032
法国	1999	45.5	2.9	119	0.525	0.554	-0.036
西班牙	2000	37.7	3.9	78	0.526	0.528	-0.03
美国	2000	47.2	0.8	104	0.443	0.463	-0.034
平均(未加权)		44.8	2.6		0.517		-0.033
转型国家							
捷克	2000	43.5	-4.9	84	0.584	0.591	0.004
波兰	2001	45.3	0.6	100	0.598	0.616	0.026
平均(未加权)					0.591		0.015
亚洲							
中国香港	2001	45.3	0.4	48	0.473**	0.465	0.005
韩国	2000	36.1	5.0	149	0.487	0.549	0.04
泰国	2000	48.2	3.5	111	0.381	0.405	-0.029
平均(未加权)		42.3	3.0		0.447		0.005
拉美							
哥斯达黎加	2001	37.5	0.4	55	0.545	0.526	-0.04
厄瓜多尔	2000	37.0	3.1	75	0.498	0.498	-0.038
乌拉圭	1996	42.9	3.9	71	0.533	0.530	-0.022
平均(未加权)		41.0	2.5		0.525		-0.033
中东							
埃及	1996	17.1	3.5	129	0.51	0.528	-0.069
约旦	2001	14.2	3.0	26	0.616	0.627	-0.006
伊朗	1996	13.1	2.6	108	0.675	0.639	-0.113
平均(未加权)		14.8	3.0		0.6.00		-0.063

注:* 根据职业数量调整的 ID 指数;详见 Anker (1998)。** 中国香港调整的 D 使用的职业数量为 122 个;使用 122 个职业数量计算出的未调整 D 为 0.503。

资料来源:Anker, Malkas and Korten (2003).

从变化趋势上看，虽然大部分国家的女性在非农劳动力中所占的比例在上升，但是，性别职业隔离的变化却小于女性非农劳动参与率的变化，大部分女性进入了所谓的"女性"职业中。以美国为例，如表4.2所示，在1970年，男性职业中的女性劳动力仅占全部非农劳动力中女性的8.5%；而女性职业中的女性劳动力占全部非农劳动力中女性的54.6%。随着时间的变化，女性职业中女性占全部非农劳动力中女性的比例虽然在下降，但是女性在男性职业中的人数占全部非农劳动力女性的比例却在上升。在1970年，男性职业中的女性占全部非农劳动力中女性的比例为8.5%，这个比例到2000年下降为3.2%。这说明女性进入男性职业越来越困难。从男性职业和女性职业在全部非农劳动力中的比重来看，男性职业的比重一直高于女性职业，虽然男性职业的比重也在下降。

表4.2 1970~2000年美国非农劳动力中男性和女性职业

年份	职业类型	A（%）	B（%）	C（%）
1970	男性职业	8.5	70.3	46.3
	女性职业	54.6	3.5	23.4
1980	男性职业	5.7	51.7	31.6
	女性职业	46.9	3.6	22.4
1991	男性职业	4.1	43.7	25.3
	女性职业	46.0	4.4	23.7
2000	男性职业	3.2	37.4	21.2
	女性职业	35.7	3.3	18.6

注：A：男性/女性职业中女性占全部非农劳动力中女性的比例；B：男性/女性职业中男性占全部非农劳动力中男性的比例；C：男性/女性职业劳动力人数占非农劳动力人数的比例。
资料来源：ILO SEGREGAT Database；转引自：Anker, Malkas and Korten（2003）。

（二）中国劳动市场中的性别职业隔离

自新中国成立以来，女性在劳动市场中的地位有了极大的提高；女性在就业上获得了与男性相同的权利（国家统计局人口和社会科技统计司，2006）。同时，在计划经济条件和社会主义的意识形态下，女性在职业发展上也开始向男性看齐，性别的职业隔离程度大幅度减轻（潘锦棠，2002）。

由国家统计局和全国妇联2000年组织实施的第二期中国妇女社会地位抽样调查专门调查了中国城镇女性的就业状况，其结果见图4.1。同男性相比，中国的女性在技术性较强的专业技术人员中的比例超过了男性；而在各类负责人职业中，女性占全部城镇女性劳动力的比例也达到了6.1%；而男性的这个比例只比女性高不到2个百分点。从趋势上看，女性在这些职业中的比例都有了较大的提高。

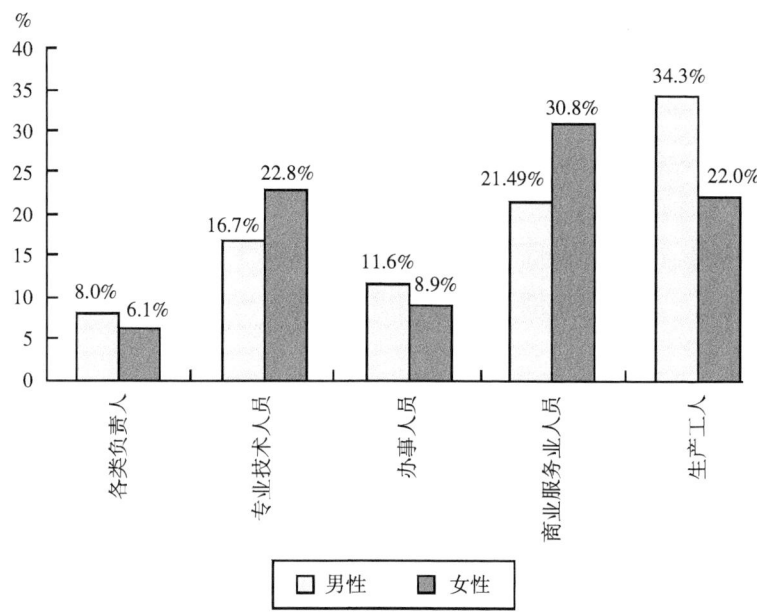

图4.1 2000年中国分性别的职业分布情况

资料来源：国家统计局、全国妇联（2001）。

在性别职业隔离方面，与世界其他国家和地区相比，中国以杜肯指数计算的性别职业隔离程度要小于世界平均水平。通过表4.1可以看出，世界很多国家的杜肯指数在0.3以上，最高的达到了0.6。而赵瑞美（2004）利用中国第三次、第四次和第五次人口普查以及1995年全国1%人口抽样调查资料，计算了1982年、1990年、1995年和2000年中国四年的杜肯指数如表4.3所示，发现中国就业人口的杜肯指数从1982年的0.1013上升到2000年的0.1144。这个数字与世界其他国家和地区相比，还是比较低的[①]。赵瑞美还发现中国性别职业隔离的其他两个趋势是：职业性别隔离的上升与较低职业结构的改善同时发生；不同职业间的性别分布及其变化差异显著。蓝李焰（2004）利用1997~2001年《中国统计年鉴》的数据，通过比较每一个职业中的性别比与全部劳动力的性别比，并辅之

---

① 值得注意的是，此处的比较是不完全的；因为根据杜肯指数的特征，如果职业分类数目不同，计算出来的指数也不同，如果增加职业数目，那么指数有增加的趋势。此处的比较仅为了表明大概的情况。

第四章 职业获得与性别职业隔离

以案例,说明中国女性的就业正在边缘化。谭琳、李军锋(2003)利用第二次全国妇女地位抽样数据,测算了中国非正规就业中的性别职业隔离,发现中国非正规就业中的性别隔离现象明显存在,并对性别的收入差距产生影响。在非正规就业中,女性主要集中在技术要求低、劳动时间长、劳动内容琐碎的职业中,包括社会服务和居民服务业、裁剪、缝纫、皮革、毛皮制品制作人员以及餐厅服务人员等。

表 4.3 中国的性别职业隔离指数

年份	妇女占总劳动力比重(%)	D 指数
1982	43.69	0.1013
1990	44.96	0.0945
1995	45.74	0.1003
2000	45.34	0.1144

资料来源:赵瑞美(2004)。

易定红、廖少宏(2005)根据历年《中国劳动统计年鉴》数据、2000年人口普查数据以及中国妇女统计资料的数据,分行业和地区测算了性别职业隔离的杜肯指数和平方根指数,并对平方根指数在行业之间和地区之间进行了分解。他们的研究发现中国的杜肯指数在1978~2002年的平均值为0.1893,平方根指数为0.0253,变化趋势比较平稳;相对于其他国家较高的杜肯指数和平方根指数而言,中国的性别职业隔离还是比较小的。分行业计算的性别职业隔离指数显示,在不同的行业内,男性与女性在不同职业之间存在较大差异,如差别最大的交通运输、仓储及邮电通讯业,行业内部杜肯指数达到了0.459,平方根指数达到了0.1158。分地区计算的性别职业隔离指数显示,性别的职业隔离程度与经济发展水平正相关,如浙江、福建、广东等省是典型的东南沿海开放地区,其职业隔离指数较高,平方根指数达到了0.0546,比其他地区要高出很多。将平方根指数在第一产业、第二产业和第三产业之间进行分解,发现第二产业内部男性与女性的职业隔离程度呈上升趋势;而第三产业内部的性别职业隔离程度呈下降趋势;在产业内部和产业之间进行的分解显示,产业内部保持了较高的隔离程度,而产业之间的差异比较小,性别职业隔离主要体现在不同产业内部的职业隔离上。

徐林清(2004)设计了一个行业—工资倾向指数来分析女性就业是否集中在收入比较低的行业中。令行业—工资倾向指数为:

$$P_w = \frac{\sum F_i W_i}{FW} \tag{4.14}$$

其中，F 为所有行业女性劳动者数量，W 为所有行业的平均工资，F_i 为 i 行业女性劳动者人数，W_i 为第 i 行业的平均工资。$P_W = 1$，则表明性别在行业上的分布是平等的；$P_W > 1$，则女性分布在平均工资较高的行业中；否则，分布在较低的行业中。使用《中国统计年鉴》和《中国劳动统计年鉴》的数据，徐林清计算了 1992~2001 年 16 个行业大类的行业—工资倾向，结果发现女性在行业间的不均匀分布是客观存在的，但行业—工资倾向指数的值并不低，有些年份还超出了 1；从时间序列看，女性就业的行业—工资倾向有逐步提高的趋势。这些都说明我国女性劳动力在行业分布上受到歧视的可能性较低。

第三节 农民工职业获得与性别职业隔离

(一) 职业分类

在我们使用的调查问卷中，职业种类分为 8 类：私营企业主（经理）、各类专业技术人员、单位负责人、部门负责人、办事人员、技术工种工人、非技术工种工人、不便分类的其他劳动者。由于本书的研究对象是进入企业工作的农民工，因此参考《中华人民共和国职业分类大典》以及相关文件，对数据库中的职业进行了重新分类。

《中华人民共和国职业分类大典》[①] 将职业分为 8 个大类，66 个中类，413 个小类和 1838 个细类。在分类中，职业的概念之下是工种的概念，工种的概念之下是岗位的概念。

按照传统的做法，企业的职工按照工作岗位的性质可以分为：工人、学徒、工程技术人员、管理人员、服务人员和其他人员。其中，从不同的角度，工人又可以分为：基本生产工人和辅助生产工人；技术工人和非技术工人；熟练工人和非熟练工人（刘传济，1985）。对技术工人的定义，一般为掌握一定的专业技能，

---

① 国家职业分类大典和职业资格工作委员会. 中华人民共和国职业分类大典 [M]. 北京：中国劳动社会保障出版社，1999.

从事某种技术型较强的工种工作的工人；需要一定时期的专门培养和训练①。

劳动和社会保障部 2000 年颁布的《招用技术从业人员规定》② 中，对技术工种工人所下的定义为，"从事技术复杂以及涉及国家财产、人民生命安全和消费者利益"的工种（职业）。这个定义实际上包括两部分：一部分是从事技术复杂的工种；另一部分是从事的职业涉及国家财产、人民生命安全和消费者利益的工种。

在本书的研究中，实际上主要关心的是那部分从事技术复杂职业的工人的状况，因此，本书对技术工种和非技术工种的分类，主要以所从事工作需要的技术复杂程度进行。例如，在建筑业中，泥瓦匠被定义为技术工种（俗称"大工"）；而从事一般的体力劳动，诸如搬砖、和泥等的工人被定义为非技术工种（俗称"小工"）。再如，在理发店工作的理发师，定义为技术工种；从事一般工作的被定义为非技术工种。在大型饭店、酒店、餐厅工作的工人，厨师被定义为技术工种，而一般的服务员则被定义为非技术工种。在制造业的工厂中工作的工人，所从事工作需要一定的技能、工作较为复杂的被定义为技术工种；而从事一般简单劳动，不需要特定技术支持的工人被定义为非技术工种。诸如钳工、电工、精细木工、大型机械操作人员等被定义为技术工种；在生产线上从事一般工作，如不需要复杂技术的装配工等，则定义为非技术工种。技术工种和非技术工种的分类，只考虑所从事工作的技术复杂程度，不考虑熟练工人与非熟练工人的区别③。

按照上面的原则，根据本书的研究目的，我们去掉了那些具有自我雇佣特征的样本以及不便分类的其他劳动者，将专业技术人员、部门负责人和单位负责人作为第 1 类，即已经进入到管理层或企业上层的农民工；办事人员作为第 2 类，指那些担负办公室日常工作和文秘事务的工人；技术工种工人作为第 3 类；非技术工种作为第 4 类如表 4.4 所示。

---

① 刘传济. 劳动经济学辞典 [M]. 郑州：河南人民出版社，1985.
② 劳动和社会保障部. 招用技术工种从业人员规定 [S]. 劳动和社会保障部 2000 年第 6 号令.
③ 在企业管理中，也有将熟练工人（Skilled Worker）和非熟练工人（Unskilled Worker）区别为技术工人和非技术工人的例子。

表4.4 农民工的职业分类及其描述

职业	描述	举例
管理层	已经进入企业的中上层,担负一定的管理和技术责任;包括单位负责人、部门负责人和专业技术人员	部门经理、销售主管、技术主管等
办事人员	担负企业日常行政工作、文秘工作和办公室事务,不在生产第一线劳动的劳动者	秘书、行政助理、办公室文员、前台等
技术工种	在生产第一线劳动,掌握一定的技术特长,担负的工作比较复杂,需要一定的技术	钳工、电工、木工、厨师等
非技术工种	在生产第一线劳动,担负的工作相对比较简单,不需要特定的技术	装配工、服务员、清洁工、保安等

(二)职业分层:"蓝领"职业和"白领"职业

职业分层指按照一定的标准,例如职业声望、社会经济地位、阶级地位等对所有的职业进行等级排列①。根据我们的研究目的和所使用的数据结构,笔者仅从工资、社会福利和工作环境三个方面来对农民工的职业分层进行分析如表4.5所示。

表4.5 农民工的职业分层

职业	平均月工资(元)	有医疗保险的比例(%)	有失业保险的比例(%)	有养老保险的比例(%)	有工伤保险的比例(%)	工作环境测度得分
管理层	1462.3	45.3	18.8	45.2	49.5	2.432
办事人员	1215.4	50.4	14.4	36.5	60.3	1.748
技术工种	1095.5	30.6	7.8	23.5	44.6	5.398
非技术工种	821.5	31.5	6.2	18.2	47.5	3.509

对于社会福利,本书从四个方面来分析:一是医疗保险,二是失业保险,三是养老保险,四是工伤保险。表4.5显示了四类职业在工资、医疗保险、失业保险、养老保险、工伤保险以及工作环境测度得分方面的差异。从每个职业的平均

---

① 建立一种连续的和可比较的指数来测度分层体系中的职业地位,是职业分层研究的重要方面。学术界已经发展了多种不同的职业分层测度方法(Huang, 2001)。例如,Blishen(1967)发展的针对加拿大职业分层的社会经济指数;Duncan(1961)发展的针对美国的职业分层指数;Treiman(1977)设计的国际职业声望测度指数以及Ganzeboom, et al.(1992)发展的国际社会经济指数(International Socio-Economic Index, ISEI)。Huang(2001)使用1990年中国人口普查1%样本数据,建立了ISEI指数,并通过这个指数研究了进入城市劳动市场的女性农民工的职业获得。

工资看，管理层的平均工资最高，为1462.3元，超过非技术工种工资大约640元。从社会福利分析，办事人员的社会福利最高；管理层中有四类保险的比例虽然不如办事人员高，但是管理层和办事人员中有四类保险的比例还是远远高于技术工种工人和非技术工种工人。从工作环境测度得分分析，办事人员的工作环境测度得分最低，说明办事人员的工作环境最好，其次是管理层，再次是非技术工种工人，而工作环境最差的是技术工种工人。

虽然这里的职业分层是粗糙的，但是大致可以看出管理层和办事人员是一个层次，而技术工种工人和非技术工种工人是一个层次。从平均工资来看，四个职业的等级为管理层最高，办事人员次之，技术工种第三，而非技术工种最低。按照这些职业特征，我们将管理层和办事人员定义为"白领"职业，将技术工种和非技术工种定义为"蓝领"职业。

（三）职业分布

在五城市农民工调查数据中，农民工的职业主要集中在"蓝领"职业中。图3.7给出了我们所调查的农民工的职业分布状况。从农民工的职业分布看，非技术工种占了48.9%；技术工种占了37.23%；技术工种和非技术工种的工人占到了全部样本的80%以上。而工作比较轻松的办事人员只占到了5.64%。进入管理层的农民工占到了8.23%。

从不同性别之间的分布上看，女性和男性之间的差异比较大。女性主要集中在办事人员和非技术工种这两种职业中；而男性则主要分布在技术工种中。管理层中的男性占53.93%，稍微高于女性所占的比例（46.07%）。在办事人员中，性别之间的差异比较大，女性占到了62.6%，是男性（37.4%）的将近两倍。在技术工种中，男性所占比例比女性高出将近20个百分点；而在非技术工种中，女性则高出男性大约25个百分点。

从以上趋势可以看出，在职业等级的下端，女性所占比例高于男性；而在职业等级的上端，性别之间的差异比较小；在职业等级的中间，女性在办事人员上占优势，而男性则在技术工种上占优势。

（四）性别职业隔离的指数测度

从农民工的职业分布中，可以发现性别之间的职业隔离是存在的。我们首先计算性别职业隔离的D指数，以说明农民工的总体性别职业隔离程度；而后，我们再计算不同行业和不同所有制的性别职业隔离指数,以发现不同行业和不同企业中的性别职业隔离程度,计算结果如表4.6所示。

表4.6 农民工性别职业隔离指数

	D 指数	男性比例（%）	职业种类	观测值
全部	0.1995	48.47	4	2321
大连	0.2250	27.25	4	345
上海	0.1035	54.99	4	491
武汉	0.1015	57.58	4	462
深圳	0.2324	45.38	4	498
重庆	0.2957	51.24	4	525

全部五城市的 D 指数为 0.1995；其中最高的是重庆,达到了 0.2957,最低的是武汉（0.1015）,上海也比较低,只有 0.1035。与全国的性别职业隔离相比[①],农民工的性别职业隔离程度要高。上面的 D 指数测度的只是总体的性别职业隔离程度。实际上,由于工作性质的差异,在不同的行业中,性别的职业隔离程度是不同的。

根据第三章的行业划分,在三类行业中,女性主要进入了制造业中；在建筑业、采掘业中,女性的比例不到30%；而在第三类行业,即商业服务业中,男性和女性所占比例相近。在第一类行业中,性别的职业隔离比较严重,D 指数达到了 0.42；在第二类行业中,即制造业中,性别的职业隔离也比较高；而在第三类行业中,性别的职业隔离比较轻,D 指数只有 0.10,如表 4.7 所示。这种状况也确实反映了不同行业对职工性别的要求。在第三类行业中,由于对体力和耐力的要求不高,所以性别的职业隔离就比较轻。

表4.7 农民工分行业和分所有制的性别职业隔离指数

行业	D 指数	男性比例（%）	职业种类	观测值
总体	0.1995	48.47	4	2321
行业1	0.4211	72.46	4	167

---

① 这里的比较是不精确的,因为职业分类不同所计算出来的 D 指数也不相同。随着职业分类的增加,D 指数也增加。但是,全国的 D 指数的计算使用的职业种类远比本章使用的种类多,因此,如果按照全国的职业总类计算,此处的 D 指数只会增加,而不会减小。

第四章 职业获得与性别职业隔离

续表

行业	D 指数	男性比例（%）	职业种类	观测值
行业 2	0.2371	43.78	4	1423
行业 3	0.1065	52.12	4	731
所有制性质 1	0.1072	54.04	4	235
所有制性质 2	0.2582	55.76	4	165
所有制性质 3	0.1987	52.67	4	1067
所有制性质 4	0.2046	31.74	4	586
所有制性质 5	0.1734	59.85	4	264

分行业的性别职业隔离主要反映的是不同行业工作性质对性别职业隔离的影响，它是一种与生产相关的隔离。企业的所有制性质则更多地反映了农民工所面临的社会关系对性别职业隔离的影响。根据第三章对企业所有制性质的分类，性别职业隔离程度最高的是集体所有制企业，而国有企业和事业单位的性别职业隔离程度最轻，其 D 指数也只有 0.1072。国有企业的性别职业隔离指数比其他四类企业都要低很多。这一点也验证了国有企业和事业单位在执行政府性别平等政策上的优势。外资和合资企业的性别职业隔离程度也比较严重，D 指数为 0.2046，私营企业的性别职业隔离指数为 0.1987，也比较高。

（五）职业隔离的组间分解

从对职业分层的讨论出发，可以发现管理层职业和办事人员职业不论在收入、社会福利，还是在工作环境上都好于技术工种工人和非技术工种工人。本书将管理层和办事人员职业作为第一个职业组，即"白领"职业组；技术工种和非技术工种工人作为第二个职业组，即"蓝领"职业组。利用平方根指数的可分解性，将总体的性别职业隔离分解为"白领"职业组和"蓝领"职业组的组内隔离和组间隔离，以发现总体隔离主要来源于职业组内部还是职业组之间。分解结果如表 4.8 所示。可以发现，"白领"职业组内部的职业隔离小于"蓝领"职业组的内部职业隔离；进入"白领"的女性更容易获得与男性相似的职业地位；而在"蓝领"职业组内，女性要获得与男性相同的职业地位，要更困难。分解结果显示，总体隔离主要来源于组内的隔离，组内隔离占到了总体隔离的 99% 以上，而组间隔离所占的比例只有不到 1%。

表 4.8 平方根指数在职业组之间的分解结果

职业组	组内隔离平方根指数	权重	贡献率	分解	值	占总隔离的百分比
白领职业组	0.0134	0.1386	−0.0016	组内	0.0209	99.75
蓝领职业组	0.0221	0.8614	0.0225	组间	0.0001	0.25

第四节 农民工的职业获得：MNL 模型的估计

（一）MNL 模型设定

笔者使用在第一节中提出的 MNL 模型来估计农民工的职业获得。MNL 模型的因变量是上一节给出的四类职业：管理层、办事人员、技术工种和非技术工种，以非技术工种作为基准职业。MNL 估计结果中的自变量系数表示相对于非技术工种而言，该自变量对农民工获得技术工种、办事人员、管理层职业概率的边际效应。农民工职业获得 MNL 模型中的自变量，既包括供给方变量，也包括需求方变量。具体而言，设定为如下四组：

1. 人力资本变量，包括教育年限、老家是否接受培训、健康测度得分、进入本单位之前的非农务工经商年限

基于人力资本理论（Becker，1962；Schultz，1964；Rosen，1987），农民工的人力资本存量直接影响到其生产能力，人力资本存量的多寡与职业地位获得和收入能力相关：人力资本存量高的工人可以预计有更高的概率进入收入能力高的职业中。按照人力资本理论的解释，教育、健康、培训和工作经验是人力资本的四个主要组成部分。本书使用农民工的学校教育年限①作为测度教育的变量。由于考察的是职业获得，因此，培训是指在获得此项工作之前进行的培训。笔者所调查的一部分农民工在进入城市之后也获得了培训，主要是工作单位进行的岗位安全培训和技能培训。由于我们不能区分这种培训是否是在获得此项工作之前进

---

① 此处的教育年限不包括留级导致的上学年数的增加，而是实际的受教育年限。其逻辑在于留级导致的教育年限的增加对人力资本形成的影响不大。

行的,因此,我们使用是否在老家得到过培训作为自变量①。

健康不仅是人类发展的目标之一,也是一项非常重要的人力资本(Mushkin,1962;Grossman,1972)。工作经验对于职业获得的影响需要考虑在获得此项职业前的工作经验,在我们的数据中,只有在当前单位之前的工作经验。此外,考虑到农民工进入城市劳动市场后,主要从事非农业生产,因此其农业生产经验对于非农业生产的影响不大,所以我们使用的工作经验变量为从第一次开始外出务工经商开始到当前工作单位之前的经历。

2. 社会资本变量,包括是否为中共党员、是否有参军经历、是否有干部经历、在打工地经常交往的朋友或老乡个数

影响农民工生产能力的还有社会资本。社会资本作为一种生产性的资本(Coleman,1988;Putnam,1993;Portes,1998),可以提高农民工的生产能力。此外,社会资本的作用还表现在农民工的社会交际和社会活动能力上。特别是在管理层和办事人员的职业上,这种社会活动能力可能更为重要。对于农民工而言,他们从农村进入一个陌生的城市寻找工作,其社会交际能力和社会活动能力对其找到合适的工作具有重要意义。社会资本是作为一种社会网络存在的,在形式上难以测度,因此,一些文献使用是否是中共党员作为社会资本的代理变量(例如王美艳,2005a)。本书使用的社会资本的代理变量包括是否为中共党员、是否有过参军的经历、在老家是否有过当干部的经历、在打工地交往的或比较熟悉的老乡和朋友的数量。

3. 家庭和人口学特征变量,包括婚否、小孩数量

影响农民工职业获得的因素除了上述人力资本和社会资本外,家庭层面的因素也很重要。特别是对于女性,按照人力资本理论的解释(Polachek,1981),其职业获得之所以与男性不同,主要的原因是女性要进行家务劳动和照顾小孩。孩子的影响对男性和女性的职业获得是不同的。

4. 需求方变量,包括企业的所有制性质、企业所在的行业、地域变量

以上变量属于劳动市场中的供给方变量;实际上,影响农民工职业获得的因素还包括需求方,即雇用工人的企业。本书使用企业所在行业和企业的所有制性质来刻画企业特征。企业所在的行业分为三类,企业所有制性质分为五类。

---

① 使用在老家的培训作为获得此项工作之前进行的培训的代理变量,实际上是低估了获得此项工作之前的培训,因为有一部分乡城农民工是在进入城市后、获得此项工作前获得培训的。

此外，由于不同调查城市的性别职业分布是有差异的，因此，为了控制地域因素对职业获得的影响，笔者还加入了不同城市的变量①。自变量的描述统计可见第三章。

（二）模型估计结果及其解释

MNL 模型的估计结果如表 4.9 所示。在估计结果中，有如下几点值得注意。

1. 人力资本对农民工职业获得的影响

教育和是否在老家接受过培训对农民工进入技术工种、办事人员和管理层都有显著的正影响。与预期相反的是进入本单位工作之前的务工经商经历对农民工的职业获得没有显著影响。一个可能的解释是部分农民工在获得一份比较正式的工作之前，进入了非正规就业中；而非正规就业的工作经历对形成有效的人力资本的作用不大，特别是对当前工作有用处的技能。此外，有部分农民工在进入大城市之前可能是在中小城市②，特别是农村或小城镇中进行非农活动，这种经历形成的人力资本对当前的工作可能也没有多大的用处。

健康在农民工的职业获得中并没有显著作用。其原因可能是农民工的就业市场高度市场化，企业在雇用农民工时已经将那些健康状况差的人排除在外了。此外一个很重要的原因是农民工与企业的关系是不固定的，企业可以随时解雇他们；在笔者的调查中，没有与企业签订劳动合同的占到了 33.15%，而即使那些与企业签订劳动合同的工人，也大部分签订的是一年、半年或季节性的劳动合同。当农民工到了一定的年龄，健康状况开始变差时，企业便会解雇他们，重新招用年轻的农民工；而这部分健康状况不适合当前工作的农民工则只能回到农村老家。在我们的调查中，那些大型的纺织厂和电子厂中，基本都是年轻的女性农民工。她们的黄金年龄就是 18~25 岁，过了 25 岁，其身体状况就不能适应快速、重复的装配工作了，只能回老家。

2. 社会资本对农民工职业获得的影响

社会资本对职业获得的影响比较复杂。党员对农民工的职业获得并没有显著影响；参军经历只对技术工种的获得有作用，但是回归系数的符号与预期相反。干部经历对农民工获得技术工种有显著的负向影响，但是对成为办事人员和进入

---

① 地域变量实际上控制了不同城市的制度性差异。
② 本书的调查是在五个大城市中进行的。

管理层有显著的正影响。具有干部经历的农民工,其管理和日常办公的能力要高于其技术能力。在打工地经常来往的老乡和朋友个数只对农民工进入管理层有显著的正影响。这说明管理层对社会交际和社会活动的能力的要求要比其他三类职业高。

参军经历对农民工获得技术工种的工作不但没有帮助,而且还有负的作用。其原因可能在于他们在参军期间没有形成有效的人力资本。一般而言,在中国当前的兵役制度下,农民工大部分是从农村入伍参军的,进入军队后如果没有特殊情况,如提干或考入军校,一般只能作为普通士兵退伍,很少成为军官。他们在军队中所掌握的技能大部分不能适应地方工作的要求。退伍后,也不能享受到政府对退伍军官的就业照顾。因此,他们中的大部分人都进入了保安行业,而在本书的数据中,保安被处理成为非技术工种。

家庭因素,包括婚姻状况和小孩的数量对农民工的职业获得都没有显著影响。

3. 需求方变量对农民工职业获得的影响

相对于第一类行业,第二类行业和第三类行业对农民工职业获得的影响都是负的。对于农民工而言,进入制造业和商业服务业,获得技术工种和办事人员以及进入管理层的概率显著降低了。

相对于国有企业和事业单位,企业的所有制对农民工职业获得的影响,凡是显著的其系数都是正的。对于农民工而言,进入非国有企业和事业单位,更容易获得技术工种、办事人员的职位,也更容易进入企业的管理层。这一结果从一个侧面说明了国有企业和事业单位内部的劳动市场分割。农民工一般很难获得国有企业和事业单位的正式编制,只能从事非技术工种的工作,甚至是正规单位中的非正规就业。

最后我们来看性别的影响。估计结果显示,在控制了其他条件后,男性进入技术工种和管理层的概率显著提高了;但是,性别对获得办事人员的职位没有显著影响。这说明在技术工种和管理层职业的获得中,存在着不能解释的"歧视性"因素。而办事人员这个职业,也是人们认为的比较典型的"女性职业";在这个职业的获得上,男性并没有显著优势,与我们的预期相一致。

表 4.9　农民工职业获得 MNL 模型估计结果

	管理层	办事人员	技术工种
男性	0.4059449*	0.072679	0.6276679***
教育年限	0.4683534***	0.3995071***	0.1442234***
老家培训	0.7160918***	0.8920234***	0.8578979***
非农工作经验	0.001529	−0.00322	0.000365
健康得分	−0.0374	−0.00259	0.006394
中共党员	0.347105	−0.48391	0.356454
参军经历	−0.75822	−1.30286	−0.6792371**
干部经历	0.808007**	0.7522058*	−0.5587792**
朋友个数	0.0217349***	0.010797	0.007646
已婚	0.205095	0.295623	0.100586
小孩数量	0.194129	0.013112	−0.08059
企业所在行业			
行业 2	−0.6851561*	−1.078923**	−0.03221
行业 3	−1.081527***	−0.8435037*	−1.000687***
企业规模			
中型企业	0.122454	−0.32345	0.3277514*
小型企业	0.222046	−0.50442	0.4940447**
企业所有制性质			
所有制性质 2	1.452579**	0.884854	0.434382
所有制性质 3	1.320433***	1.223296**	0.3717173*
所有制性质 4	0.647426	1.200218**	−0.36513
所有制性质 5	0.9956455**	0.606523	−0.11666
城市			
上海	11.91898***	12.24625***	14.61037***
武汉	10.96961***	11.58349***	14.70044***
深圳	10.9128***	11.96768***	13.97399***
重庆	10.84846***	10.76273***	14.15655***
截距	−18.9196	−17.8917	−16.5605
Log likelihood	−1616.1		
Pseudo R^2	0.1325		
Number of obs	1732		

注：* 为 10% 显著水平；** 为 5% 显著水平；*** 为 1% 显著水平。以非技术工种为基准职业；行业以建筑及采掘业为基准；所有制以国有企业和事业单位为基准；城市以大连为基准；企业规模以大型企业为基准。

表 4.9 的模型估计结果告诉我们,性别在农民工的职业获得上有显著影响;在控制了可观察变量对职业获得的影响后,男性在"蓝领"职业中的技术工种上以及在"白领"职业的管理层上都存在优势。

那么,不可观察因素对不同性别职业获得的影响到底有多大?性别的职业隔离在多大程度上是因为与生产相关的个人特征导致的,在多大程度上是由于不可观察的"歧视性"因素导致的?下一节笔者使用更进一步的模型和分解方法来回答这些问题。

第五节 性别职业隔离的分解

(一) 分性别的农民工职业获得 MNL 模型估计结果

本书首先分不同性别对农民工的职业获得 MNL 模型进行估计,以发现同一自变量对不同性别职业获得的不同效应。表 4.10 给出了分性别的农民工职业获得的 MNL 模型估计结果,所使用的因变量和自变量同第四节。

表 4.10 农民工分性别职业获得 MNL 模型估计结果

	女性			男性		
	管理层	办事人员	技术工种	管理层	办事人员	技术工种
教育年限	0.5037648***	0.5356158***	0.1268581***	0.4199417***	0.2705152***	0.152562***
老家培训	0.8891807**	0.99228***	0.4331194**	0.6740321**	0.7798129**	1.157339**
非农工作经验	−1.6E−05	−0.00027	−6.2E−05	0.001287	−0.00463	−0.0002
健康得分	−0.00536	−0.00581	0.00723	−0.05362	0.024666	0.016246
中共党员	−0.59845	−39.5259	0.500361	0.776824	0.685544	0.203013
参军经历	−40.3668	0.745091	0.593509	−0.9269773*	−2.402821**	−0.7498324*
干部经历	0.990295	0.453867	−0.04801	0.6883443*	0.917097*	−0.9233432***
朋友个数	0.009022	0.007106	0.011634	0.0249622**	0.017589	0.005665
已婚	−0.00363	−0.25912	−0.37733	0.7194137**	1.083545**	0.7300908***
小孩数量	0.066417	0.103926	0.006498	0.150049	−0.20905	−0.18252
企业所在行业						
行业 2	−1.196872*	−1.29132	1.146436**	−0.64496	−1.14784	−0.6018438*

续表

	女性			男性		
	管理层	办事人员	技术工种	管理层	办事人员	技术工种
行业3	−1.245273*	−1.08122	0.181085	−1.261462***	−0.82106	−1.478731***
企业规模						
中型企业	−0.58579	0.0033	0.36195	0.592236	−0.5694	0.148409
小型企业	−0.13845	−0.11499	0.354058	0.586246	−0.9803417*	0.5303427**
企业所有制性质						
所有制性质2	2.182239**	0.58493	0.033562	0.992019	1.468545	0.9419838**
所有制性质3	1.91987**	1.857468*	0.290442	0.9767539*	1.236163*	0.5397945*
所有制性质4	1.230529	2.095507*	−0.8945253**	0.555214	0.951002	0.241039
所有制性质5	1.602025*	1.511953	−0.13521	0.892937	0.279274	0.098639
城市						
上海	12.03701***	11.70953***	16.23859***			
武汉	11.40308***	10.82109***	16.12711***	0.661247	0.502966	0.366284
深圳	10.66822***	11.60877***	15.35318***	−0.375	0.137972	0.6362059*
重庆	10.74146***	9.832504***	15.18858***	0.045283	−0.38415	0.6360549**
截距	−18.9847	−19.3847	−18.3952	−7.218238***	−4.854637***	−2.1137***
Log likelihood		−726.045			−835.54523	
Pseudo R^2		0.1542			0.1444	
Number of obs		831			901	

注：* 为10%显著水平；** 为5%显著水平；*** 为1%显著水平。以第四类职业非技术工种为基准；行业以第一类行业建筑、采掘业为基准；所有制以第一类国有企业和失业单位为基准；企业规模以大型企业为基准。

1. 供给方变量对不同性别的影响

对于男性和女性而言，教育年限和是否在老家接受培训对获得技术工种、办事人员的职业以及进入管理层都有显著的正影响。而进入本单位之前的非农务工经历和健康状况对男性和女性的职业获得都没有显著影响。

在社会资本方面，所有表示社会资本的四个变量对于女性的职业获得都没有显著影响；对男性，则有显著影响。参军经历对男性获得技术工种、办事人员和管理层的职业都有显著的负面影响；干部经历对男性获得技术工种的工作有负面

第四章　职业获得与性别职业隔离

影响，但是对男性获得办事人员和管理层的工作则有显著的正影响。在打工地经常交往的朋友个数，对于男性进入管理层有显著的正影响。从社会资本的方面来讲，社会交际和社会活动能力对男性的影响要比对女性的影响大，特别是对男性获得办事人员职业以及进入管理层而言，这种社会交往显得更加重要。

家庭层面的因素对女性的职业获得也没有显著影响，这一点在我们意料之外。因为根据人力资本理论对男性和女性职业选择的分析，家庭对女性的影响是非常大的。正是因为家务劳动和照顾小孩，女性才选择进入到特定的职业中。此处出现这样的结果，可能的解释是我们所调查的农民工的年纪比较轻，特别是女性，她们离开家乡来到城市工作，家庭的影响相对比较弱。

对于已婚男性而言，获得技术工种、办事人员、管理层的职位的概率要显著高于单身男性。出现这样的结果，可能有两个原因：一是已婚男性在家庭中受到妻子的照顾，可以免做家务劳动；二是已婚男性的家庭责任感高于单身男性，在工作上更加努力。此外，还可能是因果关系的倒置，即那些获得了技术工种、办事人员、管理层职位的男性，由于其收入能力以及其他能力较强，从而更容易结婚。

2. 需求方变量对不同性别农民工职业获得的影响

需求方企业所在行业和企业所有制性质对农民工职业获得的影响比较复杂。相对于非技术工种而言，女性进入制造业从而获得技术工种的概率显著提高了。但是，在制造业中女性获得办事人员和管理层职位的概率却显著降低了。女性进入商业服务业中的情况与进入制造业中的情况类似。

对于男性而言，相对于非技术工种，在制造业、商业服务业中，获得技术工种、办事人员、管理层的职位的概率显著降低了。女性在外资及合资企业中，获得技术工种职位的概率，相对于获得非技术工种的概率显著降低了；女性进入外资企业和合资企业中，更难获得技术工种的职业。

除此之外，相对于非技术工种，进入非国有企业和事业单位，对男性和女性在获得技术工种、办事人员、管理层的职位上都有显著的正影响。国有企业对农民工的职业性别隔离没有表现出执行政府性别平等政策的优势。对于这一点，可能的解释是进入国有企业和事业单位的农民工主要进入了这些部门的非正规就业中。国有企业执行政府性别平等政策的优势没有覆盖到非正规就业的农民工群体。

以上分析结果显示，各个自变量对男性和女性农民工职业获得的边际效应是不同的。除了可观察到的变量对职业获得有影响外，一些不可观察因素也对不同性别农民工的职业获得产生了影响。不同的性别在其他条件相同的情况下，获得了不同的职业，这说明还存在不可观察因素对农民工职业获得产生影响。下面笔者使用第一节中提出的基于 Oaxaca-Blinder 的方法，对农民工性别职业隔离进行分解，以探索可观察因素和不可观察因素在农民工性别职业隔离中的影响。

（二）分解方法一：概率密度法

基于 Oaxaca-Blinder 的分解方法，笔者将上一小节估计的男性职业获得 MNL 模型的系数代入到女性的数据中，以获得模拟的女性职业分布。根据 Oaxaca-Blinder 分解的思想，使用女性特征数据和男性估计系数模拟女性职业分布，乃是女性在面临不存在"歧视"的市场结构下的职业分布。图 4.2 和表 4.11 给出了预测的女性农民工的职业分布和性别职业隔离的 Oaxaca-Blinder 分解结果。

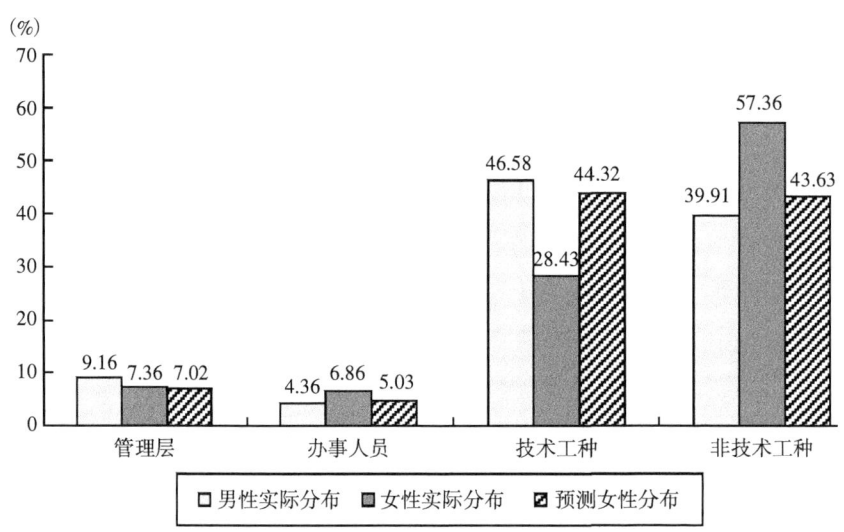

图 4.2　女性农民工的职业分布：实际的和预测的

表 4.11　性别职业隔离的 Oaxaca-Blinder 分解结果

	女性实际分布 A（%）	预测女性分布 B（%）	男性实际分布 C（%）	女性职业变化 (B-A)/A
管理层	7.36	7.02	9.16	-0.06284
办事人员	6.86	5.03	4.36	-0.3347
技术工种	28.43	44.32	46.58	0.577762

续表

	女性实际分布 A (%)	预测女性分布 B (%)	男性实际分布 C (%)	女性职业变化 (B-A)/A
非技术工种	57.36	43.63	39.91	−0.23118
总计	100	100	100	
实际职业分布的 D 指数		预测职业分布的 D 指数		不可观察因素导致的隔离占总隔离的比重
0.1995		0.0439		77.97%

在"白领"职业中，预测的女性农民工职业分布，在管理层中没有发生多大的变化。但是，在办事人员职业中，女性所占比例下降幅度较大，下降了大约33.47%，由实际的6.86%，下降到5.03%。

变化比较大的是"蓝领"职业。在女性职业的实际分布中，技术工种中女性所占全部样本女性的比例为28.43%；在预测的职业分布中，女性的这个比例上升到了44.32%；而在非技术工种中的比例由57.36%下降到了43.63%。

如果将不可观察因素所导致的职业分布差异视作性别歧视的影响，那么，可以发现，越是在下端职业中（"蓝领"职业），性别歧视的影响越大；而越是在上端职业中（"白领"职业），性别歧视的影响越小。

那么，在性别职业隔离中，这种不可观察的因素所导致的性别职业隔离占了多大的比重呢？使用男性 MNL 模型回归系数所预测的女性职业分布，可以视作全部由可观察因素导致的职业分布。因此，使用预测的女性职业分布和实际男性职业分布所得到的性别职业隔离指数，就是只有可观察因素导致的性别职业隔离指数；而使用实际女性的职业分布和实际男性的职业分布所计算的性别职业隔离指数，就是包括可观察因素和不可观察因素在内的总性别职业隔离指数。

在农民工的实际职业分布中，笔者计算的性别职业隔离的杜肯指数为0.1995；现在使用预测的女性职业分布和男性实际的职业分布计算杜肯指数，只有0.0439；如果将这个性别职业隔离指数作为仅由可观察因素导致的性别职业隔离指数，那么，不可观察因素导致的性别职业隔离占到了总性别职业隔离的77.97%。这说明不可观察因素，或者"性别歧视"在农民工的性别职业隔离中所起的作用超过了3/4。

（三）分解方法二：平均值法

首先笔者将女性和男性自变量的平均值作为"典型"（Typical）女性和男性的特征数据，并将这个典型女性和典型男性的数据代入上一小节中获得的男性和女性职业获得的 MNL 模型的系数中，得到 $\bar{X}_{fi}\hat{\beta}_{fj}$ 和 $\bar{X}_{mi}\hat{\beta}_{mj}$，其中 $\bar{X}_{fi}$ 和 $\bar{X}_{mi}$ 为典型女性和典型男性的数据，$\hat{\beta}_{fj}$ 和 $\hat{\beta}_{mj}$ 为上一小节中估计的女性和男性职业获得 MNL 模型的系数。利用第一节给出的公式，得到实际的典型女性和典型男性之间职业获得概率的差；然后将典型女性的数据代入男性模型的系数中，得到 $\bar{X}_{fi}\hat{\beta}_{mj}$。这是将女性放入男性所在的市场环境中。从而得到没有性别歧视（Discrimination-free）的女性的职业获得概率。利用式（4.13），得到模拟的女性职业获得概率与实际的男性职业获得概率的差。前者是包含歧视因子的差，后者是不包含歧视因子的差，比较这两个差，即可以得到歧视在性别职业获得中的定量影响。

分解结果显示，一个典型男性农民工进入管理层的预测概率为 6.97%，一个典型女性农民工进入管理层的预测概率为 2.69%；而将女性的数据代入男性系数预测的典型女性农民工进入管理层的概率为 5.18%。含有歧视因素的男性和女性进入管理层的概率的差为 -0.0428；而在没有歧视因素的情况下，男性和女性进入管理层的概率差为 -0.0178，即如果消除歧视性因素，那么男性和女性进入管理层的概率之差减小了 58.33%。特别是在办事人员职业中，如果没有歧视，男性和女性获得办事人员职业的概率差减小了 171.16%。在所有四种职业中，如果消除歧视因素，那么女性和男性进入四种职业的概率之差都要缩小。这说明，在这四种职业中都存在性别的歧视因素。

分解结果（见表 4.12）也显示了我们在上一小节中得到的结论，即一个典型女性如果被以对待男性的方式对待，那么女性进入非技术工种的概率将由 61.82% 减少到 43.96%；而在技术工种中的比例则会从 34.60% 上升到 46.79%。与上一小节不同的是，如果女性被以对待男性的方式对待，那么一个典型女性进入管理层的概率将由 2.69% 上升到 5.18%；而在分解方法一中，使用所有女性数据代入男性系数预测的女性进入管理层的概率是下降的。但是，从四种职业的总体情况看，如果消除劳动市场中的性别歧视，那么农民工中女性与男性的职业隔离将会大大减轻。

表 4.12　典型男性和典型女性的职业分布

	P_{mj}	P_{fj}	P_{Fj}	$P_{fj} - P_{mj}$ (A)	$P_{Fj} - P_{mj}$ (B)	[(B-A)/A]%
管理层	0.0697	0.0269	0.0518	−0.0428	−0.0178	−0.5833
办事人员	0.0361	0.0089	0.0407	−0.0271	0.0047	−1.1716
技术工种	0.5048	0.3460	0.4679	−0.1588	−0.0369	−0.7676
非技术工种	0.3895	0.6182	0.4396	0.2287	0.0501	−0.7811

注：P_{mj}：预测的典型男性职业分布概率；P_{fj}：预测的典型女性职业分布概率；P_{Fj}：将女性数据代入男性系数预测的典型女性职业分布概率。

第六节　小　结

职业获得与性别职业隔离是劳动市场中的一个重要现象。本章首先讨论了研究职业获得和性别职业隔离的主要方法，并给出了性别职业隔离的一些特征性事实。性别的职业隔离是一个长期存在的现象。虽然近几十年来，性别的职业隔离程度有所减轻，但是其程度依然较高。

本书所调查的农民工群体的职业层次较低，主要集中在蓝领职业上。在农民工群体中存在较为严重的性别职业隔离。笔者将农民工的职业分为白领职业和蓝领职业，前者包括管理层职业和办事人员职业，后者包括技术工种和非技术工种职业。分析结果显示，就本书调查的农民工而言，女性主要集中在非技术工种和办事人员职业中。性别职业隔离的杜肯指数达到了 0.1995。

对农民工职业获得的 MNL 模型的估计结果显示，教育和在老家接受的培训对农民工从非技术工种进入技术工种、办事人员和管理层的职业有显著的正向影响。但是健康状况和本单位工作之前的非农务工经商经历对农民工的职业获得并没显著的影响。社会资本变量对于男性获得办事人员和管理层的工作有显著的正影响，而对女性则没有显著影响。家庭因素对女性农民工的职业获得没有显著影响，但已婚男性比之于单身男性则更容易从非技术工种进入技术工种、办事人员和管理层中。

需求方变量也对农民工的职业获得产生了较为显著的影响。对于男性而言，相比于建筑业和采掘业，在制造业和商业、服务业中就业的男性获得技术工种和管理层职业的概率显著降低了；对于女性而言，相比于建筑业和采掘业，女性进入制造业中其获得技术工种的概率显著提高了。从所有制方面看，不论男性还是女性，相对于国有企业和事业单位，在其他所有制企业中就业，更有可能获得技术工种、办事人员以及管理层的职业。但是，在外资和合资企业中，女性获得技术工种职业的概率要比在国有企业和事业单位中低。

本章使用了两种方法来分析歧视性因素对农民工性别职业隔离的影响。第一种方法的结果显示，在没有歧视的条件下，即在劳动市场上以对待男性的方式对待女性，那么更多的女性将获得技术工种的职业，减少非技术工种和办事人员的职业比例。歧视因素占到了性别职业隔离杜肯指数的 77.97%。我们可以将这个数字与城市中的下岗再就业者的性别职业隔离相比较。杜凤莲（2005）利用中国国家统计局城市社会经济调查总队 2003 年 17 个省市的城市再就业者调查数据，使用同样的方法，将职业分为管理和技术人员、办事人员、商业服务业和生产工人四类，估计了城市再就业者性别职业隔离的杜肯指数，其实际的杜肯指数为 0.243278，预测的杜肯指数为 0.03497，性别歧视占到了性别职业隔离的 85.63%。从所遭受的性别歧视程度而言，农民工与城市中的下岗再就业者相似，都属于性别职业隔离和性别歧视比较严重的劳动群体。第二种方法，以典型男性和典型女性农民工的职业分布来分析其职业获得的差异，可以发现，如果剔除劳动市场中的歧视性因素，那么女性农民工将更少地进入到办事人员和非技术工种职业中，而更多地进入到技术工种和管理层的职业中。

对本书的研究结果，需要进行谨慎的解释。本书使用的方法，主要是基于 Oaxaca-Blinder 分解的思想。其实质是将女性放入男性面临的环境中，分析女性的职业获得。这个方法的一个前提是对于女性而言，其对职业的偏好与男性是相同的，只要具有了与男性相同的劳动市场结构，那么女性就会选择同男性相同的职业。这实际上排除了不同性别的职业"偏好"对职业获得的影响。而偏好是很难观测到的。一些文献对这个问题的处理，要么假设偏好对职业获得的影响可以忽略不计（如 Schmidt and Strauss，1975）；要么在选择样本时，对样本的年龄段进行限制，从而间接地控制偏好的影响（如 Brown, et al., 1980b）。在本章模型的估计中，也是假设了男性和女性农民工在职业偏好上是相同的。这是需要注意的第一个问题。

第二个问题是在实证研究中如何界定"歧视"。在本章所使用的方法中，所谓的"歧视"实际上是不可观察因素的效应。如果自变量中的可观察因素增加了，那么不可观察因素的效应就会减小。在本章的模型估计中，笔者将企业的所有制和地域变量也纳入了模型,而如果不同的所有制和不同的城市对具有同样个人特征的农民工的职业获得有显著影响,这显然是一种歧视:所有制的歧视和地域歧视。但是,为了获得比较精确的农民工的职业获得模型,笔者还是把这两个变量作为控制变量纳入了模型。这样的结果,实际上会减少不可观察因素的效应,即减少了"残差歧视"。因此,对于本章的分解结果,理解为可观察因素导致的性别职业隔离和不可观察因素导致的性别职业隔离,可能更合适。

第五章 劳动供给的性别差异

劳动供给是劳动市场表现的一个重要方面。一般而言,劳动经济学中对劳动供给的定义是指在一定的市场工资率下,劳动供给的决策主体(家庭或个人)愿意并且能够提供的劳动数量。从短期来看,一般使用三个指标来测度劳动供给:一是在既定规模的人口中,愿意供给劳动的人数(劳动参与率);二是进入劳动市场的个人向劳动市场供给的工时数量(劳动时间);三是与个人相联系的工作努力程度[1]。而短期内个人提供劳动的努力程度在很大程度上是不可测度的,因此,在本书中,主要涉及劳动参与率和劳动时间。

劳动参与率(Labor Force Participation Rate,LFPR)测度的是一个国家或地区从事经济活动的工作年龄人口的规模,它等于"实际参与劳动人口"与潜在劳动人口的比值,即 LFPR =(实际劳动人口/潜在劳动人口)× 100%。在实际参与劳动的人口中,包括两部分:一部分是已经就业的人口,另一部分是失业但具有工作意愿并一直在寻找工作的人口。劳动时间是指参加劳动的人口向市场提供的实际工作时间量,它一般以每年的工作周数、每周的工作天数或者每天的工作小时数来测度。

自 20 世纪 60 年代以来,劳动经济学的一个重要发展就是在理论和经验研究中区分了广延边际(Extensive Margin)上的劳动供给,即劳动参与率和就业选择和密集边际(Intensive Margin)上的劳动供给,即劳动时间选择(Heckman,1993;Meyer,2002)。对这两个指标的研究,不仅在理论上存在区别,而且在实

---

[1] 劳动供给可以从长期和短期来进行测度。从长期来看,还需要考虑人口规模、人口结构以及劳动力的质量,因此,在长期可以通过如下两个指标来测度劳动供给:一是由人口因素(出生、老龄化、死亡、人口迁移等)引起的人口规模和结构的变动;二是包括干中学(Learning By Doing)在内的教育、培训和经验的水平,这些因素能够影响每个人提供的技能水平。上述定义和分类主要来自 Bosworth and Dawkins (1996)。

[2] 实际上,对劳动供给的定义和测度有多种不同的表述。本书不涉及长期劳动供给的研究。

证研究和经验研究中也存在重要区别。Heckman（1993）指出，在20世纪60年代之前，大多数研究都没有正确区分劳动的参与率和工作时间，这导致了对劳动供给函数各参数估计的偏误。因此，在实证研究中，对这两个指标进行区分并确定研究对象，是选择正确的研究方法的前提。

在本书对农民工劳动供给的研究中，笔者主要研究农民工的工作小时数。其原因主要有以下两点：首先，从劳动参与率的定义看，凡是已经迁移到城市的农民工，一般都具有参与劳动市场的意愿，即使一时处于失业状态，那么也属于实际参与劳动人口。实际上，农民工在城市的劳动参与决策，在迁移之前就已经做出了。因此，对进入城市的农民工而言，研究其劳动参与实际上等同于研究其迁移决策，而这并不是本书的研究目标。其次，从数据限制看，笔者使用的数据是那些已经进入到企业工作的农民工的数据，无法获得其迁移决策的个人信息，这也限制了我们对农民工劳动参与率的研究。

当前中国农民工群体的劳动供给，实际上出现了两个看似"矛盾"的现象：宏观上，出现了所谓的"民工荒"，农民工劳动供给不足；而在微观上，则又普遍存在着劳动时间过长的现象。从劳动者权益角度分析，过长的劳动时间无疑影响了农民工正当的劳动权益。本书不打算对这两个方面的关系进行深入分析；但是，这两个方面无疑使得对农民工劳动供给的研究具有了宏观和微观上的重要意义。根据本书的研究目的，我们不涉及宏观上的"民工荒"问题，而着重从微观角度分析农民工个体的劳动供给时间。

在劳动供给的研究中，男性和女性的劳动供给决策有不同的行为模式，其时间配置也有比较明显的性别差异（McConnell，Brue and Macpherson，2003）。工资、家庭收入、家庭结构、社会保障等因素对男性和女性劳动供给决策的影响是不同的。因此，有必要从性别差异的角度对农民工的劳动供给行为进行研究。

这样，本章的主要问题可以归纳为：农民工的劳动供给有何特征？其性别差异如何？有哪些因素影响了农民工的劳动供给时间？

本章从如下几个方面对这些问题进行分析。首先，笔者给出经济学中研究劳动供给的主要理论和方法；其次，对劳动供给的一般趋势进行分析，给出研究农民工劳动供给时间的背景；再次，对农民工的劳动供给特征及其性别差异进行分析；并对农民工的劳动供给函数进行估计，试图发现影响农民工劳动供给的各种因素，分析其中存在的性别差异；最后，给出本章的结论。

第五章 劳动供给的性别差异

第一节 劳动供给的相关理论

(一) 有关劳动供给的理论概述①

早期的劳动供给理论主要是基于个体决策的劳动供给模型。个体决策的劳动供给模型将新古典经济学中的消费者理论应用到劳动供给理论中，研究劳动供给主体在既定的预算约束下，在消费和闲暇之间配置时间资源，以实现效用最大化。在效用最大化下，劳动供给时间通过总时间资源减去最优的闲暇时间获得。

基于个体决策的劳动供给函数将工资率的变化分解为替代效应和收入效应，并以此来解释劳动市场中的劳动供给现象。劳动供给时间的下降可以解释为工资率变化所导致的收入效应超过了替代效应，从而随着工资率的上升，劳动供给时间呈现出下降的趋势，即劳动供给的工资弹性为负。但是，以新古典框架为基础的个体劳动供给模型存在缺陷，即个体劳动供给模型没有考虑劳动供给的性别差异和家庭劳动供给的特征（Dijkstra and Plantenga，1997）。

Mincer（1962）的研究指出，从时间序列的数据分析，在过去几十年中，女性的实际收入在增长，但是她们的劳动参与率和劳动时间也呈现出长期连续上升的趋势，已婚女性更是如此；而男性则相反，虽然其工资和收入也在增长，但是他们的劳动参与率和劳动时间却没有随之上升。因此，对劳动供给的分析需要从性别差异和家庭的角度出发。Mincer指出，基于个体的劳动供给模型，其决策单位是个体；但是在现实中，大部分劳动供给的决策是由家庭做出的。大部分的研究也表明，个体劳动供给模型仅适用于解释20世纪60年代之前男性的劳动供给行为，却不足以解释已婚女性的劳动供给行为在20世纪的巨大变化（Lundberg and Pollak，1996）。从这一点出发，以Becker（1965）的研究为基础，经济学中发展出了家庭劳动供给模型，将劳动供给的决策单位建立在家庭的基础上。在家庭劳动供给模型的发展过程中，根据效用函数和预算约束的不同假设，经历了两

---

① 对劳动供给理论的概述，笔者主要参见了谭岚（2006），都阳（2001），周业安、章泉（2006）以及Killingsworth（1983），Pencavel（1986），Killingsworth and Heckman（1986），Blundell and Macurdy（1999），Bosworth and Dawkins（1996）。

个阶段:第一个阶段是"共同偏好模型"(Unitary Model or Common Preference Model),第二个阶段是"集体博弈模型"(Collective Model)。

在共同偏好模型中,家庭有共同的效用函数,面临共同的家庭预算约束(Pooling Restrictions)。如果家庭共同的效用函数是由一个家庭成员做出的,通常是男性成员,而不考虑其他家庭成员的意见,独自做出其劳动供给决策,而女性家庭成员则将丈夫的收入看成是外生的,并以此决定自己的劳动供给,那么就是"沙文主义模型"(Chauvinist Model)。如果假设这个共同的家庭效用函数是所有家庭成员共同做出的,而且每个家庭成员所面对的是共同的家庭预算约束,那么就是"一致同意模型"(Consensus Model)。

共同偏好模型没有考虑到不同家庭成员的偏好差异,将家庭作为一个"黑箱"来处理(Lundberg and Pollak,1996)。而在现实中,家庭成员是否具有共同的效用函数是不确定的。家庭的共同消费对不同性别家庭成员的效用是不同的。例如,看一场电影和购买一包香烟,对妻子的效用和丈夫的效用可能是不同的。因此,家庭劳动供给模型又发展出了"集体博弈模型"。集体博弈模型认为,家庭成员通过谈判来决定劳动供给和消费的配置,而谈判则建立在家庭成员之间相对的谈判力量基础上。由于分析方法的不同,家庭劳动供给的集体博弈模型又可以细分为合作博弈模型和非合作博弈模型。

合作博弈模型最初由 Manser and Brown(1980)和 McElroy and Horney(1981)给出,新近的发展则是 Chiappori(1988)以及 Chiappori, Fortin and Lacroix(2002)给出的。非合作博弈模型则主要是由 Lundberg and Pollak(1994,1996,2001)给出的。合作博弈的家庭劳动供给模型的一个重要特征是定义了家庭成员个人的可分离的效用函数。此外,合作博弈模型的另一个特征是其博弈结果是帕累托最优的。而在非合作博弈模型中,则可能存在多种可能的结果。文化和制度特征都可能影响非合作博弈的均衡解,从而影响家庭内资源的配置。但是,集体博弈模型存在的一个最严重的问题是在实证研究中很难对其进行验证(都阳,2001)。

家庭劳动供给模型的另一个发展方向是对时间的配置:由闲暇和市场劳动的"两分法"发展到闲暇、家庭劳动和市场劳动的"三分法"(Bosworth and Dawkins,1996)。在 Becker(1965)的模型中,以及个体劳动供给模型中,个人的时间资源一般被处理为闲暇和市场劳动两部分,而忽略了家庭劳动和闲暇的差别。不考虑家庭劳动时间和闲暇时间的区别,则主要是根据如下两个假设:一是家庭劳动和闲暇对外部社会经济变化的反应是一致的。因此，分别对这两个部分进行研究在研究结论上没有意义。二是这两个部分都满足家庭生产的联合投入条件，其相对价格是同一的（Gronau，1977）。但是，Gronau 指出，这两个假设在现实中不能被满足。Bloch（1973）以及 Gronau（1976）对美国和以色列的研究结果表明：外部环境的变化，例如工资率、收入、教育水平以及孩子数量的变化等，对妻子和丈夫的家庭劳动和闲暇的效应是不同的。家庭劳动和闲暇的最重要区别在于，家庭劳动是可替代的，但是闲暇却是不能被替代的。在此基础上，Gronau（1977）建立了"三分法"的家庭劳动供给模型。

不论是个体劳动供给模型还是家庭劳动供给模型，其分析方法都是静态的，即只分析当期的劳动供给行为，不考虑跨期劳动供给决策。因此，劳动供给理论的另一个拓展方向是其动态化；而所谓劳动供给理论的动态化实际上就是将静态的劳动供给模型放在生命周期框架下进行讨论[①]。这类模型也主要可以分为两类：第一类是将工资作为外生变量，并从储蓄角度出发，认为过去的劳动供给行为会影响到资产的积累，从而影响到当期的劳动供给决策；第二类是将工资视为内生变量，并从人力资本投资的角度出发研究动态的劳动供给。第一类动态劳动供给模型主要由 Killingsworth and Heckman（1986）以及 Blundell and MaCurdy（1999）给出。传统静态劳动供给模型与动态劳动供给模型的一个主要区别就在于前者的保留工资独立于当期的劳动供给行为，而后者各期的保留工资均为当期劳动供给的函数。第二类动态劳动供给模型使用了"干中学"模型和传统的人力资本模型。个人如果选择增加当前的工作努力程度或者在职培训，那么他从对当期闲暇的消费就要减少，但是人力资本的积累则能够提高未来的生产能力，进而提高未来的工资（Shaw，1989；Altug and Miller，1998）。

上述劳动供给的理论模型各有其优缺点，各有其适用的范围和领域。在本章对农民工的研究中，根据研究对象，笔者使用基于个体决策的劳动供给模型作为理论基础。这样选择的原因在于本书的研究对象的特征，即大多数农民工是单身。而且根据我们使用的问卷，家庭与传统意义上的家庭概念不同，不是传统意义上的"家庭"。表5.1给出了我们使用的数据中，农民工的家庭人口和婚姻状况的分布情况。在全部样本中，家庭人口为1人，即单身[②]的比例占到了

[①] 对动态劳动供给理论模型的详细综述与评论，参见 Card（1991）。
[②] 此处，单身的情况并不是指没有结婚，而是只身一人在城市工作和居住。

61.16%。在 1 人家庭中,无配偶的比例占到了 62.28%,而其他 37.72% 则是有配偶,但是只身一人在城市工作和居住。两口人的家庭占到了 21.49%,但是,在两口人的家庭中,并不是传统意义上的夫妻关系;其中没有配偶的占到了 9.9%。3 口以上的家庭占到了 17.36%;但是,这 3 口人并不是传统意义上的一对夫妻加一个孩子;因为其中还包括了 7.45% 的没有配偶样本。这种情况说明,使用家庭劳动供给模型来分析农民工有所偏颇。因此,比较适合本章研究主题的是个体劳动供给模型。

表 5.1 农民工家庭人口与婚姻状况

家庭人口	总计	无配偶	有配偶
1 口	1466	913	553
(%)	61.16	62.28	37.72
2 口	515	51	464
(%)	21.49	9.90	90.10
3 口以上	416	31	385
(%)	17.36	7.45	92.55
总计	2397	995	1402
(%)	100	41.51	58.49

(二) 劳动供给的理论模型①

1. 个体劳动供给模型

在个体劳动供给模型中,个体劳动供给函数实际上是从一般的消费者选择模型中得出的 (Pencavel, 1986)。在个体劳动供给模型中,时间作为个人的禀赋资源,被分为两个部分:即市场劳动时间和闲暇时间。为了简化起见,笔者首先考虑劳动供给的个人除工资外,没有其他收入的情况。劳动供给的个人所面临的问题是:

$$\begin{aligned} & \max: u(L, x) \\ & st: px = w(T - L) \end{aligned} \quad (5.1)$$

其中,L 为闲暇时间,x 为消费的商品,w 为工资,p 为商品的市场价格,T

---

① 个体劳动供给函数的分析主要基于 Takayama (1997),第四章;家庭劳动供给函数的分析主要基于 Ashenfelter and Heckman (1974)。

为总的时间。个人的效用函数为 u(L, x)。此处我们全部假定内点解[①]，因此，预算约束取等号。定义劳动供给时间：H ≡ T − L；并定义个人的全收入为：Y ≡ wT。假定个人的效用函数满足二阶条件。那么，式（5.1）的一阶条件为：

$$\frac{\partial u}{\partial L} = \lambda w \tag{5.2}$$

$$\frac{\partial u}{\partial x} = \lambda p \tag{5.3}$$

$$px + wL = wT \equiv Y \tag{5.4}$$

由上述一阶条件，可以得到对闲暇的需求函数：

$$L = L(p, w, Y) = L(p, w, wT) \equiv \mathring{L}(p, w) \tag{5.5}$$

因为时间资源是完全两分的，因此，从总时间资源中减去闲暇时间，即得到个人的劳动供给函数：

$$H = T - \mathring{L}(p, w) = H(p, w) \tag{5.6}$$

下面我们通过 Slutsky 方程讨论劳动供给函数的性质。令 $S \equiv [s_{ij}]$ 为 2×2 的净替代矩阵，由我们对效用函数的假定，S 是半负定的，且满足：

$$s_{11} < 0,\ s_{22} < 0,\ s_{11}p + s_{21}w = 0,\ s_{21}p + s_{22}w = 0 \tag{5.7}$$

对闲暇需求函数式（5.5）进行 Slutsky 分解，得到：

$$\frac{\partial L}{\partial w} = s_{22} - L\frac{\partial L}{\partial Y} \tag{5.8}$$

考虑到 $T \equiv wT$ 以及 $H \equiv T - L$，并利用从一阶条件中得到的商品需求函数和闲暇需求函数，可以得到：

$$\frac{\partial \mathring{L}}{\partial w} = \frac{\partial L}{\partial w} + \frac{\partial L}{\partial Y}\frac{\partial Y}{\partial w} = (s_{22} - L\frac{\partial L}{\partial Y}) + T\frac{\partial L}{\partial Y} = s_{22} + H\frac{\partial L}{\partial Y} \tag{5.9}$$

从而，我们得到工资对劳动供给的效应：

$$\frac{\partial H}{\partial w} = \frac{\partial \mathring{L}}{-\partial w} = -s_{22} - H\frac{\partial L}{\partial Y} \tag{5.10}$$

上式第一项为净替代效应，第二项为收入效应。已经知道 $s_{22} < 0$；如果闲暇

[①] 如果出现角点解，那么就成为劳动参与决策问题了。排除角点解实际上是将我们的问题限定在已经参与劳动市场的人群中；主要问题不是决定是否参与劳动市场，而是决定在劳动市场中提供多少数量的劳动时间。这是劳动供给问题的密集边际（intensive margin），见 Heckman（1993）。而这也正好符合我们对农民工群体的研究。本章限定，我们所研究的乡城农民工是那些已经就业的工人，不研究他们的劳动参与决策问题。

是劣等品，那么$\frac{\partial L}{\partial Y} < 0$，则式（5.10）大于0，即随着工资的上升，劳动供给时间上升，我们得到向右上方倾斜的劳动供给曲线；如果闲暇是正常品，那么$\frac{\partial L}{\partial Y} > 0$，工资对劳动供给的效应不能先验地确定符号。如果正的收入效应大于负的替代效应，那么随着工资的上升，劳动供给时间下降，我们得到向左上弯曲的劳动供给曲线。如果在工资较低的情况下，收入效应小于替代效应，在工资较高的情况下，收入效应大于替代效应，那么我们就得到通常的向后折弯的劳动供给曲线。

对劳动供给函数进行全微分，可以得到：

$$dH = [ws_{22} + wH\frac{\partial L}{\partial Y}](\frac{dp}{p} - \frac{dw}{w}) \tag{5.11}$$

现在将商品的市场价格标准化为1，那么，式（5.11）变为：

$$dH = -s_{22}dw - H\frac{\partial L}{\partial Y}dw \tag{5.12}$$

2. 加入家庭和非工资收入的劳动供给模型

下面我们加入家庭和非工资收入的情况。假设丈夫和妻子组成的两人家庭，拥有非工资收入Y。家庭劳动供给决策面临的问题是：

$$\max: u = (L_m, L_f, x)$$
$$s.t.: w_m(T - L_m) + w_f(T - L_f) + Y = px \tag{5.13}$$

其中，$L_i(i = m, f)$和$w_i(i = m, f)$分别为丈夫和妻子的闲暇时间和工资。一阶条件为：

$$\frac{\partial u}{\partial L_i} = \lambda w_i \tag{5.14}$$

$$\frac{\partial u}{\partial x} = \lambda p \tag{5.15}$$

$$w_m(T - L_m) + w_f(T - L_f) + Y = px \tag{5.16}$$

由上述一阶条件，可以得到家庭成员对闲暇的需求函数：

$$L_i = L_i(w_m, w_f, p, Y) \tag{5.17}$$

考虑到$H_i \equiv T - L_i$，得到家庭每个成员的劳动供给函数：

$$H_i \equiv T - L_i(w_m, w_f, p, Y) = H_i(w_m, w_f, p, Y) \tag{5.18}$$

与在个体劳动供给函数中的分析相同，使用Slutsky方程，得到工资对不同家庭成员劳动供给的效应：

$$\frac{\partial H_i}{\partial w_j} = -s_{ij} + H_j \frac{\partial H_i}{\partial Y} \text{①} \tag{5.19}$$

在这里，与个体劳动供给函数的区别是此处出现了家庭其他成员的工资和家庭非工资收入对家庭成员劳动供给的影响。若 i = j，则式 (5.19) 中的第一项为成员自身的净替代效应；如果 i ≠ j，则式 (5.19) 中的第一项为交叉替代效用。式 (5.19) 中的第二项为收入效应，也可以做同样的解释。在负半定替代矩阵的条件下，家庭其他成员的工资对劳动供给的影响也是不能先验地加以确定的。

现在将商品的市场价格标准化为 1，那么对劳动供给 H_i 进行全微分，可以得到：

$$dH_i = \frac{\partial H_i}{\partial w_m} dw_m + \frac{\partial H_i}{\partial w_f} dw_f + \frac{\partial H_i}{\partial Y} dY \tag{5.20}$$

第二节　实证研究中的劳动供给函数与估计

（一）实证研究中的劳动供给函数

由式 (5.12) 和式 (5.20) 可以得到实证研究中的劳动供给函数，其过程可以参见 Ashenfelter and Heckman (1974)②。在实证研究中经常使用的劳动供给函数的形式为：

$$H_i = \beta_0 + \beta_1 w_i + \beta_2 Y + \beta_4 Z_i + u_i \tag{5.21}$$

其中，i = 1, 2, …, N 为观测值，Z_i 为其他控制变量，u_i 为误差项，Y 为家庭其他成员的工资收入以及家庭的非工资收入。在实证研究中，一般使用工资的对数形式，这也是本文要估计的劳动供给函数：

$$H_i = \beta_0 + \beta_1 \ln(w_i) + \beta_2 Y + \beta_4 Z_i + u_i \tag{5.22}$$

---

① 与式 (4.10) 相同；此处的收入效应中使用的是 $\frac{\partial H_i}{\partial Y}$，实际上与 $\frac{\partial L}{\partial Y}$ 是相同的，只是符号相反。考虑到 $H \equiv T - L_i$，从而有 $dH = -dL$。

② 其方法是将微分变为差分，即将 dZ 处理为 ΔZ。在 Ashenfelter and Heckman (1974) 中，是将 dZ 处理为 $ΔZ = Z - \bar{Z}$，即将观测值的差分定义为观测值与其平均值的差。

根据上式，可以得到：$\beta_1 = \frac{\partial H}{\partial w} w$；所以，未补偿的工资弹性（或总工资弹性）为：

$$\eta = \frac{\beta_1}{H} \tag{5.23}$$

再次使用式（5.22），得到：$\beta_2 = \frac{\partial H}{\partial Y}$；所以劳动供给时间的收入弹性为：

$$\zeta = \beta_2 \frac{Y}{H} \tag{5.24}$$

那么，根据 Slutsky 方程，劳动供给的经过收入补偿的工资弹性就可以表示为：

$$\eta' = \eta - \beta_2 w \tag{5.25}$$

（二）劳动供给函数的估计问题

在实证研究中，对式（5.22）的估计涉及三个主要的问题：第一个是自选择（Self-selection）问题，第二个是劳动供给时间的制度限制问题，第三个是工资和劳动供给的内生问题。下面我们对这三个问题进行讨论。

1. 自选择问题

样本的自选择问题（Self-selection）是劳动经济学实证研究中的重要问题。当研究者无法观测到不参与抽样的人的特征时，就会发生样本的自选择问题。这样，在使用数据进行回归的过程中，所得到的结果只适合于那些被观测到的样本，从而使用样本对总体的估计就出现了选择性偏误（Selection Bias）。在对劳动供给时间的研究中，我们只观测到了那些参与就业，并提供劳动时间的样本，而无法获得那些退出劳动市场或者不提供劳动时间的人的特征，从而也就无法得到这些人的劳动时间对工资变化的反应。使用这样的数据所获得的结果只适合于那些提供劳动时间的人群的特征，而不能获得全部劳动人口的劳动供给特征。对于劳动供给中的自选择问题，主要使用两种方法解决：一个是使用截取模型（Tobit 模型），另一个是使用 Heckman 两阶段方法（Heckman，1977）。

产生自选择问题的前提是所研究的总体中，有一部分不向劳动市场提供劳动时间。如果所研究的总体的劳动参与率比较高，那么，自选择问题不会对估计结果产生大的影响（Pencavel，1986）。

从这一点出发，我们来看本文所研究的农民工群体。中国农民工群体的一个重要特征是，其迁移基本上是"自愿"的[①]。在这种制度安排下，他们进入城市劳动市场的主要目的并不是在城市定居，而是在城市获得收入后回农村老家消费。即使在城市政府的政策发生转变后，大部分农民工的迁移目的还是进入城市劳动市场获得收入。在这种条件下，转移到城市劳动市场的农民工基本上都有参与劳动市场的愿望。因此可以判断这一劳动群体的劳动参与率比较高。再从就业角度分析，从已有的调查中（例如国务院研究室课题组，2006）可以发现，农民工并没有出现在城市大量失业的现象；即使失业，那么在当前的制度安排下，他们会选择退出城市劳动市场，回到农村；而回到农村后，这部分人也就不再具有农民工的特征了。由此，可以判断进入城市工作的农民工其劳动参与率非常高，失业率也不会太高；样本的自选择问题所导致的偏误基本上可以控制。

此外，本书所研究的总体是进入企业工作的农民工。这部分农民工都是已经参与到劳动市场的工人；在企业工作中，很少发现有不提供劳动时间的案例。因此，从数据角度，我们可以排除样本的自选择问题[②]。

2. 劳动时间的制度限制问题

对劳动供给函数的估计存在的第二个重要问题是劳动时间的制度限制问题。自"二战"以来，大多数国家的劳动法规对工人的工作时间都进行了限制。大部分国家实行 8 小时工作制，每周工作 5 天。中国的《劳动法》也明文规定了 8 小时工作制。这种制度限制使得工人对劳动时间的选择是不完整的。在选择受到限制的条件下，对劳动供给函数的估计也不能真实地反映工人对劳动时间的选择，从而也就不能真实地估计工资弹性和收入弹性。

在劳动供给函数的实证研究中，解决这个问题的主要方法是假定工人可以选择不同的行业、职业和不同的企业，甚至可以选择不同的工作地点来间接选择劳动时间（Killingsworth, 1983; Blundell and MaCurdy, 1999）。但是，这种间接选择在现实中是否真正存在却不能先验地加以判断。

本书使用如下方法来对农民工间接选择劳动时间进行判断。假设农民工可以通过对不同职业、不同行业、不同所有制企业、不同规模的企业来间接选择自己

---

① 当然在现实中，也有"被动"迁移的农民工；他们一般属于土地被征用的农民。但是，按照中国现行的制度安排，当农民的土地被政府征用后，一般会成为城市居民，获得当地城市户口和征地补偿。这样一来，拥有城市户籍的这部分流动工人，已经失去了农民身份。

② Li and Zax (2003) 对中国城镇职工劳动供给时间的研究也采取了这种办法；在他们所使用的数据中，有 97.5% 的样本是就业样本。

的劳动供给时间①，那么，不同职业、不同行业、不同所有制企业、不同规模企业农民工的劳动时间差异应该在统计上是显著的。我们使用 F 检验来检验不同职业、不同行业、不同所有制企业、不同规模企业农民工的工作时间的差异。如果其劳动时间存在着显著的差异，那么可以判断农民工可以通过对职业和企业的选择来间接选择自己的劳动时间。

表 5.2 给出了农民工每月平均工作时数在不同职业、不同所有制企业、不同行业、不同企业规模的分布。F 检验显示，在这 4 个指标中，农民工的劳动时间存在显著的差异。相差最大的是不同所有制企业之间的差异，最高和最低之间相差 48 个多小时，相当于在集体企业工作的农民工每月要比外资及合资企业工作的农民工多工作两天多。

因此，在本章对劳动函数的估计中，对劳动时间的制度限制问题可以通过在不同职业、不同企业的选择来加以间接选择。如果这样分析，那么职业、企业特征变量就不能再作为劳动供给函数估计中的自变量进行处理。

表 5.2 农民工每月平均工作时间的分布情况（小时/月）

企业所有制		职业		企业行业		企业规模	
所有制 1	232.36	职业 1	223.94	行业 1	249.07	规模 1	222.62
所有制 2	257.39	职业 2	214.35	行业 2	228.47	规模 2	230.41
所有制 3	246.99	职业 3	238.05	行业 3	244.57	规模 3	243.79
所有制 4	209.24	职业 4	235.84				
所有制 5	234.2						
F = 46.26；p = 0.000		F = 8.16；p = 0.000		F = 22.66；p = 0.000		F=23.24；p=0.000	

注：企业的所有制、行业和规模的分类见第三章；职业的分类见第四章。

3. 内生性问题

在劳动供给函数的估计中，个人工资与其劳动供给时间之间的内生性可以说是最重要的问题（Mroz, 1987）。工资与劳动供给时间的内生性导致劳动供给函数的估计系数出现偏误，直接影响到估计结果的可靠性。在计量经济学中，内生

---

① 没有将通过选择不同城市作为间接选择劳动时间的途径，主要是因为我们的抽样是在距离较远的五个城市进行的。因此，可以认为距离基本上排除了农民工通过选择不同工作城市来间接选择劳动时间的可能性。

性的产生可以是因为省略变量产生（Omitted Variables），也可以是因为测量误差（Measurement Error）产生，也可以是因为联立方程所产生的偏误（Simultaneous Bias）(Wooldridge, 2002)。在对劳动供给函数的估计中，这三种原因都可能导致内生性问题。工资和劳动供给时间可能因为理论上的以及数据中的问题而相互影响，即工资和劳动供给时间的因果关系可能是相互的（Fortin and Lacroix, 1997）。从理论上分析，诸如个人的动机等一些无法在现实中观测的因素可能会同时影响到工资和劳动供给时间；工资在影响劳动供给时间的同时，劳动供给时间也可能同时影响工资，这既是一种忽略变量所导致的内生性，也是一种联立方程所导致的内生性。从经验研究的角度看，一般而言，工资率的测算都是使用年（或月）工资收入除以劳动供给的年（或月）小时数获得的，这样在工作小时中的测量误差会进入工资的测量误差中，从而导致解释变量与误差项的相关，造成内生性问题。

解决内生性问题的一般方法是寻找合适的工具变量。一个合适的工具变量需要满足两个条件：一是与产生内生性问题的自变量显著相关，二是与误差项不相关。但是，在实际研究中，找到合适的工具变量并不容易。

（三）劳动供给函数实证研究综述

1. 第一代和第二代劳动供给函数研究的主要发现

早期对劳动供给函数的实证研究主要使用 OLS 进行估计。这些研究一般被称为第一代劳动供给函数研究（Killingsworth, 1983），以区别 20 世纪 70 年代之后对自选择、内生性问题进行处理的研究。后者一般被称为第二代劳动供给函数研究。

表 5.3 归纳了第一代研究和第二代研究关于劳动供给的工资弹性和收入弹性的估计范围。在第一代研究中，大多数男性未补偿工资弹性的估计值在 0.0~0.4；男性的收入弹性为负值，但绝对值相当小。女性工资弹性的估计值范围则比较大，这表明与男性相比，女性劳动供给对工资的变化更加敏感。第二代劳动供给研究大多数考虑了估计中的自选择问题和内生性问题，但是对工资和收入弹性的估计范围仍然很宽。从第二代研究中可以发现，男性的未补偿工资弹性为负值，绝对值很小；与第一代研究相同，男性的劳动供给曲线向后弯曲。男性和女性的收入弹性都是负值，女性劳动供给对工资更加敏感。对此，Killingsworth（1983）总结道，"男性劳动供给与女性劳动供给相比，对工资变化的敏感性差得多；男

性劳动供给曲线在工资率提高时向后轻微弯曲,而女性劳动供给曲线的斜率则有较大的递增"。这说明,当工资提高时,男性的收入效应大于替代效应,而女性的替代效应要比收入效应大。

不同性别工人对工资变动的不同反应也在其他一些研究中得到了证实。对9个实证研究结果进行仔细考察后,Borjas and Heckman(1978)估计,工资率提高10%将使男性的劳动供给量减少1%~2%;而Keeley(1981)的估计也表明,工资率提高10%将使已婚女性的工作时间增加约10%。Renaud and Siegers(1984)对荷兰的研究也表明,在家庭劳动供给框架下,妻子的劳动供给对工资和非工资收入的反应要比丈夫的反应更加敏感。

表5.3 劳动供给函数实证研究中对工资和收入弹性的估计

	未补偿工资弹性	补偿工资弹性	收入弹性
	第一代研究估计的工资和收入弹性的范围		
男性	0.0~0.4	0.00~0.36	0.00~0.16
女性	0.2~0.9	0.1~2.0	−0.1~0.2
	第二代研究估计的工资和收入弹性的范围		
男性	−0.23~−0.05	0.13~0.23	−0.1~−0.4
女性	0.6~1.1	0.7~1.2	−0.1~0.2

资料来源:Killingsworth(1983).

对劳动供给中的这种性别差异的解释,主要从男性和女性在时间配置上的差异来进行(McConnell,Brue and Macpherson,2003)。对于成年男性而言,超过90%的人从事全职工作,并且平均而言,男性的家务劳动时间较少;这样由于工资率提高而引起的工作时间的增加必须以牺牲纯粹的闲暇时间为代价。对男性而言,纯粹闲暇的时间和劳动市场的工作时间之间不具有较大的替代性,从而工资率提高的结果是较小的替代效应;表现在劳动供给曲线上就是近似垂直或者稍微向后弯曲的劳动供给曲线。相比之下,女性的劳动市场参与率比男性要小,许多女性还从事兼职工作;而且在家庭中,女性承担了大部分的家务劳动。或者说,男性基本上在闲暇和劳动时间两个部分之间配置时间资源;而女性则在闲暇、家务劳动以及劳动市场工作时间三部分之间配置时间资源。在工资率提高的情况下,女性的家务劳动时间具有较大的可替代性,从而可以用市场工作时间替代家务劳动时间。因此,女性的劳动供给具有较大的替代效应;表现在劳动供给曲线

第五章 劳动供给的性别差异

上,女性的劳动供给曲线向上倾斜,具有递增的正斜率。

2. 中国劳动供给函数实证研究的主要发现

在家计调查数据基础上,对中国劳动市场供给函数的实证研究,已有不少。都阳(2001)研究了中国贫困农村地区农民的劳动供给时间;魏众(2003)使用 Heckman 两阶段方法,研究了健康对劳动供给时间的影响;弓秀云、秦富(2007)利用四川和安徽12个乡的调查数据,使用 Heckman 两阶段方法研究了中国农村的家庭非农劳动供给时间的影响因素;Putterman(1990)使用20世纪70年代的数据,研究了在农村公社体制下,集体化对农民的劳动供给时间的影响。但是,这些研究主要还是集中在农村地区的劳动供给时间研究上,而且其主要的研究目的也不是研究劳动供给时间的工资和收入弹性。例如,都阳(2001)的研究主要是讨论贫困减少问题;魏众(2003)的研究主要是探索健康对劳动供给时间的影响。

Li and Zax (2003) 使用两阶段最小二乘法,利用1995年中国社会科学院经济研究所收入分配调查数据,对中国城镇地区的劳动供给时间进行了研究。他们的估计结果显示,在20世纪90年代中期,中国城镇地区劳动供给的收入弹性为负,而工资弹性为正。经过收入补偿的工资弹性远高于未补偿的工资弹性;对此的一个解释是当时中国城镇地区的收入水平较低;因为存在大量的实物补贴和社会福利,工人的名义工资要低于全部实际工资。在这种条件下,名义工资的上涨所引致的劳动供给较小;而经过收入补偿的工资弹性则较大;即相应的其他收入的减少对工资上升的补偿引致了较大的工作时间的上升。

郭继强(2005)提出了在最低必需支出约束下,向右下方倾斜的劳动供给曲线,并使用上海市统计局、上海社会科学院人口与发展研究所《上海市1995年流动人口调查》以及国家统计局《2002年城市住户调查》的数据,使用 OLS 以及2SLS 方法估计了农民工的劳动供给函数。在经典经济学中,不论是基于个体效用函数的劳动供给模型还是基于家庭时间配置的劳动供给模型仅仅刻画了向后弯曲的劳动供给曲线;而以发展中国家或者发达国家工业化初期为背景的"低收入者或贫困者的劳动供给曲线随工资增加而减少"的现象,只能作为经典劳动供给曲线的例外。对于这个"例外",Lewis(1954)、Berg(1961)认为这是由于穷人的"非理性"导致的;Lewis(1966)则将其归结为"贫穷文化";Schultz(1964)、Miracle and Fetter(1970)以及 Barzel and McDonald(1973)认为这主要是消费机会受到限制所导致的;Mellor(1963)、Huang(1976)、Dessing

(2002)使用生存收入，Berg（1961）、Dunn（1978）、Altman（2001）引入目标收入（目标支出），Sharif（1991）用替代弹性递增的效用函数加以解释[①]。郭继强（2005）则通过引入最低必需支出约束来解释在低工资下的向下弯曲的劳动供给曲线。在他的分析中，满足最低必需支出是工人的第一层次的需要，而追求效用最大化则可归类于第二层次，即较高层次的需要；劳动者只有在较低层次欲望得到满足之后才会产生第二层次的欲望。最低必需支出构成了劳动者追求效用最大化的硬约束条件。在最低必需支出的约束下，如果非工资收入加上闲暇的市场价值小于最低必需支出，那么就可以推导出在低工资下向下倾斜的劳动供给曲线。他的实证研究结果显示，当对数工资率低于或等于1.25时，农民工非常显著地存在向右下方倾斜的劳动供给曲线；当对数工资率大于1.25时，农民工的劳动供给曲线显著地向右上清晰。

第三节　关于劳动供给的一些特征性事实

（一）主要发达国家劳动供给的历史发展趋势

自工业化以来，主要发达国家劳动参与率的总体趋势变化不大；图5.1给出了19世纪末20世纪初至20世纪70年代美国和英国的劳动参与率变动趋势。可以发现，除了"二战"期间两国劳动参与率稍有降低外，其他年份的劳动参与率变化都不大。

但是，从长期趋势看，特别是"二战"以来，不同性别之间的劳动参与率却发生了较大的变化：男性的劳动参与率出现了下降的趋势，而女性的劳动参与率出现了上升的趋势。图5.2显示，美国1950~2005年全部人口的劳动参与率基本上没有大的变化。但是，不同性别的劳动参与率却发生了较大的变化：男性的劳动参与率从1950年的86.4%下降到2005年的73.3%；而女性的劳动参与率却从1950年的33.9%上升到2005年的59.3%。并且根据预测，这个趋势还将持续下去（Toossi，2006）。

[①] 上述文献主要参见郭继强（2005）。

第五章 劳动供给的性别差异

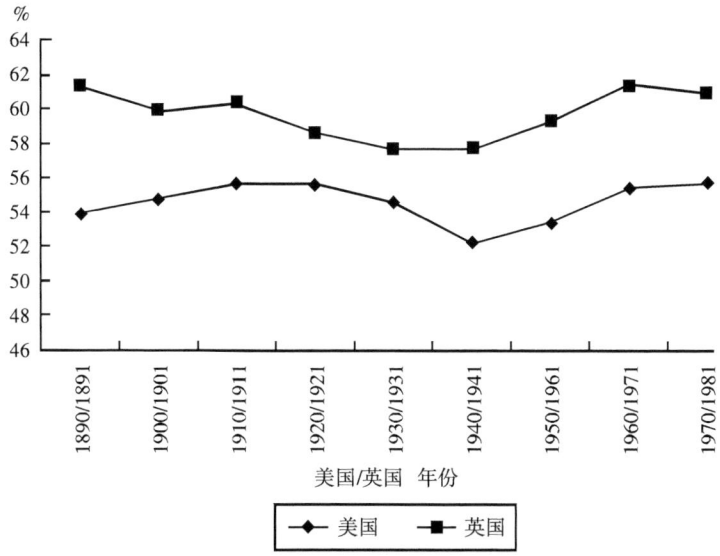

图 5.1 美国和英国的劳动参与率

注：美国所有年份的数据包括 14 岁以上的男性和女性；英国所有年份的数据包括 20 岁以上的男性和女性。图中横轴表示年份，前者为美国数据的年份，后者为英国数据的年份。

资料来源：Pencavel（1986）.

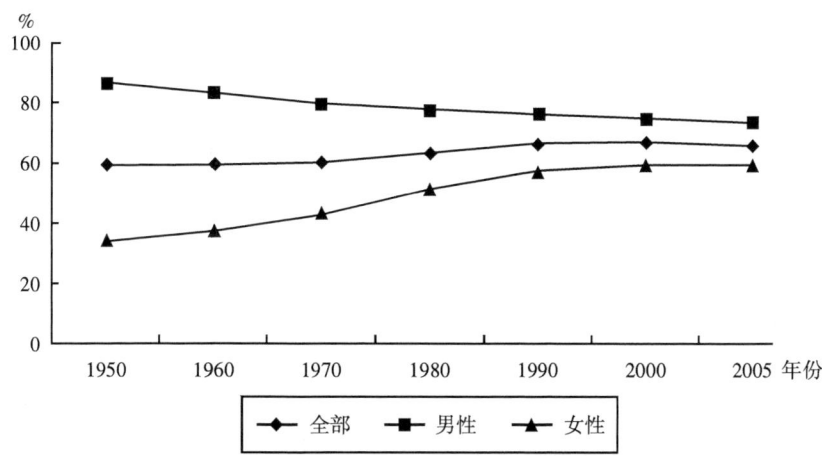

图 5.2 美国部分年份分性别的劳动参与率

资料来源：美国劳工统计局，http://www.bls.gov/cps. 16~64 岁人口。

虽然女性的劳动参与率有升高的趋势，但是从当前劳动市场的情况看，男性的劳动参与率还是要高于女性。根据 OECD（2005）的统计，所有 OECD 国家 16~64 岁人口的劳动参与率为 70.1%，其中男性的劳动参与率为 80.3%，女性的劳动参与率为 60.1%，男性比女性高出大约 20 个百分点。欧盟 19 国的全部劳动参与率为69.9%，男性为77.7%，女性为62.2%，男性比女性高出大约15个百分点。在OECD所有国家中，男性的劳动参与率都高于女性。

从劳动时间上看，20世纪初期到"二战"之前，平均周工时呈现下降趋势。从图5.3中可以看出，从1910年到"二战"期间美国制造业工人的周工作时数平稳下降；从1940年以来平均周工时则变化很小。出现这种情况的原因，一方面，是劳动市场中工资的提高减少了个人愿意提供的劳动时间，即劳动时间的工资弹性大部分时间表现为负，工资的收入效应超过了替代效应（Addison and Siebert，1979）；另一方面，也有劳动市场制度上的原因。自"二战"以来大部分国家都在其劳动法规中对工人的每周工作时间数进行了规定。

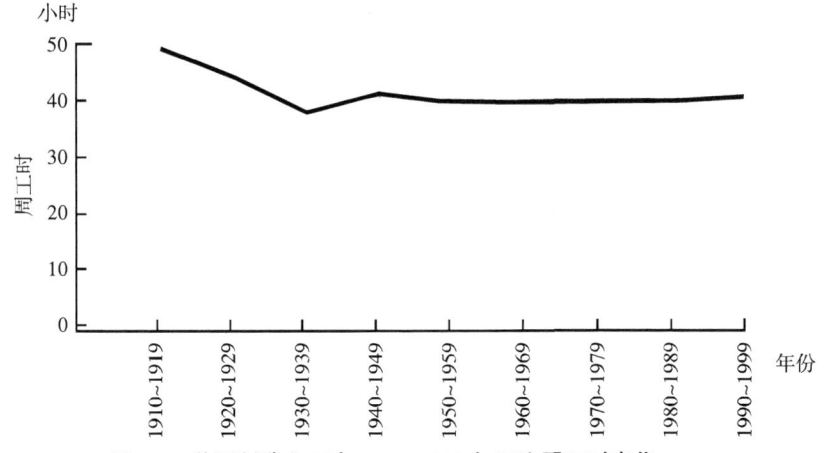

图5.3 美国制造业工人1910~1999年平均周工时变化

资料来源：McConnell, Brue and Macpherson（2003），第3章。

在劳动时间的性别差异上，则表现出男性的劳动时间高于女性的特征。以美国为例（如图5.4所示），自20世纪80年代以来，全部就业人员的平均周工时数一直保持在38~40小时，其中男性则一直维持在41~42小时，女性明显低于男性，维持在34~36小时。从变动趋势上看，男性每周的劳动时间有稍微下降的趋势，但并不明显；女性则呈现出缓慢上升的趋势。但是，从总体情况看，女性每周的劳动时间低于男性则是比较明显的。

（二）经济转轨与中国劳动供给的特点

中国的劳动参与率，无论是按经济发达程度比较还是按照区域比较，都是较高的国家，特别是女性的劳动参与率。形成中国劳动参与率较高，特别是女性劳

第五章 劳动供给的性别差异

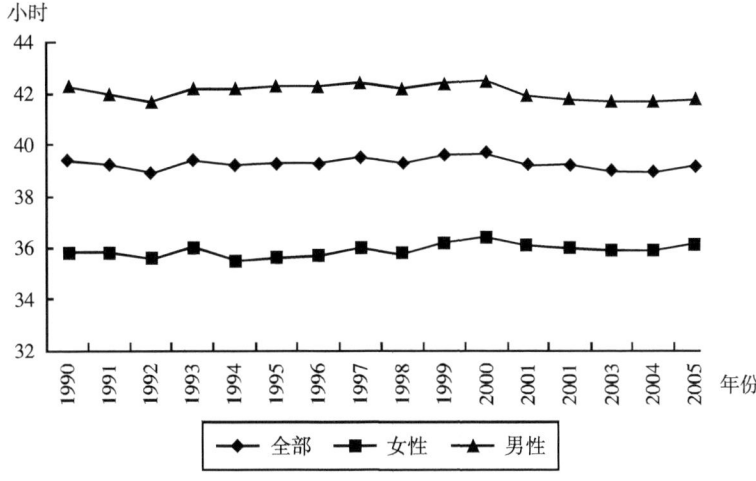

图 5.4 美国工人周工时数的性别差异
资料来源：美国劳工统计局，http://www.bls.gov/cps。

动参与率较高的原因，除了在计划经济下需要调动大量人口参与劳动的原因外，还有社会主义意识形态的作用（潘锦棠，2002）。从这两个方面看，虽然我们没有长时段的中国劳动时间的数据，但是大致可以判断中国就业人口的劳动时间也是比较长的[①]。

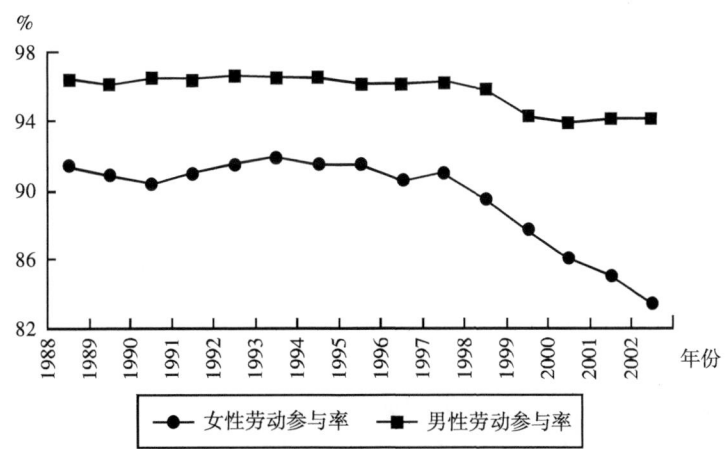

图 5.5 部分年份中国城镇职工劳动参与率变化趋势：分性别
资料来源：姚先国、谭岚（2005）。

---

① 大部分原计划经济国家女性的劳动时间都比较长。在中欧和东欧原计划经济国家，女性平均每周的劳动时间为 70 小时，超过当时西欧国家大约 15 个小时（UNICEF，1999）。

· 115 ·

发生在20世纪80年代末90年代初的社会主义国家向市场经济的转轨对这些转轨国家的劳动参与率也产生了影响。在转轨之前,这些国家的劳动参与率和就业人口的劳动时间都高于本地区的市场经济国家(谭岚,2006)。男性和女性之间的劳动参与率及劳动时间差异也小于本地区的市场经济国家。女性的劳动参与率和劳动时间高于本地区的市场经济国家。但是,向市场经济的转轨减少了这些国家的劳动参与率和劳动供给时间(UNICEF,1999)。中国自20世纪70年末开始向市场经济的转轨,也伴随着劳动参与率降低的趋势,特别是女性的劳动参与率。使用宏观数据计算的1978~1997年中国城镇的总人口劳动参与率显示,自改革开放以来,中国城镇地区的劳动参与率呈现出逐年下降的趋势(陆铭、葛苏勤,2000)。

从分性别的劳动参与率看,虽然中国城镇地区男性和女性的劳动参与率都有下降的趋势,但是女性劳动参与率的下降幅度要高于男性。图5.5给出了通过抽样调查数据获得的中国城镇地区1988~2002年的分性别劳动参与率变化趋势。1988~2002年,越来越多的女性退出了劳动市场。

向市场经济的转轨不仅对劳动参与率产生影响,而且也对劳动供给时间产生了影响。我们虽然没有长时段的劳动供给时间的数据,但是根据一些抽样调查数据显示,2002年中国城镇地区25~55岁男性和女性的每月工作小时数大约在176小时,性别之间不存在显著的差异。这也说明劳动供给时间受到了来自劳动市场制度的限制。转轨对劳动供给时间的影响主要在于使得劳动供给时间的分布更加分散(谭岚,2006)。

第四节 农民工的劳动供给特征

根据已有的调查(例如国务院研究室课题组,2006;国家统计局服务业调查中心,2006),农民工群体的劳动时间超过城镇职工,大多数农民工超时工作。我们的调查也显示,不论在每月工作天数上,还是每天的工作时数上,农民工的劳动时间都超出了法定劳动时间。

（一）总体特征：农民工的劳动时间过长；男性农民工的劳动时间超过女性农民工

首先来看农民工每月的工作天数。全部样本每月的平均工作天数为25.6天；按照法定每周工作5天计算，那么农民工每月比法定工作天数多出5天半的工作时间；每周比法定工作时间多出一天以上。男性每月的工作天数为26天，女性每月的工作天数为25.24天，男性比女性多出大约半天的时间。

其次看农民工每天的工作时间。全部样本每天的工作时间平均为9.14个小时。农民工每天要比法定时间多工作1.14个小时。男性每天的工作时间平均为9.18个小时，女性每天的工作时间平均为9.12个小时；这个差异在统计上并不显著。此处的结果大大超过了其他一些调查中农民工的每日工作时间。例如国家统计局服务业调查中心（2006）的调查显示，农民工每日的平均工作时间为8.93小时；中国人民银行货币政策分析小组（2006）的调查显示，农民工每日的平均工作时间为8.15小时。出现这种情况的一个原因可能是我们所使用的数据主要是基于在企业工作的农民工，排除了那些自我雇佣者。这个结果也显示出，在企业工作的农民工每日劳动时间过长。

再来看每月的工作小时数。全部样本每月的平均工作小时数为235个小时；男性的每月工作时数要显著高于女性，高出大约7.47个小时。每月工作时数在不同的城市之间存在显著差异。每月平均工作时数最高的是武汉，达到了244.01个小时，最低的是大连，只有204.88个小时，相差39.14个小时。在不同城市中，只有大连的每月平均工作时数存在显著的性别差异：男性农民工平均每月要比女性多工作35.91个小时，如表5.4所示。

从上面三个指标分析，都可以得出这样的结论：农民工的工作时间过长；而且在工作时间上存在着显著的性别差异，男性的工作时间要高于女性。

表5.4 农民工的劳动供给状况

	全部	男性	女性	性别差异的F检验
每月平均工作天数	25.5993	25.9886	25.2447	F = 32.37；p = 0.0000
每天平均工作小时	9.1416	9.1672	9.1189	F = 0.47；p = 0.4940
每月平均工作小时	234.9694	238.8883	231.4159	F = 9.43；p = 0.0022

续表

	全部	男性	女性	性别差异的F检验
大连	204.8789	231.5403	195.6346	$F = 37.28$；$p = 0.0000$
上海	236.4216	237.6203	235.0319	$F = 0.18$；$p = 0.6684$
武汉	244.0140	243.3638	244.9031	$F = 0.07$；$p = 0.7925$
深圳	242.5539	239.8529	244.7683	$F = 1.18$；$p = 0.2784$
重庆	239.3028	237.5965	241.0957	$F = 0.60$；$p = 0.4407$

（二）农民工的工资与劳动时间

按照传统的劳动供给理论，工资是影响劳动供给的主要原因。本节笔者从描述统计的角度来分析农民工的劳动供给时间与工资率之间的关系。图5.6给出了农民工小时工资与每月工作时数的散点图。散点图的特征显示，农民工的小时工资率与每月工作时数呈现负相关关系，即随着工资率的提高，每月工作时数在下降；在小时工资上升到10元之后，出现一个拐点，工资率与工作时间开始出现正相关关系。分性别看，这种负相关关系对男性和女性农民工都很明显。

根据劳动供给的理论模型，推导出的标准劳动供给曲线是一条向后折弯的曲线；在工资率较低的条件下，随着工资率的上升，替代效应超过了收入效应，劳动供给增加；当工资率上升到一个拐点之后，收入效应则超过替代效应，工资率的进一步上升导致劳动供给的下降。一些发达工业国家劳动供给的事实以及针对这些工业化国家的已有研究也显示，当工资率上升到一定程度后，出现了向后折弯的劳动供给曲线。对于中国的农民工而言，笔者上面的描述性统计则显示其劳动供给曲线是负斜率的，即随着工资的上升劳动供给时间下降。

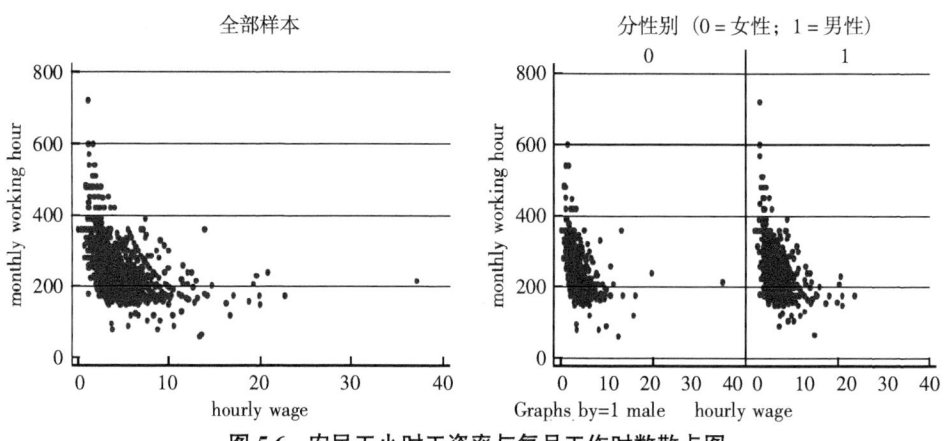

图5.6　农民工小时工资率与每月工作时数散点图

出现这一特征，首先，可能是技术上的原因。劳动供给时间和工资率之间存在内生性，低估了工资对劳动供给的影响。Li and Zax（2003）对中国城镇职工劳动供给函数的估计显示，如果不解决内生性问题，使用 OLS 估计劳动供给函数，那么工资的系数也是负的，即存在向下倾斜的劳动供给曲线；但是在使用工具变量法解决了内生性问题后，工资的系数成为正的，劳动供给曲线向上倾斜。

其次，如果单纯从标准劳动供给的理论模型分析，当工资上升到一定程度后，也会出现负斜率的劳动供给曲线。但是，对于农民工而言，这一点是不太可能的。不论是已有的调查还是本文所使用的数据，都显示农民工的工资处在比较低的水平上，其工资水平远没有达到使劳动供给曲线向后折弯的程度。

最后，还存在一种可能，即对于中国的农民工而言，存在着"低工资下向下倾斜的劳动供给曲线"。郭继强（2005）的研究也证明了这一点。按照他的解释，在最低必需支出的约束下，工人为了满足最低必需支出的需要，在低工资下，只能依靠增加劳动供给时间来提高月或年的总工资收入。

对上述可能的原因，如果在解决了技术性问题后，工资率的系数成为正的，那么我们可能得到与标准劳动供给理论相符合的结果；如果在解决了技术性问题后，依然存在向下倾斜的劳动供给曲线，那么就可能证实在中国农民工群体中，存在着低工资下向下倾斜的劳动供给曲线。至于哪种结果会出现，笔者在后面的章节中将进行详细分析。

第五节　劳动供给函数的估计结果及其解释

（一）模型设定及估计

笔者使用式（5.22）估计农民工的劳动供给函数，设定的因变量是每月的工作时数。在笔者使用的问卷中，并没有每月工作时数这个问题。每月的工作时数是通过每月工作天数和每天工作时数相乘计算得到的。但是，实际上，我们并不能断定农民工在每月的工作天数里，每天工作相同的工时数。因此，使用计算的每月工作时数，可能会高估或者低估农民工每月实际的工作时数。此处使用每月工作时数,有两个原因:第一,农民工回答的工资是每月的工资,以此计算的小时工资,是每月工作时数的小时工资;第二,使用每月工作天数或者每天工作时数,会出现因变量变异幅度过小的问题。

所使用的自变量主要包括如下五组:

1. 工资和收入,包括小时工资(对数)、家庭收入、每年向老家的汇款数量

在传统的劳动供给函数估计中,工资是最主要的变量。此处,使用的是小时工资的对数形式。家庭收入定义为农民工在打工地其他家庭成员的月收入加上本人在本单位外的收入。之所以加上本人在本单位外的收入,是因为因变量(每月工作时数)是在本工作单位的工作时间;在单位外的收入相当于本人的非工资收入。向老家汇款的数量,除了现金汇款外,还包括带回实物的折价①。

按照劳动供给理论的解释,在工资较低的水平下,随着工资的上升,劳动供给时间应该上升;家庭收入的增加则会减少其劳动供给时间。对于农民工而言,在城市打工,回农村消费是主要的收入—消费模式,因此可以判断,向老家汇款的数量会增加其在城市劳动市场中的劳动供给。

2. 社会保险项目,包括医疗保险、工伤保险、养老保险、失业保险

为了考察社会保障状况对农民工劳动供给时间的影响,笔者将农民工的医疗保险、养老保险、失业保险以及工伤保险的覆盖率定为虚拟变量作为第二组解释变量。在原始数据中,除了工伤保险外,其他3个都有4个或5个选项,以区分所参加保险的种类。而本章的研究目的并不在于不同种类保险的影响,而是有没有保险的影响,因此我们将医疗保险、养老保险、失业保险都处理为二值变量,具体过程是将"没有"设为0;只要参加任一类型的保险即设为"1";将"不知道"的样本去掉。

3. 身体状况及家庭信息变量,包括年龄、年龄平方、健康状况、婚姻状况、家庭人口总数、小孩数量

随着年龄的增加,从体力和精力讲能够提供的劳动时间会减少。此外,从生命周期的角度分析,年龄越大则其剩余的生命周期越短,也可能降低其劳动供给时间。而健康状况对劳动供给的影响是比较明显的:从理论上推断,健康状况越差的工人,其劳动供给时间越短。但是,本书使用自评健康测度指标,所以也可能存在反向的因果关系:劳动时间越长的工人,可能由于过长的劳动时间损害了

---

① 对于那些外出打工不足一年的工人,向老家汇款的数量是外出打工以来到调查日的汇款数量。

其健康状况。

加入家庭人口有如下两个原因，首先是我们计算的家庭其他成员收入是所有其他家庭成员的月收入之和；人口多的家庭可能其家庭收入也高，因此为了控制家庭人口对家庭收入的影响，加入家庭人口变量。其次是家庭人口多，需要处理的家庭事务可能就越多，这将减少能够提供的劳动时间；但是，也有可能家庭人口多，需要的家庭支出就越多，为了满足家庭的最低必需支出，可能会增加其劳动供给时间。家庭人口总的效应不能事先确定。有小孩的家庭需要提供带孩子的时间，特别是对于女性而言，小孩数量越多，则可能提供的劳动时间越少。

4. 影响农民工劳动供给态度的变量，包括教育年限、非农工务工经商年限、在老家的培训、在城市的培训、是否为党员、是否有过干部经历、是否有过参军经历

教育、非农务工经验和培训属于人力资本变量。这些人力资本变量从两个方面影响工人的劳动供给。一方面，可能通过影响家庭生产的效率间接影响到劳动供给时间（DaVanzo, et al., 1976）；另一方面，具有不同人力资本水平的工人如果接受了相似的工资，那么就显示了他们对工作具有不同的态度，从而影响到劳动供给时间的提供。教育水平高的人，可能更偏好于闲暇及精神享受，从而降低其劳动供给时间；也可能因为教育水平高，更具有职业素质，从而提高其劳动供给时间。特别是工作经验和培训，它们实际上给出了对职业的偏好（Nakamura and Nakamura, 1981）。

具有中共党员身份的农民工，可能会在工作中更加努力，从而增加其劳动供给时间。具有参军经历的工人，受到部队的严格训练，在工作中也可能更加努力。在老家做过干部的工人，也可能会更加努力。这三个变量非常明显地显示出工人的工作态度，从而影响其劳动供给状况。

5. 地域变量，即五城市的虚拟变量

加入地域变量，是为了控制可能存在的不同城市的劳动制度差异，以及城市整体的文化差异对劳动供给态度的影响。

如前所述，在劳动供给函数的估计中，从理论上讲，工资可能与劳动供给时间是同时决定的，存在由于联立方程产生的内生性，从而使得 OLS 估计产生偏误。此外，健康与劳动供给时间也可能存在内生性。因此，较为理想的估计方法

应该是使用工具变量的 2SLS 估计。本书在估计过程中,尝试了多种工具变量①,但是都没有通过内生性检验和过度识别检验。因此,我们还是回到了 OLS 的估计结果。

(二) 农民工劳动供给函数的估计结果及其解释

1. 工资、家庭收入及向老家汇款数量对农民工劳动供给时间的影响

如果使用 OLS 估计,不论是全部样本回归还是分性别的回归,工资对农民工的劳动供给都有显著的负影响,即随着工资的增长劳动供给时间显著下降。而且这个效应对女性的影响大于男性。工资上升 1%,男性的每月劳动时间将下降大约 78 个小时,女性的每月劳动时间将下降大约 87 个小时。以此为基础计算的劳动供给的未补偿工资弹性为 –0.3383;男性的未补偿工资弹性为 –0.3278,女性未补偿的工资弹性为 –0.3599。

这个结果较为出乎意料。根据传统劳动供给理论的解释,向后折弯的劳动供给曲线一般出现在工资较高的阶段。显然,农民工群体的工资水平远没有达到这个阶段。农民工出现工资和劳动供给的负向关系,不是因为在较高的工资水平上工资的收入效应超过替代效应所致,而是另有原因。

对这个结果的解释,一是如郭继强(2005)所说的,农民工存在最低生活支出的刚性约束。工资越低的工人,为了达到其最低生活支出,需要工作更长的时间。但是,根据笔者的调查,这个解释未必正确。存在最低生活支出约束的一个前提条件是,大部分农民工的收入不足以支付其在城市的生活支出。但是,在我们的调查中,这个前提条件并不存在。五城市农民工的家庭消费总支出占家庭年总收入的比例平均为 70.51%,其中家庭年消费支出超过家庭年总收入的只占 16.81%(见图 5.7)。家庭年消费总支出占家庭年总收入的比例在 80% 以下的占到了 70.6%。大部分农民工的家庭总收入足以支付其在城市的家庭消费总支出。

笔者认为,之所以出现农民工工资与劳动供给时间的负向关系,主要是因为农民工在城市劳动市场中目标函数的特点。对于农民工而言,城市对于他们只是

---

① 本文尝试过的工具变量包括:在打工城市缴纳的证件费用、工作环境的安全性、在打工地经常交往的朋友或老乡个数、打工地的居住情况、主要饮用水、老家距离最近县城的距离、老家到打工地的交通费用、每月与老家的电话联系次数、老家的人均土地、年龄与非农务工年限的乘积、非农务工年限的平方等。也尝试了这些工具变量不同组合。但是,都未能通过检验。

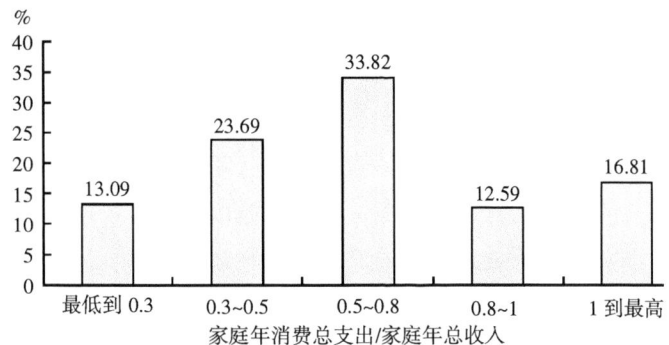

图 5.7 农民工年家庭消费总支出占家庭年总收入的比例：分组

一个"打工获取收入"的地方，他们的主要消费还是要回到农村进行。农民工进入城市后，由于建立在户籍制度基础上的劳动市场的二元分割，他们并不是要在城市定居，而是在赚够一定数目的收入后，就回到农村。对于大部分农民工而言，不管他们有没有在城市定居的意愿，实际上能够定居的只是少数；大多数农民工在城市工作一段时间后，还是要回到农村老家。实际上，对于大多数农民工而言，外出打工的目的就是增加收入，攒够一定数目的钱。在笔者的调查中，有64.15%的工人外出打工的目的就是增加收入、攒钱。如果将因为税费很重、需要偿还欠债、支付其他家庭成员的教育费用和增加收入、攒钱作为经济目的，那么有70.79%的工人是为了经济目的外出的。

在这种情况下，农民工在城市劳动市场上关于劳动供给的目标函数，就不是在城市的商品消费和闲暇之间进行选择，而是有一个总收入目标。其约束条件也不是传统劳动供给函数的约束条件，而是满足在城市的最低生活支出，包括最低的恢复体力和精力的休息时间。因此，农民工在城市劳动市场的目标函数可以写成：

$$w(T-\bar{L}_e) = \overline{Tinc} \quad (5.26)$$

其约束条件是：

$$pc_e + w\bar{L}_e = \bar{\psi} \quad (5.27)$$

其中，c_e 和 L_e 是在城市生活的最低商品消费和最低休息时间；$\bar{\psi}$ 是在城市的最低必需支出（包括最低的恢复体力和精力的休息时间）。

如果假设农民工在城市的总目标收入处于大致相同的水平，那么由式（5.26）和式（5.27），可以得到农民工在城市的劳动供给特点：为了实现既定的目标总收入，工资越低的农民工其工作时间越长。当然，对于这个解释，还需要进一步加以验证。

农民工以外出打工收入作为目标函数，还可以通过向老家汇款的数量加以间接说明。向老家汇款的数量，实际上是农民工将在城市打工的收入拿到农村进行消费。农民工劳动供给函数的估计结果显示，向老家的汇款数量对其劳动供给有显著的正影响：向老家汇款数量越多，则其在城市劳动市场的工作时间越长，而且不论对于男性农民工还是女性农民工，都是显著的。

家庭收入（此处等于家庭其他成员收入以及本人在本单位外的收入）的系数虽然为正，但是这个结果不显著家庭收入对农民工的劳动供给没有显著影响，可能出于如下两个原因：第一个原因是此处使用的家庭收入是农民工在城市的"家庭收入"。根据中国当前的户籍制度，他们中的大多数人根本无法在城市定居，而是在工作一段时间后重新回到农村。因此，他们不太可能在城市拥有家庭收入。第二个原因在于农民工都比较年轻，属于刚刚进入劳动市场的阶段，不可能积累家庭收入；此外，大部分农民工来自于比较贫困的农村，也不可能从老家带来收入。因此，农民工的家庭收入处于比较低的水平①。在这种情况下，家庭收入的变化可能不会对其劳动供给产生影响。这也是本章选择基于个体的劳动供给模型作为理论基础的原因。

2. 社会保险项目对农民工劳动供给的影响：存在政策的性别敏感性

在四个社会保险项目中，对全部样本进行的回归结果显示，只有医疗保险和工伤保险对农民工的劳动供给有显著影响。参与医疗保险会降低农民工的劳动供给时间，而参与工伤保险则显著增加了农民工的劳动供给时间。具体而言，参与医疗保险的农民工比没有参与医疗保险的农民工每月少工作大约 8.51 个小时；参与工伤保险的农民工则比没有参与工伤保险的农民工每月多工作大约 9.01 个小时。

社会保险项目对农民工劳动供给的影响具有较为显著的性别敏感性：分性别农民工劳动供给函数的回归结果显示，医疗保险对女性农民工劳动供给的影响要大于对男性农民工的影响，而工伤保险对女性农民工劳动供给的影响要小于对男性农民工的影响。对于女性农民工而言，参与医疗保险每月大约降低 9.94 个小时的工作时间，而男性农民工则只降低 7.97 个小时；参与工伤保险的女性农民

---

① 在本书的数据中，家庭其他成员收入加上本人在单位之外的收入的平均值只有 431.88 元；有 67.26% 的农民工根本没有家庭其他成员收入。

工每月大约要多工作 9.25 个小时，男性农民工则要多工作 9.56 个小时。

此外，失业保险对女性农民工的劳动供给没有显著影响；但是对男性农民工的劳动供给却存在显著的负影响，而且其影响还比较大。参与失业保险，对于男性农民工而言，其每月的工作时间大约降低 16.02 个小时，如表 5.5 所示。

表 5.5　农民工劳动供给函数的 OLS 估计结果

	全部	女性	男性
小时工资（对数）	−81.65727***	−87.66641***	−78.44087***
家庭收入（元/月）	0.0009296	0.0030334	−0.0000502
向老家汇款（元/年）	0.0030708***	0.0035631***	0.002789***
医疗保险	−8.513605**	−9.937809*	−7.970351*
养老保险	−2.087626	1.313817	−2.712399
失业保险	−6.579788	2.621264	−16.02154*
工伤保险	9.012949***	9.248283**	9.589501**
年龄	0.30362	−1.786024	3.003143**
年龄平方	−0.0110964	0.0120707	−0.0419429**
有配偶	0.8315601	9.548649	−8.884236
家庭人口	0.8312232	−1.86083	2.892631
小孩数量	−2.525505	−8.173629**	1.109408
教育年限	1.75059***	0.1990587	2.839108***
健康得分	1.296328***	1.382544***	1.097358**
非农工作年限	1.007332***	1.11321**	0.6634778*
老家培训	6.209358**	9.422071*	4.47211
城市培训	−4.501153*	−5.508437	−2.807679
中共党员	4.108459	6.973759	1.72558
干部经历	9.262581*	11.10899	5.624409
参军经历	−9.098936	0.1357778	−9.873797
城市（大连为基准）			
上海	31.65754	30.99458	(dropped)
武汉	10.35965	0.8910861	−15.86996***
深圳	8.045162	1.921998	−21.79542***
重庆	3.760142	0.0870232	−24.89234***
男性	8.70206***		
截距	299.8239***	363.5346***	276.0482***
Number of obs	1611	762	849
F	34.7	19.4	18.8
Prob > F	0	0	0

续表

	全部	女性	男性
Adj R-squared	0.3436	0.3672	0.3256
未补偿的工资弹性	-0.3383	-0.3599	-0.3278
收入弹性	0.0017	0.0071	-0.0001
经过补偿的工资弹性	-0.3420	-0.3708	-0.3275

注：①＊为10%显著水平；＊＊为5%显著水平；＊＊＊为1%显著水平。②家庭收入（月收入）＝家庭其他成员收入＋本人在本单位外的收入。

3. 年龄、健康与家庭层面变量对农民工劳动供给时间的影响

在全部样本回归中，年龄对农民工的劳动供给时间没有显著影响；在分性别回归中，只有男性的年龄对其劳动供给时间有显著影响。男性农民工的年龄每增长一岁，那么其每月的劳动供给时间将增加大约3个小时。男性年龄的平方为负，说明年龄对男性农民工劳动供给的边际影响是递减的。这个结果与理论上的预测相反，其原因可能在于我们所调查的农民工平均年龄较小，集中在30岁左右；年龄较大的农民工平均也不过40岁左右，这个年龄段的男性，由于负担较大，可能会增加其劳动供给时间。

婚姻状况和家庭人口数量对农民工的劳动供给时间没有显著影响。这与农民工在城市的"家庭"结构有关。按照本书的定义，农民工在城市的"家庭"并不是传统意义上的家庭，而是有血缘关系、共同居住的人口。实际上，农民工在城市的"家庭"并没有起到传统意义上的家庭的作用；"家庭"不过是一个居住的场所。婚姻状况的影响，也可以做这样的解释，大部分已婚的农民工并没有与他们的配偶共同外出打工。

小孩数量对女性农民工劳动供给的影响是显著的，但对男性没有显著影响。小孩数量增加一个，那么女性农民工的每月劳动时间将下降大约8.17个小时。这与理论上的预期一致。

比较出乎意料的是健康对农民工劳动供给时间的影响。不论男性还是女性，健康测度得分越高（健康状况越差），农民工的劳动供给时间却越长。出现这个结果的原因可能是存在健康与劳动供给的反向因果关系：过长的劳动时间损害了农民工的健康。解决这个问题的一个方法是为健康寻找合适的工具变量，使用2SLS回归。但是，经过多次尝试，并没有找到合适的工具变量。

4. 影响农民工工作态度的变量

教育年限对农民工劳动供给时间的影响显著为正，但是教育对不同性别农民

工的劳动供给有不同的影响。对于全部样本而言,教育年限每增加一年,那么其每月的工作时间增加 1.75 个小时;教育年限对女性农民工劳动供给没有显著影响;对于男性农民工而言,教育年限每增加一年,其每月的工作时间将增加大约 2.84 个小时。

非农工作经验和在老家的培训与教育的影响方向相一致:非农工作年限的增加以及在老家接受培训,都显著增加了农民工在城市的劳动供给时间。在城市接受的培训则出现了相反的结果,在城市接受培训的农民工比之于没有接受培训的农民工,其劳动供给时间要短。但是,分性别的估计显示,在城市的培训对其劳动供给时间没有显著影响。

上述人力资本变量对农民工劳动供给时间的影响,基本上可以总结为,随着人力资本积累水平的提高,农民工的劳动供给时间增加。这可能是因为人力资本积累水平高的农民工,其工作态度较为积极,愿意提供更多的劳动时间。

第六节 小 结

本章主要分析了农民工的劳动供给特征及其性别差异。在给出了劳动供给函数的形式后,本章还给出了劳动供给的历史发展趋势。从发达工业国家劳动供给的历史发展趋势看,自 20 世纪以来,男性的劳动参与率有下降的趋势,而女性的劳动参与率则有上升的趋势。从劳动供给时间的发展趋势看,男性的劳动供给时间比较稳定,而女性的劳动供给时间则略有上升;但从总体上看,特别是"二战"以来,劳动供给时间都维持在一个较为稳定的水平上,而且女性劳动供给时间低于男性。

与其他国家相比,中国的劳动参与率一直都较高,劳动供给时间也比较长。向市场经济转轨降低了中国的劳动参与率,特别是女性的劳动参与率。从总体上分析,中国的劳动供给在向市场经济转轨的过程中有下降的趋势。

对于农民工而言,本书的数据显示其劳动供给时间过长,远超过法定劳动时间。这种状况严重影响了农民工的合法劳动权益。

对农民工劳动供给函数的估计结果显示,工资越低的农民工,其劳动供给时间越长。对于这个结果,笔者认为是农民工在城市劳动市场中的目标函数特点所致。对于农民工而言,在城市的"家庭"收入对其劳动供给时间没有显著影响;而像老家的汇款数量则显著提高了其在城市劳动市场中的劳动供给时间。

健康是影响农民工劳动供给时间的重要变量。本书的估计结果显示,健康越差的农民工,其劳动供给时间却越长。这可能是由于存在健康与劳动供给时间的反向因果关系所致:过长的劳动时间,损害了农民工的健康状况。

此外,社会保险项目也对农民工的劳动供给有显著影响,而且社会保险项目对农民工的劳动供给有性别敏感性:各种保险项目对男性和女性农民工劳动供给时间的影响是不同的。

第六章 劳动市场中的性别工资差异

性别之间的工资差异是劳动经济学中的一个重要研究课题,也是劳动市场中长期存在的一个问题。相对于其他国家,中国劳动市场中性别之间的工资差异较小,但是,随着中国向市场经济的转轨,政府对劳动市场的控制减少,性别之间的工资差异表现出逐渐扩大的趋势(Maurer-Fazio, et al., 1999; Gustafsson and Li, 2000)。

对于农民工而言,他们属于流动就业的群体,已经脱离农村的就业网络;但是,在进入城市后,又没有得到城镇职工的待遇。政府的劳动保护政策以及有关性别平等的政策,基本上无法覆盖到他们。在这种状况下,他们的工资收入以及性别工资差异,更应该受到关注。但是,对中国劳动市场中性别工资差异的研究,已有文献主要集中在城镇职工群体中。对农民工群体工资收入以及性别工资差异的研究,主要是建立在调查数据基础上的描述性分析。对农民工性别工资差异进行较为深入分析的文献还不多。

已有的调查显示,女性农民工的工资低于男性。那么,在农民工的性别工资差异中,可观察到的因素起到了多大的作用?不可观察的制度性或社会性的歧视因素占了多大比例?这是本章的主要问题。对这些问题的详细分析和回答,不仅可以从理论上发现歧视性因素在劳动市场中的作用,而且在政策层面上,可以使劳动市场中的性别平等政策更具性别敏感性和性别针对性。

第一节 性别工资差异的研究方法

（一）Mincer 工资方程

在实证研究中，劳动市场中的性别工资差异一般分解为与生产能力相关的个人特征所造成的差异以及不能解释的残差两部分，并将这部分残差作为"歧视"所导致的工资差异。这种分解方法的基础是工资方程，而工资方程一般都使用 Mincer 方程。可以说，Mincer 方程是研究劳动市场中工资决定以及性别工资差异的基石（Mincer and Ploachek，1974；Heckman and Lochner，2003）。

Mincer 方程首先由 Mincer（1958）给出；在 Mincer（1974）中，对 Mincer 方程进行了进一步的完善。Mincer（1958；1974）的模型设定如下：

$$\ln[w(s, x)] = \alpha_0 + \rho_s s + \beta_0 x + \beta_1 x^2 + \varepsilon \tag{6.1}$$

其中，$w(s, x)$ 为在教育水平 s 和工作经验 x 下的工资水平；ρ_s 为对教育的回报率；ε 是一个残差项，且有 $E(\varepsilon|s, x) = 0$。这个模型是由两个不同的理论框架导出的[①]，在此处笔者只给出建立在会计平衡模型（Accounting-identity Model）基础上的 Mincer 方程[②]。

Mincer（1974）的模型建立在由 Becker（1964）以及 Becker-Chiswick（1966）发展的会计平衡模型之上。这个模型所关注的是工资收入在生命周期内的动态平衡；其基础建立在观测到的工资收入、潜在工资收入以及包括正规教育和在职培训在内的人力资本投资三者的关系之上。观测到的工资收入等于潜在工资收入减去人力资本投资的成本；而每一期潜在工资收入都依赖于前一期的人力资本投资。令 E_t 为时期 t 的潜在工资收入；t 期的人力资本投资可以表示成本期潜在收入的一部分，即令 t 期的人力资本投资：$C_t = k_t E_t$。令 ρ_t 为 t 期培训投资的回报。这样，有：

---

① Mincer（1958）给出的工资方程是补偿差异模型（the Compensating Differences Model）。
② 本书的推导过程建立在 Heckman and Lochner（2003）的基础上。

第六章　劳动市场中的性别工资差异

$$E_{t+1} = E_t + C_t\rho_t = E_t(1 + k_t\rho_t) \tag{6.2}$$

对式（6.2）进行重复替代，得到：

$$E_t = \prod_{j=0}^{t-1}(1 + k_j\rho_j)E_0 \tag{6.3}$$

首先分析学校教育与潜在工资收入之间的关系。学校教育定义为一年内所有时间都在进行人力资本投资，即 $k_t = 1$。假设对学校教育的回报率在所有年份的学校教育都相等，即假设学校教育的回报率 $\rho_t = \rho_s$，并假设学校教育在生命周期开始时就发生，再假设学校教育的人力资本投资的回报率也相等，并且为一常数 ρ_0。将这些条件代入式（6.3），并求对数，得到：

$$\ln E_t = \ln E_0 + s\ln(1 + \rho_s) + \sum_{j=s}^{t-1}\ln(1 + \rho_0 k_j) \tag{6.4}$$

考虑到当 x 较小时，有 $\ln(1 + x) \approx x$。对式（6.4）进行变形，得到：

$$\ln E_t \approx \ln E_0 + s\rho_s + \rho_0 \sum_{j=s}^{t-1} k_j \tag{6.5}$$

现在分析劳动市场工作经验与潜在工资收入之间的关系。Mincer（1974）在 Porath（1967）模型的基础上，进一步假设学校教育人力资本具有线性递减特征：

$$k_{s+x} = \kappa(1 - x/T) \tag{6.6}$$

其中，$x = t - s \geq 0$ 表示年龄为 t 时的工作经验；并假设工作期限 T 独立于学校教育年限。在上述假设之下，将式（6.6）代入式（6.5），并整理，得到潜在工资收入、学校教育以及工作经验之间的关系：

$$\ln(E_{x+s}) \approx [\ln E_0 - \kappa\rho_0] + \rho_s s + (\rho_0\kappa + \rho_0\kappa/2T)x - (\rho_0\kappa/2T)x^2 \tag{6.7}$$

观测到的工资收入等于潜在工资收入减去人力资本投资的成本：

$$\begin{aligned}\ln w(s, x) &\approx \ln(E_{x+s}) - \kappa(1 - x/T) \\ &= (\ln E_0 - \kappa\rho_0 - \kappa) + (\rho_0\kappa + \rho_0\kappa/2T + \kappa/T)x - (\rho_0\kappa/2T)x^2 \\ &= \alpha_0 + \rho_s s + \beta_0 x + \beta_1 x^2\end{aligned} \tag{6.8}$$

这样，我们就得到了标准的 Mincer 方程。式（6.8）暗含的假设是方程的截距和斜率在不同的人之间是相等的。这实际上是假设了 E_0、κ、ρ_0 和 ρ_s 在不同的人之间相等，并且不依赖于教育水平。这种假设不符合现实世界的情况。Mincer（1974）发展了一个更一般的模型，允许 κ 和 ρ_s 在不同的人之间产生变化。这实际上是通过在式（6.8）右边加入一个误差项来实现的：

$$\ln w(s_i, x_i) = \alpha_{0i} + \rho_{si}s_i + \beta_{0i}x_i + \beta_{1i}x_i^2 + \varepsilon_i \tag{6.9}$$

而式（6.9）正是我们在实证研究中使用的用于估计 Mincer 方程的计量模型。

在实证研究中对 Mincer 方程进行估计,可以发现除了学校教育和工作经验外,还有其他的一些因素影响到工资收入。在只有教育和工作经验的估计方程中,其他的影响因素都进入到了误差项中,这会产生严重的内生性问题,从而影响到方程的估计结果。因此,需要将其他的因素也纳入到自变量矩阵中。这些除教育和工作经验外的因素包括人力资本的其他组成部分如健康、在职培训等,以及其他因素如性别、种族等。这些因素都是劳动供给方因素。此外,劳动需求方的因素也会影响到工人的工资收入,例如企业所在地、企业的所有制性质、企业所在的行业、政府的政策等。将这些因素纳入到自变量向量 X 中,并将系数写成向量形式 β,这样就得到了实证研究中的 Mincer 方程:

$$\ln w = X\beta + \varepsilon \quad (6.10)$$

在式(6.10)的计量估计中,如果性别的系数在统计上是显著的,那么就意味着对于其他条件都相等的男性和女性而言,其工资收入有显著差异。而且这种差异仅仅是由于性别的原因造成的。这实际上证明了存在影响收入的不可观测因素,包括性别歧视。

(二)性别工资差异的 Oaxaca-Blinder 分解方法

在实证研究中,多数研究者为了控制性别对工资收入的影响,都将性别作为虚拟变量纳入自变量中。在 Mincer 方程中纳入性别变量研究性别之间的工资差异的方法,利用了估计方程的截距信息。图 6.1 中的两条直线是回归的拟合线。当性别变量为男性时,即性别虚拟变量等于 1,此时"男性"对工资的影响实际上加入到了回归的截距中;如果"男性"的回归系数为正,那么实际上是将回归拟合线平行提高到了"女性"回归拟合线的上方。两条平行拟合线之间的距离等于性别变量对工资差异的影响。

实际上,这种方法对性别工资差异的解释是不完整的。在影响性别工资差异的因素中,除了与生产能力相关的个人特征外,还存在包括性别歧视在内的不可观测因素。但是,在 Mincer 方程中,我们无法区分这两部分对性别工资差异的定量影响。那么,如何来解决这个问题呢? Blinder(1973)和 Oaxaca(1973)几乎同时提出了一种方法①。这种方法认为在 Mincer 方程的回归中,除了截距外,

---

① 这种方法首先是在人口学中发展起来的(Kitagawa,1955),此后在社会学中也得到了发展(Duncan,1968;Althauser and Wigler,1972)。在经济学中,这种分解方法则开端于 Blinder(1973)和 Oaxaca(1973)。

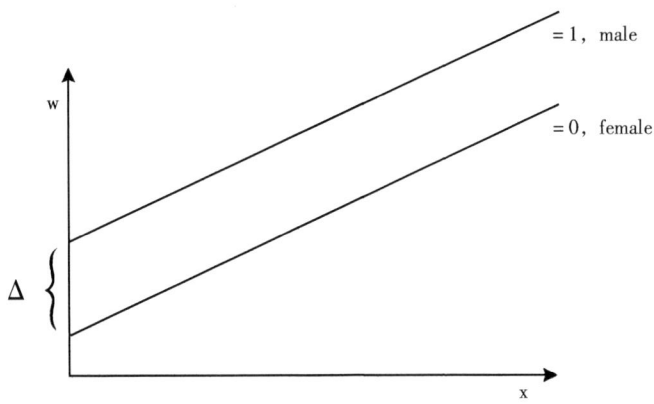

图 6.1 Mincer 方程中的性别变量

斜率中也蕴含着有关性别差异的信息。使用男性样本进行回归得到的系数反映了男性在劳动市场中所受到的待遇,代表了男性所面临的市场结构;而使用女性样本进行回归得到的系数则反映了女性在劳动市场中所受到的待遇,代表了女性所面对的市场结构。如何通过对 Mincer 方程回归中的系数进行充分利用,并得到性别工资差异中歧视的影响,这正是 Oaxaca-Blinder 分解方法的主要目的。由于 Blinder (1973) 和 Oaxaca (1973) 提出方法在原理上并无本质区别,本书的讨论主要基于 Oaxaca (1973)。

首先需要对歧视进行测度。基于 Becker (1971) 提出的歧视系数,将之一般化,得到歧视系数:

$$D = \frac{w_m/w_f - (w_m/w_f)^0}{(w_m/w_f)^0} \tag{6.11}$$

其中,w_m/w_f 为观测到的男性—女性的工资比;$(w_m/w_f)^0$ 为在没有歧视条件下的男性—女性工资比。对式 (6.11) 求对数,得到歧视系数的对数形式:

$$\ln(D+1) = \ln(w_m/w_f) - \ln(w_m/w_f)^0 \tag{6.12}$$

假设劳动市场中,没有歧视的雇主根据工人的边际生产力支付工资,那么,有:

$$(w_m/w_f)^0 = MP_m/MP_f \tag{6.13}$$

其中,MP_m 为男性工人的边际生产力;MP_f 为女性工人的边际生产力。

下面的问题是如何估计出式 (6.11) 中的歧视系数。通过式 (6.12) 和式 (6.13),可以发现要估计歧视系数,只需要估计出没有歧视的男性—女性工资比 $(w_m/w_f)^0$。为了估计没有歧视的性别工资比,给出如下两个假设:如果不存在性别歧视,那么①女性面对的劳动市场结构适用于男性;②男性面对的劳动市场结构适用于女性。上面的两个假设是说,平均而言,如果与生产相关的特征相同,那么消除了性别歧视,女性将获得与男性相同的工资;如果与生产相关的个人特征相同,那么如果存在工资差异,肯定是由歧视造成的。而在计量估计中,Mincer 方程回归得到的系数代表了劳动市场的内在结构,这些系数反映了如何对工人生产付酬的结构。因此,如果将女性的个人特征代入到男性 Mincer 方程的回归系数中,那么得到的结果就是女性在面临与男性相同的市场结构时的工资;这实际上是得到了没有歧视条件下的女性工资。用同样的方法,可以得到没有歧视条件下的男性工资。这样,我们就可以将性别之间的工资差异分解为两部分:一部分是由与生产相关的个人特征所引起的差异,一部分是由不可观察的包括制度性或社会性歧视在内的因素引起的差异。下面我们给出这种分解方法的具体步骤。

首先针对男性和女性分别估计其 Mincer 回归方程。我们将式(6.10)重新写成式(6.14):

$$\ln w_i = X_i \beta + \varepsilon_i \quad (6.14)$$

其中,w_i 为第 i 个工人的工资,X_i 为第 i 个工人的与生产能力相关的个人特征向量,β 为系数向量,ε_i 为误差项。代入数据后,分别得到男性工资方程和女性工资方程的估计系数:$\hat{\beta}_m$ 和 $\hat{\beta}_f$。

设定男性和女性之间的工资差异为:

$$G = \frac{\overline{w}_m - \overline{w}_f}{\overline{w}_f} \quad (6.15)$$

取对数,得到:

$$\ln(G + 1) = \ln \overline{w}_m - \ln \overline{w}_f \quad (6.16)$$

其中,$\overline{w}_m$ 和 $\overline{w}_f$ 分别是男性和女性的平均工资。取男性和女性个人特征向量的平均值:$\overline{X}_m$ 和 $\overline{X}_f$。根据最小二乘回归的性质,有:

$$\ln \overline{w}_m = \overline{X}_m \hat{\beta}_m \quad (6.17)$$

$$\ln \overline{w}_f = \overline{X}_f \hat{\beta}_f \quad (6.18)$$

将式(6.17)和式(6.18)代入式(6.16),有:

$$\ln(G + 1) = \overline{X}_m \hat{\beta}_m - \overline{X}_f \hat{\beta}_f \quad (6.19)$$

第六章 劳动市场中的性别工资差异

取男性和女性个人特征向量的差以及男性和女性工资方程回归系数的差，令：

$$_\Delta \bar{X} = \bar{X}_m - \bar{X}_f \tag{6.20}$$

$$_\Delta \hat{\beta} = \hat{\beta}_m - \hat{\beta}_f \tag{6.21}$$

将式（6.21）整理，并代入式（6.19），得到性别工资差异的分解式：

$$\ln(G + 1) = {}_\Delta\bar{X}\hat{\beta}_f - {}_\Delta\hat{\beta}\bar{X}_m \tag{6.22}$$

按照本书的假设，在没有劳动市场歧视的条件下，女性所面对的市场结构也适用于男性，即有：

$$\ln(\widehat{w_m/w_f})^0 = {}_\Delta\bar{X}\hat{\beta}_f \tag{6.23}$$

$$\ln(\widehat{D+1}) = -{}_\Delta\hat{\beta}\bar{X}_m \tag{6.24}$$

式（6.22）、式（6.23）和式（6.24）表示男性和女性之间的工资差异可以分解为两项：第一项为由个人特征的差别而导致的工资差异；第二项为在个人特征相同的条件下，由歧视导致的性别工资差异。按照假设，在没有劳动市场歧视的条件下，男性所面对的市场结构也适用于女性。因此，也可以将性别之间的工资差异分解为：

$$\ln(G + 1) = {}_\Delta\bar{X}\hat{\beta}_m - {}_\Delta\hat{\beta}\bar{X}_f \tag{6.25}$$

$$\ln(\widehat{w_m/w_f})^0 = {}_\Delta\bar{X}\hat{\beta}_m \tag{6.26}$$

$$\ln(\widehat{D+1}) = -{}_\Delta\hat{\beta}\bar{X}_f \tag{6.27}$$

Oaxaca 分解将性别之间的工资差异区分为与生产能力相关的因素所导致的差异以及包括歧视在内的不可观测因素所导致的差异两部分。但是，对于 Oaxaca 分解而言，存在两个问题。一个是对"歧视"的定义问题。从分解过程可以发现，此处的歧视与理论上的歧视并不一致，而是一种"残差歧视"，即在控制了可观测到的影响工人生产能力的变量后，由不能被这些变量所解释的残差所代表的歧视。因此，估计结果与研究者个人对"歧视"的主观理解以及数据的可获得性相关。例如，劳动市场中需求方的因素也会导致工资的性别差异；如果将需求方企业的所有制性质纳入到工资方程的自变量矩阵中，那么因为进入不同所有制企业所导致的工资差异就不会出现在"残差歧视"中。而不同所有制性质的企业如果对存在对女性的性别歧视，那么这个歧视就不会在回归结果中出现。

我们令所有与生产能力相关的个人特征变量的个数为 K 个，但是我们只能获得 G 个有效变量，K > G。那么第 i 个工人的工资方程可以写成：

$$\ln w_i = \sum_{j=0}^{G} \beta_j x_{ij} + \delta_i \qquad (6.28)$$

$$\delta_i = \sum_{j=G+1}^{K} \beta_j x_{ij} \qquad (6.29)$$

式（6.28）中的第一项为所有与生产相关的个人特征中可以获得数据的自变量，第二项为无法获得数据的自变量。那么，当且仅当 $E(\delta_i)=0$ 时，式（6.28）的估计才能与真实的工资方程相等。如果这个假设不成立，即当 $E(\delta_i)=\overline{m}\neq 0$ 时，工资方程估计结果的期望值为：

$$E(\ln w_i) = \sum_{j=0}^{G}\beta_j E(x_{ij}) + (\delta_i) = \sum_{j=1}^{G}\beta_j \bar{x}_{ij} + \overline{m} = (\beta_0 + \overline{m}) + \sum_{j=1}^{G}\beta_j \bar{x}_{ij} \qquad (6.30)$$

可以看到，不能获得数据的变量的效应进入到工资方程的截距项中了。使用式（6.28）进行 Oaxaca 分解，得到：

$$\ln \bar{w}_m - \ln \bar{w}_f = \sum_{j=1}^{G}\hat{\beta}_j^m(\bar{x}_j^m - \bar{x}_j^f) + \sum_{j=1}^{G}\bar{x}_j^f(\hat{\beta}_j^m - \hat{\beta}_j^f) + (\hat{\beta}_0^{*m} - \hat{\beta}_0^f) \qquad (6.31)$$

式（6.31）第一项为个人特征差异导致的工资差异；第二项和第三项则是残差导致的工资差异，其中 $\hat{\beta}_0^* = \hat{\beta}_0 + \overline{m}$。Jones（1983）指出使用这种方法对工资差异进行分解，对"残差歧视"的估计结果会因为研究者对工资方程自变量的决定或者数据的可获得性而不同，即"歧视"在这种估计方法中并不是唯一的。

Oaxaca 分解存在的第二个问题是指数问题（Index Number Problem），即使用男性的回归系数还是女性的回归系数作为没有劳动市场歧视的市场结构。在 Oaxaca 分解中，这个问题通过一个简单的假设回避掉了。实际上，使用男性的回归系数还是女性的回归系数作为没有歧视的劳动市场结构，估计结果是不同的。下面要讨论的 Cotton 分解与 Neumark 分解，则在一定程度对这个问题进行了处理。

（三）性别工资差异的 Cotton 分解与 Neumark 分解

Oaxaca-Blinder 分解存在指数问题。针对这个问题，Butler（1982）证明 Oaxaca-Blinder 分解混淆了供给方面和需求方面的因素，从而不能得到 Becker（1957；1971）从理论上定义的歧视系数。因为教育、培训以及技术获得机会等方面的差异，女性已经在进入劳动市场前受到了歧视，因此相比于男性，劳动市场对女性的需求更有弹性。即使女性在劳动市场上得到与男性相同的待遇（Treatment），男性的工资方程回归系数也要比女性的回归系数大，因此，如果使用男性的系数来估计没有歧视条件下女性的平均工资，那么就会高估歧视对工资差异的效应；相反，如果使用女性的回归系数来估计男性的平均工资，那么就会低估歧视对工资差异的效应。

对于这个问题，Cotton（1988）提出了一个解决方法，我们称之为性别工资差异的 Cotton 分解方法①。Cotton 首先指出，不论是使用男性的回归系数还是女性的回归系数来代表没有歧视的市场工资结构，都会高估或低估歧视的效应。因此，假设在没有歧视的条件下，市场工资结构的真实系数为 $\hat{\beta}^*$。现在 $\hat{\beta}^*\bar{X}_m$ 乃是在没有歧视条件下根据男性个人特征估计出来的男性平均工资。男性和女性对数平均工资估计值的差异为：

$$\ln\bar{w}_m - \ln\bar{w}_f = \hat{\beta}_m\bar{X}_m - \hat{\beta}_f\bar{X}_f \tag{6.32}$$

通过引入新的没有歧视的工资方程的回归系数，可以发现使用男性系数估计出的男性的平均工资 $\hat{\beta}_m\bar{X}_m$ 也是存在"歧视"的估计值。将式（6.32）的第一项减去没有歧视条件下的男性工资的估计值，得到：

$$\hat{\beta}_m\bar{X}_m - \hat{\beta}^*\bar{X}_m = \bar{X}_m(\hat{\beta}_m - \hat{\beta}^*) \tag{6.33}$$

如果式（6.33）为正，那么这就是男性从歧视中获得的"好处（Treatment Advantage）"。同理，对于女性而言，有：

$$\hat{\beta}^*\bar{X}_f - \hat{\beta}_f\bar{X}_f = \bar{X}_f(\hat{\beta}^* - \hat{\beta}_f) \tag{6.34}$$

如果式（6.34）为正，那么这就是女性从市场歧视中得到的"坏处（Treatment Disadvantage）"。这样，性别之间的工资差异就可以分解为如下三项：

$$\ln\bar{w}_m - \ln\bar{w}_f = \hat{\beta}^*(\bar{X}_m - \bar{X}_f) + \bar{X}_m(\hat{\beta}_m - \hat{\beta}^*) + \bar{X}_f(\hat{\beta}^* - \hat{\beta}_f) \tag{6.35}$$

第一项是在没有歧视条件下，因为男性和女性之间的与生产能力相关的个人特征所导致的差异；第二项是男性个人特征被高估所导致的差异，或作为男性所获得的"好处"；第三项是女性个人特征被低估所导致的差异，或作为女性所得到的"坏处"。图 6.2 显示了 Oaxaca 分解与 Cotton 分解的区别。图中的三条线由上到下分别表示男性所面临的市场结构、没有歧视条件下的市场结构以及女性所面临的市场结构。在 Oaxaca 分解中，如果以男性所面临的市场结构作为没有歧视的市场结构，分解的结果是：$(\hat{\beta}_m\bar{X}_m - \hat{\beta}_m\bar{X}_f) + (\hat{\beta}_m\bar{X}_f - \hat{\beta}_f\bar{X}_f)$，实际上高估了

---

① Cotton（1988）是针对种族歧视来进行分析的；但是同样也可以适用于性别歧视。

个人特征所造成的差异，低估了"歧视"造成的差异。而 Cotton 分解的结果为：
$(\hat{\beta}_m \overline{X}_m - \hat{\beta}^* \overline{X}_m) + (\hat{\beta}^* \overline{X}_m - \hat{\beta}^* \overline{X}_f) + (\hat{\beta}^* \overline{X}_f - \hat{\beta}_f \overline{X}_f)$。

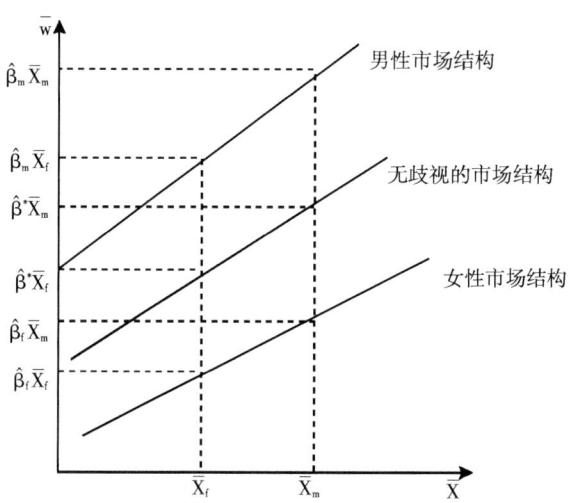

图 6.2　Oaxaca–Blinder 分解与 Cotton 分解

对于 Cotton 分解而言，现在的问题是如何得到 $\hat{\beta}^*$？因为这是一个假设出来的值，要得到这个值需要一些假定。首先，需要假设在没有市场歧视的条件下，男性将获得低于其实际平均工资的平均工资，而女性将获得高于其实际平均工资的平均工资，即假设：

$$\hat{\beta}_m \overline{X} > \hat{\beta}^* \overline{X} > \hat{\beta}_f \overline{X} \tag{6.36}$$

其次，需要假设没有歧视的市场结构为男性和女性市场结构的线性函数，即 $\hat{\beta}^*$ 为 $\hat{\beta}_m$ 和 $\hat{\beta}_f$ 的线性函数。第三个假设是男性的市场结构更接近没有歧视的市场结构。第三个假设在操作中，可以确定通过男性和女性工人占全部工人的比例来对男性和女性的市场结构加权。这样，$\hat{\beta}^*$ 的估计可以通过下式得到：

$$\hat{\beta}^* = f_m \hat{\beta}_m + f_f \hat{\beta}_f \tag{6.37}$$

其中，f_m 和 f_f 分别为男性工人和女性工人在全部工人中的比重。

最后，需要指出的是，不论对于 Oaxaca 分解还是 Cotton 分解，都有一个暗含的假设，即分解结果不改变总产出；即使在假设消除了性别歧视后，总产出也不发生改变；改变的只是收入的重新分配而已。而这一点则与消除歧视后市场总产出应该增加的理论推断不相符合（Thurow，1969）。

与 Cotton 分解不同的是，Neumark（1988）提出了使用男性和女性全部样本的回归系数作为没有"歧视"的工资结构，并将性别工资差异分解为如下三项：

$$\ln \overline{w}_m - \ln \overline{w}_f = (\overline{X}_m - \overline{X}_f)\hat{\beta}^* + (\hat{\beta}_m - \hat{\beta}^*)\overline{X}_m + (\hat{\beta}^* - \hat{\beta}_f)\overline{X}_f \tag{6.38}$$

其中，$\hat{\beta}^*$ 为男性和女性全部样本回归的系数，作为没有"歧视"的工资结构。式（6.38）第一项为特征差异，第二项和第三项为系数差异，又可以分为男性因为性别歧视获得的"好处"（第二项）和女性因为性别歧视得到的"坏处"（第三项）。

（四）基于分位数回归的性别工资差异分解

上述分解方法所关注的是性别工资的条件均值差异。但是，均值差异掩盖了整个工资分布上的性别差异。在现实劳动市场中，性别差异在工资分布的高端和低端是不同的。在性别差异分析中，如果工资分布的高端存在更大的性别差异，那么就存在"天花板效应"（Glass Ceiling Effects）；如果工资分布的低端存在更大的性别差异，那么就存在"粘地板效应"（Sticky Floor Effects）。不论是 Oaxaca-Blinder 分解、Cotton 分解还是其他基于 Mincer 工资方程的分解，所分析的都是条件均值上的差异，不能揭示整个工资分布上的性别差异。而建立在分位数回归（Quantile Regression）上的分解方法则可以用来分析整个工资分布上的性别差异。

分位数回归模型可设定如下（Koenker and Bassett，1978；Koenker and Hallock，2001）：

$$\ln w_i = X_i \beta_{\theta i} + u_{\theta i}; \quad i = m, f \tag{6.39}$$

m 和 f 分别为男性和女性，$\theta \in (0, 1)$ 为分位数，X_i 为解释变量，$\beta_{\theta i}$ 为第 θ 分位数回归的系数。第 θ 分位点工资的条件分位数为：$Q_\theta(\ln w_i | X_i) = X_i \beta_{\theta i}$；$i = m, f$。$\beta_{\theta i}$ 可以通过下式求得：

$$\hat{\beta}_{\theta i} = \text{Min}[\sum_j \rho_\theta (\ln w_{ij} - X_{ij} \beta_{\theta ij})]; \quad i = m, f; \quad j = 1, \cdots, n \tag{6.40}$$

其中，ρ_θ 为检查函数（Check Function），$\rho_\theta = \begin{cases} \theta u_j; & u_j \geq 0 \\ (\theta - 1) u_j; & u_j < 0 \end{cases}$

具体而言，$\hat{\beta}_{\theta i}$ 通过最小化残差的加权和来获得；正的残差权数为 θ，负的残差权数为 $1 - \theta$。

建立在分位数回归基础上的分解基本思想来源于 Oaxaca-Blinder 分解,即通过构造反事实的工资分布（Counterfactual Wage Distribution）,并将之与实际的工资分布进行比较,将全部性别工资差异分解为特征差异和系数差异。Machado and Mata（2005）提出了一个构造反事实工资分布的方法（M-M 方法）。Melly（2006）对 M-M 方法进行了改进。本书在此基础上将第 θ 分位数的工资差异做如下分解:

$$Q_\theta(\ln\hat{w}_m) - Q_\theta(\ln\hat{w}_f) = \underbrace{Q_\theta(X_m\hat{\beta}_m) - Q_\theta^*(X_m\hat{\beta}_f)}_{\text{特征差异}} + \underbrace{Q_\theta^*(X_m\hat{\beta}_f) - Q_\theta(X_f\hat{\beta}_f)}_{\text{系数差异}} \qquad (6.41)$$

在本书中,我们首先给出农民工性别工资差异的 Neumark 分解,然后使用 M-M 方法和 Melley（2006）的方法,进行分位数回归分解,试图发现在整个工资分布上的性别差异。在分位数分解的操作中,本书使用 Melly（2006）给出的方法。

第二节　性别工资差异的一些特征性事实及已有研究综述

针对劳动市场中由于性别歧视引起的性别工资差异,联合国、国际劳工组织等一些国际机构对此十分重视,制定了许多条约、条款,来消除对女性的歧视以及由歧视引起的工资差异①。各个国家也都在一定程度上采纳了男女同工同酬的法律和各种规定,但是男性和女性之间的性别工资差异仍然是世界范围内劳动市

---

① 1951 年国际劳工组织通过了《男女工人同工同酬公约》,对各成员国消除性别歧视提出了原则性规定,其中第二条第一款规定,"凡成员国,应通过与现行决定报酬率的方法相适应得各种手段,促使并在与这种方法相一致的条件下保证男女工人同工同酬原则适用于全体工人"。联合国《经济、社会及文化权利国际公约》专门在第三条规定"本公约缔约各国承担保障男子和妇女在本公约所载一切经济、社会及文化权利方面有平等的权利",其中经济方面的权利就包括消除由于对女性歧视所导致的性别工资差异。专门针对就业及职业中的歧视,国际劳工组织还于 1958 年专门通过了《歧视（就业及职业）公约》,以反对劳动市场中的性别歧视。世界妇女大会历次会议的宣言,包括 1975 年第一次会议的《墨西哥宣言》、1980 年第二次会议的《消除对妇女一切形式歧视宣言》、1985 年第三次会议的《内罗毕宣言》、1995 年的《北京宣言》,都对劳动市场中的性别歧视以及由此导致的性别工资差异做出了规定；特别是《消除对妇女一切形式歧视宣言》,其中第 11 条第 1 款,专门对男女同工同酬做出了规定:"同等价值的工作享有同等报酬（包括福利）和享有平等待遇的权利,在评定工作的表现方面,也享有平等待遇的权利。"

场的一个重要现象。"二战"以来，相比于男性，女性的工资虽然有了一定的增长，但是从总体上看还是低于男性；从趋势看，自"二战"以来，特别是20世纪80年代以来，性别工资差异有逐渐缩小的趋势，但是这个趋势不甚明显，并且缩小的速度有所减慢。

（一）主要国家和地区的性别工资差异状况

1. 欧盟国家

欧盟国家对于劳动市场中的性别平等比较重视[①]。但是，欧盟国家的性别工资差异却一直存在，并且大体上保持了一个比较稳定趋势。2000年全部欧盟国家的性别工资比为84%；自1995年到2000年，欧盟的性别工资比一直维持在83%~84%，如表6.1所示。在欧盟国家内部，性别工资比最高的是意大利，2000年为95%，其次是葡萄牙，2000年为92%；性别工资比最低的国家是德国和英国，为79%。从欧盟部分成员国1995年到2000年性别工资比的发展趋势看，变动都不大。

表6.1 部分欧盟国家的性别工资比（%）

	1995年	1996年	1997年	1998年	1999年	2000年	私人部门	公共部门
比利时	88	90	90	91	89	88	85	107
丹麦	85	85	87	88	86	85	84	87
德国	79	79	79	78	81	79	79	80
西班牙	87	86	86	84	86	85	77	97
希腊	87	87	88	88	88	87	—	—
法国	87	87	88	88	88	87	—	—
爱尔兰	80	79	81	80	78	81	77	85
意大利	92	92	93	93	91	95	85	100
卢森堡	81	82	—	—	—	—	—	—
荷兰	77	77	78	79	79	79	—	—
奥地利	78	80	78	79	79	80	76	86
葡萄牙	95	94	93	94	95	92	—	—
芬兰	—	83	82	81	81	83	85	75
瑞典	85	83	83	82	83	82	—	—

---

① 早在1957年欧洲共同体成立的《罗马条约》中，其第2条中就对同工同酬的原则做出了规定。此后，在欧洲共同体在1975年颁布了《平等付酬指令》（Equal Pay Directive, 75/117/EEC），对男性和女性的同工同酬进行了详细的定义。2000年欧盟提出了里斯本战略（Lisbon Strategy），其中强调了在欧盟劳动市场中推进性别平等，包括缩小性别之间的工资差异，并且对各成员国提出了女性就业率的目标。

续表

	1995年	1996年	1997年	1998年	1999年	2000年	私人部门	公共部门
英国	74	76	79	76	78	79	74	82
欧盟	83	84	84	84	84	84	79	88

注：性别工资比=（女性工资/男性工资）%。
资料来源：Eurostat, ECHP① UDB, version June 2003；转引自 EU Commission Staff (2003)。

欧盟国家性别工资差异还有另一个特点，即公共部门的性别工资差异小于私人部门的性别工资差异。表 6.1 的最后两栏显示了欧盟国家在 2000 年私人部门和公共部门的性别工资比。欧盟全部国家私人部门的性别工资比为 79%，公共部门为 88%，公共部门比私人部门高出 9 个百分点。在一些国家，如比利时和意大利，公共部门基本上消除了性别工资差异。

在欧盟国家的性别工资差异中，研究结果显示（Beblo, et al., 2003），个人与生产相关的特征在全部工资差异中，只解释了不到 50%。不管使用哪种回归方法和分解方法，Beblo, et al.（2003）的研究都发现，个人特征所能解释的工资差异总是低于 30%，也就是说大部分性别工资差异是由于包括未观测到的因素在内的劳动市场歧视导致的。

2. 美国的性别工资差异

在美国的法律体系中，也对劳动市场中的性别歧视进行规定，为劳动市场中的性别平等扫清了障碍②。但是，在美国劳动市场上，相比于欧洲一些国家，性别之间的工资差异还是比较大的。图 6.3 显示了美国 1976 年到 2004 年的性别工资比（女性工资/男性工资），在 1976 年到 1978 年，美国白人女性小时工资收入是男性的大约 65%；从 1979 年到 20 世纪 90 年代中期，性别工资差异发生了显著的缩小，1996 年，女性工资占男性工资的比例达到了 78%，此后这一比例没有发生大的变化。

---

① European Community Household Panel.
② 美国在 1963 年颁布了《平等报酬法案（Equal Pay Act，EPA）》，专门对劳动市场中的性别歧视以及由性别歧视导致的性别工资差异进行了规定。《平等报酬法案》的宗旨中指出，劳动市场中基于性别的歧视不仅会降低劳工的生活标准，损害劳动市场中的平等，而且还会降低生产效率，此法案的目的就在于消除劳动市场中的性别歧视，从而实现性别之间劳动报酬的平等。1964 年美国人权法案修正案第七条也提出了禁止劳动市场中对女性的就业歧视。

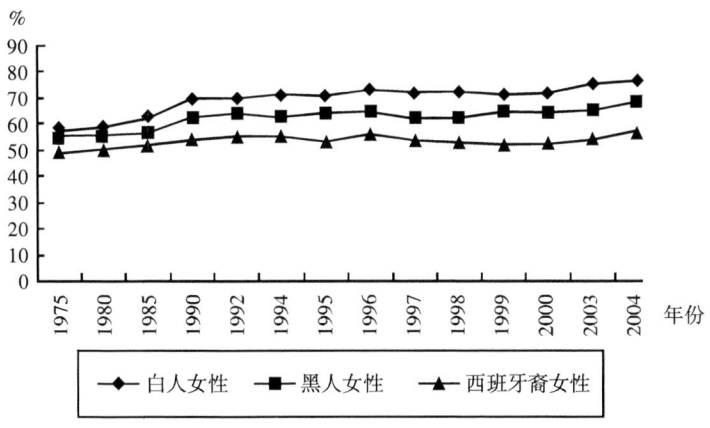

图 6.3 美国的性别工资差异（占男性工资的百分比）

资料来源：美国 Current Population Survey and the National Committee on Pay Equity。

Blau and Kahn（2000）的研究发现美国的性别工资差异比其他 16 个发达国家都大；2000 年在澳大利亚、比利时、法国、意大利、新西兰、瑞典等国家，性别工资比为 80%~90%，而美国只有 76%。Blau and Kahn（2003）使用 PSID[①]数据对美国的性别工资差异趋势的研究发现，在 20 世纪 90 年代，性别工资差异缩小的速度明显减慢；1979~1989 年，美国的性别工资比上升了 17.8%，从 63.2%上升到 74.5%；但是从 1990 年到 1998 年，仅上升了 7.2%。Blau and Kahn（2003）使用 Juhn，Murphy and Pierce（1991）的方法，对美国性别工资差异的这种趋势进行了解释，结果发现，90 年代性别工资差异缩小速度的减慢主要不是人力资本的影响，因为在这 10 年间女性的人力资本有了大幅度的上升；性别工资差异速度的减慢主要是"未解释因素"引起的，这些未解释因素包括劳动力选择的变化、不能测度的性别差异变化以及劳动市场性别歧视的变化和劳动市场中供给和需求方的变化。

3. 部分转型国家的性别工资差异

自 20 世纪 80 年代末 90 年代初以来，一批原社会主义国家开始向市场经济转轨。向市场经济的转轨极大地改变了这些国家的经济结构。与此同时，市场化趋势也影响了劳动市场中的性别关系和性别结构。这些特点都使得这些国家的性别差异不同于其他国家和地区（World Bank，2002）。向市场经济转轨一方面打

---

① Michigan Panel Study Income Dynamics.

破了原先社会主义计划经济下的性别关系，减弱了政府劳动市场中性别平等政策的实施力度；另一方面刺激了女性劳动力加入劳动市场的竞争中，充分发挥其自身的生产能力。这两方面的作用都影响了劳动市场中的性别关系。

UNICEF（1999）以及Brainerd（2000）提供了东欧和中亚转型国家部分年份的性别工资比。总体来看，这些国家的性别工资差异同一些西欧国家的相近。在17个国家中，性别工资比一般都在70%左右，有5个国家的性别工资比超过了80%。从性别工资差异的发展趋势上看，大多数国家的性别工资比有所上升，性别工资差异有所下降。只有保加利亚和爱沙尼亚的性别工资比下降了5%左右。俄国和乌克兰的性别工资比波动比较大，这个波动也可能是由于数据方面的原因导致的（World Bank，2002）。

虽然这些国家的总体性别工资差异比较小，但是相比于世界其他国家，这些转型国家影响性别工资差异的因素中，未解释因素所导致的差异还是比较大。UNICEF（1999）的研究显示，如果将性别工资差异分解为工作特征差异、人力资本差异和未解释因素差异三部分，那么在东欧和中亚11个国家中，未解释因素所占性别工资差异的比重最高的占到了35.9%（阿塞拜疆，1995年）；其次是哈萨克斯坦，占到了29.6%；这11个国家的平均值为21.3%。对转型国家的单个国家的研究也显示劳动市场中的未解释因素或歧视性因素在性别工资差异中所占的比重比较大，例如Glinskaya and Mroz（2000）、Pailhe（2000）以及Orazem and Vodopivec（2000）等。一项对俄国的研究（Ogloblin，1999）发现，未解释的因素所导致的工资差异，主要是因为性别隔离所造成的；而对捷克和斯洛文尼亚的研究（Jurajda，2001）则发现，在导致性别工资差异的未解释因素中，工作场所的内部工资差异是其主要原因。

（二）中国劳动市场中的性别工资差异

自1949年新中国成立以来，中国政府在劳动市场的性别关系上采取了极为平等的政策，男女平等成为一项基本国策。在计划经济条件下，政府对劳动市场，特别是城市劳动市场拥有完全的控制权，企业在招工、劳动力的使用、工资的制定等方面没有或只有很少的自主权。这种状况对政府在企业中贯彻和执行性别平等的政策极为有利。中国成为当时世界上劳动市场性别差异比较小的国家之一（国务院新闻办公室，2005）。但是，这种性别之间工资上的平等主要是依靠政府政策来实现的，劳动者人力资本方面的差别不能在工资中得到反映（王美艳，2005b)。

改革开放以来，劳动市场逐渐开放，这种市场化对劳动市场中性别工资差异产生了两个方面的影响：一是企业和用工单位的自主权逐渐扩大，政府对企业的控制减弱，企业在摆脱了政府的影响后，可能会放弃实行政府的性别平等政策；二是在市场化条件下，企业在利润最大化的目标下，更有可能按照工人的人力资本和生产能力制定工资政策。这两个方面的影响，前者可能会扩大性别工资差异，后者则可能会缩小性别工资差异。劳动市场中的实际性别工资差异则可能因为这两个方面的影响而发生变化。

大部分根据抽样调查数据进行的研究显示，向市场经济的转轨扩大了性别之间的工资差异。根据我国国家统计局历年城镇住户抽样调查的数据，在1988年性别工资比为84.2%，到1995年则减小为80%，到2004年中国城镇劳动市场中的性别工资比下降到75.5%。图6.4显示了中国城镇劳动市场中性别工资差异的变化趋势，可以发现中国城镇劳动市场中的性别工资比有下降的趋势；而且，女性的平均工资在男性工资分布中的位置一直低于50%。

表6.2给出了有关中国劳动市场中性别工资差异的一些研究结果。在这些研究中，一般是将性别工资差异分解为可以由那些与生产能力相关的个人特征所引致的工资差异、未观测到的因素所引致的工资差异两部分，而后者一般被认为是性别歧视所导致的工资差异。

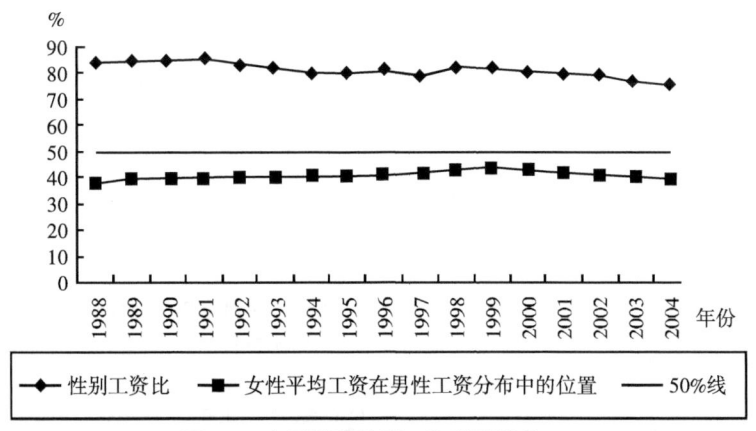

图6.4 中国城镇性别工资差异趋势

资料来源：历年中国城镇住户调查；转引自 Zhang, et al. (2007)。

表 6.2 有关中国劳动市场中性别工资差异的研究

作者	方法/研究群体	数据	性别工资差异	解释
Zhang, et al. (2007)	JMP 方法 城镇职工	国家统计局城镇住户调查（UHS），1988~2004	性别工资比从 1988 年的 84.2% 下降到 2004 年的 75.7%	主要原因：观测到的和未观测到的对技术的回报对女性而言更加不利；未观测到的技术因素或者对女性歧视的增加
Gustafsson and Li (2000)	Oaxaca-Blinder 城镇职工	中国社科院经济所收入分配调查（1988, 1995）	性别工资比由 1988 年的 84.4% 下降到 1995 年的 82.5%	在可解释的差异中，最重要的因素是教育；但是也有很大部分差异是由性别歧视导致的
Knight and Song (1993)	Oaxaca-Blinder 城镇职工	中国社科院经济所收入分配调查（1988）	1988 年性别工资比为 84.4%	观测到的个人特征差异所占的比例不到 50%
Maurer-Fazio, and Hughes (2002)	Oaxaca-Blinder; Neumark (1988); JMP; 城镇职工	中国劳动市场研究项目（Chinese Labor Market Research Project, CLMRP, 1992）	1992 年国有企业的性别工资比为 89.3%；集体企业为 84.8%；合资企业为 79.7%	未解释部分占性别工资差异的比例（Oaxaca-Blinder 分解；Neumark 分解）：国有企业为 22.96%~20.99%；集体企业为 40.82%~43.23%；合资企业为 47.35%~47.45%
Demurger, et al. (2006)	Oaxaca-Blinder 方法的动态扩展；城镇职工	中国社科院经济所收入分配调查（1988, 1995）	性别工资差异=（男性-女性）/女性；1988 年为 18.7%；1995 年为 17.8%；性别工资差异缩小	性别工资差异在很大程度上来源于所在企业的所有制性质；企业的所有制性质对性别工资差异的直接贡献为 3%~4%
Wang and Cai (2006)	Brown 分解；城镇职工	中国城镇劳动力调查（五城市）(China Urban Labour Survey, CULS, 2001)	性别工资比：第一组行业为 83.85%；第二组行业为 81.35%；第三组行业为 78.43%；第四组行业为 84%	占性别工资差异的百分比：行业内部 93.1%，其中未解释因素占 86.91%；行业之间 6.9%，其中未解释因素占 6.14%；全部未解释因素占性别工资差异的百分比为 93.05%
Rozelle, et al. (2002)	Oaxaca-Blinder; Neumark 方法；农村地区	8 省 230 个村庄的农村调查数据（1988, 1995）	1988 年的性别工资比为 77.51%；1995 年的性别工资比为 68.63%；性别工资差异有扩大的趋势	未解释部分占性别工资差异的百分比：Oaxaca-Blinder 分解 1988 年为 73.65%，1995 年为 69.41%；Newmark 分解 1988 年为 50.16%，1995 年为 48.82%

第六章　劳动市场中的性别工资差异

续表

作者	方法/研究群体	数据	性别工资差异	解释
Ng (2004)	Oaxaca-Blinder 的动态扩展及 Wellington (1993) 的方法；城镇地区	国家统计局城镇住户调查（UHS，1988~1992，1993~1997）	分地区性别工资差异：东部和中部有扩大的趋势，而西部有缩小的趋势	未解释部分占性别工资差异的百分比东部地区高于中部地区，中部地区高于西部地区；1997年东部地区未解释部分占性别工资差异的百分比为71.71%，中部地区为58.24%，西部地区为54.45%
Bishop, et al. (2005)	分位数回归；城镇地区	中国社科院经济所收入分配调查（1988，1995）	1988年工资性别比（男性/女性）为1.19；1995年为1.20	性别歧视对末端分位数上的女性影响更大；这种性别歧视有减小的趋势
Li and Gustafsson (2004)	Oaxaca-Blinder; JMP；城镇地区	中国社会科学院经济研究所收入分配调查（1995，2002）	1995年性别收入比（女性/男性）为81%，2002年为76%；有扩大的趋势	失业和下岗以及女性较早的退休年龄对性别收入差异有较大的影响。1995年个人特征差异解释了性别收入差异的近50%，2002年则超过了60%。女性失业和下岗的增加成为性别收入扩大的一个主要原因
Meng and Miller (1995)	Brown 分解乡镇企业工人	乡镇、村企业及私人企业抽样调查（Township-, Village-, or Privately-Owned Enterprises Sample Survey, 1985）	女性工资比男性工资低20%	职业内差异占性别工资差异的76.7%，职业间差异占23.3%；职业内性别歧视差异占性别工资差异的98.9%，职业间性别歧视占性别工资差异的13.2%；性别歧视所导致的性别工资差异占性别工资差异的112.1%
Meng (1998)	Brown 分解；农民工	济南农民工抽样调查（1995）	男性农民工比女性农民工的平均工资高出30%；性别工资比约为74.08%	职业内差异占性别工资差异的67.9%；职业间差异占32.1%；职业内歧视导致的差异占工资差异的43.4%；职业间歧视导致的差异占性别工资差异的36.1%
李实、马欣欣 (2006)	Brown 分解；城镇职工	中国社会科学院经济研究所1999年城市居民收入调查	管理人员性别工资比（女性/男性）为80%；专业技术人员82%；办事人员79%；制造业和运输业工人为63%；服务业人员为75%	职业内差异占性别工资差异的67.9%，其中歧视性差异占43.4%；职业间差异占32.1%，其中歧视性因素占36.1%；歧视性因素总计占全部性别工资差异的79.5%
魏巍、岳昌君 (2006)	Oaxaca-Blinder 城镇职工	国家统计局2004年中国城市住户调查数据	性别工资比（女性/男性）为75.91%	歧视系数为0.2768；由于性别歧视导致的差异占到了性别工资差异的44.2%（男性为基础）和58.9%（女性为基础）

续表

作者	方法/研究群体	数据	性别工资差异	解释
谢嗣胜、姚先国(2005)	Oaxaca-Blinder；城市职工	国家统计局中国城市住户调查数据2002	女性月平均工资及补贴收入比男性少248元	在25%的总差异中，个人特征差异占13.6%，性别歧视差异占11.4%
王美艳(2005a)	Brown分解；城市地区	五城市劳动力调查数据2001：上海、武汉、沈阳、福州、西安	性别工资比（女性/男性）为80.29%	行业内差异占性别工资差异的93.10%，其中不可解释部分占86.91%；行业间差异占性别工资差异的6.90%，其中不可解释部分占6.14%；不可解释部分共占93.05%
杜凤莲、王晶(2005)	Oaxaca-Blinder；城镇失业及再就业者	国家统计局城镇居民再就业状况调查，2003	失业前性别工资比（女性/男性）为80.84%；再就业后81.43%；再就业后工资差异缩小	失业前性别工资差异中不能由个体特征解释的部分占99.19%；再就业后不能由个体特征解释的部分占109.05%
刘文忻、杜凤莲(2005)	Brown分解；城镇失业及再就业者	国家统计局城镇居民再就业状况调查，2003	同上	失业者再就业后职业内差异占性别工资差异的101.45%，其中不能由个人特征解释的部分占216.17%；职业间差异占-1.45%，其中不能由个人特征解释的部分占0.68%
张丹丹(2004)	Oaxaca-Blinder；Cotton 城镇及农村	中国营养健康调查数据，1989、1991、1993、1997	性别工资比（女性/男性）：1989年为94.2%，1991年为76.4%，1993年为82.9%，1997年为77.5%	各年份歧视系数（Cotton分解）：1989年为0.0172，1991年为0.2054，1993年为0.1617，1997年为0.2。性别工资差异中，不能由个体特征解释的部分所占比例：1989年为25.23%，1991年为71.07%，1993年为78.67%，1997年为71.07%
李实、古斯塔夫森(1999)	Oaxaca-Blinder；Jenkins(1994)的方法；城镇地区	中国社会科学院经济研究所收入分配调查数据(1988，1995)	1988年女性职工的平均工资比男性职工低15.6%；1995年低17.5%；性别工资差异有扩大的趋势	1988年性别工资差异的一半以上可以由个人特征解释；1995年则有所下降；性别歧视的影响有所上升

但是，这些研究的结论却存在较大的差别，未观测到的因素所引致的工资差异占全部性别工资差异的比例由最低的20%~30%到最高的80%~90%。从总体上看，这些未观测到的因素所导致的性别工资差异一般为40%~70%。这是一个比较宽的区间。从时间序列的研究看，大部分研究显示性别工资差异的扩大中，未

解释因素所占的比例有加重的趋势。但是，也有研究显示，歧视性因素所占的比重是下降的。

已有的研究也显示了企业的所有制性质、行业、地域以及职业都对中国劳动市场中的性别工资差异产生了明显的影响。Demurger, et al.（2006）的研究发现，性别工资差异在很大程度上来源于所在企业的所有制性质，企业的所有制性质对性别工资差异的直接贡献为3%~4%。Wang and Cai（2006）的研究发现，行业内部的性别工资差异占到了全部性别工资差异的93.1%，其中未解释因素所占比例为86.91%；行业之间的性别工资差异占到了全部工资差异的6.9%，其中未解释因素所占比例为6.14%。Ng（2004）的研究发现，性别工资差异中未解释因素所占的比例东部地区高于中部地区，中部地区高于西部地区，1997年东部地区未解释因素占性别工资差异的比例为71.71%，中部地区为58.24%，西部地区为54.45%；如果以东部地区、中部地区、西部地区分别代表劳动市场的市场化程度的高低，那么可以发现市场化使得性别歧视的作用增大了。李实、马欣欣（2006）的研究发现，工人所在的职业也影响了性别之间的工资差异，Brown分解的结果显示，职业内部的性别工资差异占到了全部工资差异的67.9%，其中歧视性差异占到了43.4%；职业之间的性别工资差异占到了全部性别工资差异的32.1%，其中歧视性因素占到了36.1%。

第三节 农民工的性别工资差异及与城镇职工的比较

如上所述，已有的对中国劳动市场中性别工资差异的研究主要集中在城镇职工群体上，对农民工群体中性别工资差异的研究并不多。究其原因：第一，农民工是伴随着中国向市场经济转轨而来的一个劳动群体，是一个新生事物，对之进行的研究主要还集中在总体特征的研究上；第二，对于这个群体，学术界和政策界比较关注的是他们与城镇工人相比所受到的歧视；第三，由于这个劳动群体的流动性，对其进行调查要比对有固定职业和居住地的城镇职工以及农村居民而言要困难；第四，在改革开放初期，甚至在20世纪90年代中期之前，大部分农民工都是男性，女性比较少，而且这些农民工一般都是单独外出，将其家人留在农村，而且每年在城市的居住时间比较短，属于短期流动。

但是，随着政府对农民工控制政策的逐渐放开以及中国城市化进一步深入，农民工群体发生了一些较大的变化，其中很重要的一点就是女性农民工越来越多，乡城流动呈现出"女性化趋势"；举家迁移到城市务工的农民工所占比例越来越大，农民工在城市的居住时间越来越长（国务院研究室课题组，2006）。女性农民工在进入城市之后，不仅面临着相对于城镇职工的歧视，还面临着来自同一群体内部的男性农民工的性别歧视，从而陷入"双重困境"之中（李路路，2003）。鉴于农民工已经成为中国城市化建设的主力军之一，女性农民工在劳动市场中的工资收入不仅直接决定着女性农民工的经济和社会地位，还影响着农民工的家庭稳定以及下一代的成长，因此对农民工群体中性别工资差异的研究十分必要。

钟甫宁、徐志刚、栾敬东（2001）使用1998年在江苏省苏州市和无锡市9个乡镇雇用外来劳动力的企业调查数据，通过估计Mincer收入方程，研究了不同性别外来劳动力的职业获得和工资差异，发现男性进入的行业平均工资较高，而女性进入的行业平均工资较低；性别系数解释了大约40%的收入差异。Fan（2003）利用两个宏观数据集和三个微观数据集对中国的乡城移民进入城市劳动市场后的性别分工、职业隔离以及工资收入进行了研究，发现不论在哪个数据集中，女性农民工与男性农民工相比在劳动市场上都处于劣势地位。Meng and Miller（1995）研究了中国农村乡镇企业工人的性别工资差异，通过对Brown全要素分解模型的估计，发现在性别工资的总差异中，职业内差异占76.7%，职业间差异占23.3%；职业内性别歧视差异占性别工资差异的98.9%，职业间性别歧视占性别工资差异的13.2%；性别歧视所导致的性别工资差异占性别工资差异的112.1%。Meng（1998）使用1995年中国社会科学院人口研究所在济南的调查数据，研究了济南的农民工的性别工资差异。在农民工性别工资总差异中，职业内差异占79.3%，其中由于性别歧视导致的工资差异占43.4%；职业间差异占20.7%，其中由于性别歧视导致的工资差异占36.1%。

这些研究主要局限在2000年之前，而自2000年之后，中国关于农民工的政策发生了一系列积极的变化（宋洪远等，2006），这些变化不能不对农民工群体的劳动市场表现产生影响。另外，上述研究使用的方法主要关注农民工性别工资的条件均值差异，忽视了对整个工资分布上的性别工资差异的研究。基于此，本章在2006年五城市农民工调查数据的基础上，分别采用Neumark分解方法和分位数分解（Quantile Regression Decomposition）方法，从条件均值差异以及整个工资分布差异的角度对农民工群体中的性别工资差异进行研究，并与城镇职工的性

第六章 劳动市场中的性别工资差异

别工资差异进行比较。

下面首先给出农民工工资的 Mincer 方程的回归结果，而后给出 Neumark 分解的结果。为了揭示不同分位点上性别工资差异的特征，笔者还使用 Melly（2006）的方法对农民工的性别工资差异进行分位数回归分解①。

（一）农民工与城镇职工的性别工资差异

我们首先从描述城统计的角度对农民工与城镇职工的性别工资差异以及相关的变量进行分析。一些变量详细的描述统计已在第三章介绍过。此处表 6.3 将这些变量的描述统计放到一起。

本次调查的农民工平均年龄为 29.12 岁；女性的平均年龄低于男性。58.47% 的农民工已婚。平均教育年限为 9.40 年，女性的平均受教育年限低于男性。考虑到农业工作经历对农民工在城市劳动市场的表现影响不大，因此笔者使用非农务工经商年限表示农民工的工作经验。平均而言，全部样本的非农务工年限为 7.14 年，女性低于男性。不论是在老家接受培训还是进入城市后接受培训的比例，女性都低于男性。根据樊明（2002）的研究，我们在问卷中还设计了自评健康指标。根据这些自评健康指标得到的健康测度得分越高则自评健康状况越差。从平均健康测度得分来看，女性的健康状况也弱于男性。教育年限、工作经验、培训经历和健康状况是经典的人力资本的四个变量。从上述几个方面看，女性农民工的人力资本积累低于男性。

本书将农民工的职业分位四类：第一类为进入管理层的农民工，包含专业技术人员；第二类为办事人员；第三类为技术工人；第四类为非技术工人。如果将第一类和第二类作为"白领职业"，后两类作为"蓝领职业"，那么农民工主要集中在"蓝领职业"中。在"白领职业"中，女性则主要集中在办事人员职业；在"蓝领职业"中，女性主要集中在非技术工人中。这表明在农民工群体中存在性别职业隔离②。

本书将农民工所在企业的所有制性质分为五类：第一类为国有企事业单位；第二类为城镇集体所有制；第三类为私营企业；第四类为外资与合资企业；第五类为其他股份制企业。

---

① 实际上，Melly（2006）证明，当 n→∞，其结果与 M-M 方法一致。本书在实际计算过程中，使用 Melly 根据其文章编写的 Stata 程序。

② 测算的性别职业隔离的杜肯指数为 19.95%。

在工资方面,被调查农民工的平均月工资为1002.05元,男性为1100.24元,女性为910.78元;剔除工作时间影响后,平均小时工资为4.51元,男性为4.87元,女性为4.17元。男性和女性农民工的月均工资差异(对数;男性/女性)为1.03,小时工资(对数)的性别差异(男性/女性)上升到1.11。

表6.3 相关变量描述统计

	全部	男性	女性
教育年限(年)	9.40	9.55	9.26
非农工作年限(年)	7.14	7.93	6.42
老家接受培训(%)	19.97	25.11	15.13
进城接受培训(%)	64.10	65.67	62.40
健康测度得分	2.34	2.04	2.62
年龄(岁)	29.12	30.25	28.08
有配偶(%)	58.47	58.38	58.59
职业(%)			
职业1	8.23	9.16	7.36
职业2	5.64	4.36	6.86
职业3	37.21	46.58	28.43
职业4	48.92	39.91	57.36
企业所有制性质(%)			
所有制1	10.11	11.38	8.94
所有制2	6.93	7.99	5.96
所有制3	46.53	50.56	42.83
所有制4	25.27	16.16	33.66
所有制5	11.15	13.90	8.62

从性别工资差异的经验分布上看(见图6.5),农民工的性别工资差异表现出"天花板效应",随着工资的上升,性别工资差异不断扩大[①]。这种性别工资差异特征与城镇职工的性别工资差异特征正好相反。我们使用国家统计局2006年城镇住户抽样调查数据(子样本)[②]测算了城镇职工2006年的性别工资差异(年工资)。图6.5显示城镇职工的性别工资差异呈现"粘地板效应":在收入分布的高端,性别工资差异较小。

---

① 为剔除分布两端的异常值,本书中使用第5个到第95个分位点。
② 数据来源于2006年国家统计局城镇住户抽样调查的子样本,样本涵盖11个省(直辖市、自治区),样本量为7320户,10379口人。由于没有得到工作时间的数据,因此这里使用城镇职工的年工资。年工资中实际包含了工作时数的影响,因此与农民工小时工资的比较只能是大致的比较,意在说明一种趋势。

第六章 劳动市场中的性别工资差异

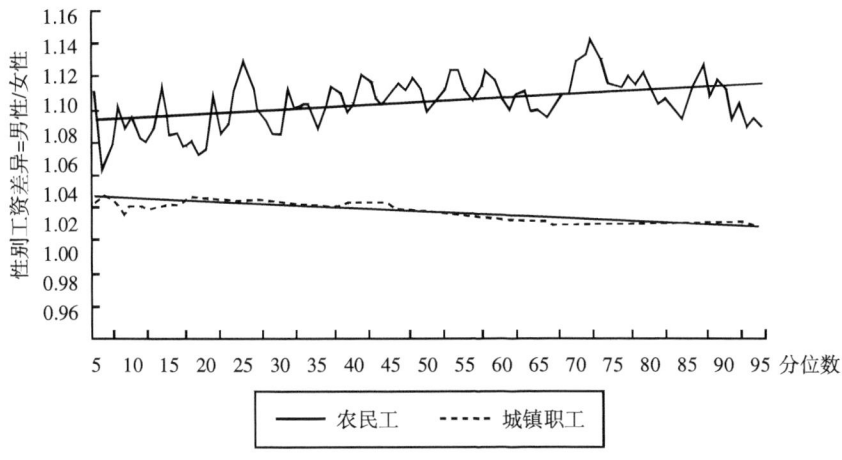

图 6.5 农民工与城镇职工的性别工资差异

注释：(1) 性别工资差异 = 男性/女性；(2) 农民工为小时工资（对数），城镇职工为年工资（对数）；(3) 图中直线为趋势线。

（二）农民工分性别的 Mincer 工资方程估计

在 Mincer 工资方程的回归中，本书使用的变量包括两组，一组是供给方的个人特征变量，包括教育年限、非农工作年限、非农工作年限的平方、在老家接受培训、在城市接受培训、年龄和是否有配偶；另一组包括农民工的职业和所在单位的所有制性质。

表 6.4 农民工工资方程的 OLS 回归和分位数回归结果

	OLS 回归		分位数回归			
			0.25		0.75	
	男性	女性	男性	女性	男性	女性
教育年限	0.0297***	0.0224***	0.0232***	0.0120*	0.0222**	0.0272***
	0.0061	0.006	0.0067	0.0065	0.0099	0.0087
非农工作年限	0.0312***	0.0166**	0.0314***	0.014	0.0212**	0.0200*
	0.0067	0.0083	0.0075	0.0092	0.0103	0.0102
非农工作年限平方	−0.0010***	−0.0004	−0.0011***	−0.0003	−0.0007	−0.0006
	0.0003	0.0004	0.0003	0.0005	0.0004	0.0005
健康测度	−0.0108***	−0.0153***	−0.0116***	−0.0155***	−0.0092*	−0.0142***
	0.0034	0.0028	0.0038	0.003	0.0055	0.004
老家培训	0.0462	0.0009	0.0418	0.0186	0.0741	0.0032
	0.0298	0.0345	0.034	0.0381	0.0454	0.0472

续表

	OLS 回归		分位数回归			
			0.25		0.75	
	男性	女性	男性	女性	男性	女性
城市培训	0.0516*	0.0944***	0.0938***	0.1110***	0.0732*	0.0839**
	0.0277	0.0281	0.0308	0.032	0.042	0.038
年龄	−0.0026	0.0046*	−0.001	0.0039	−0.0054	0.0056*
	0.0022	0.0024	0.0027	0.0029	0.0033	0.0031
有配偶	0.1869***	−0.0057	0.2024***	−0.005	0.1834***	−0.0218
	0.0385	0.0397	0.0427	0.0429	0.0602	0.0512
职业（以第一类职业为基准）						
职业 2	−0.1763**	0.0226	−0.1322	0.0937	−0.1526	−0.0299
	0.0726	0.0718	0.0814	0.08	0.1082	0.0969
职业 3	−0.2565***	−0.2440***	−0.1234**	−0.1684***	−0.3147***	−0.3210***
	0.0464	0.0562	0.0526	0.0638	0.0683	0.0751
职业 4	−0.4552***	−0.4024***	−0.2928***	−0.2523***	−0.5496***	−0.4974***
	0.0489	0.0558	0.0555	0.0645	0.0713	0.0732
单位所有制性质（以国有企事业单位为基准）						
所有制 2	−0.0225	0.1293**	−0.0833	−0.0432	0.1184	0.1102
	0.0603	0.0625	0.0674	0.0687	0.0912	0.0842
所有制 3	−0.0511	0.0949**	−0.0203	0.1209**	−0.0565	−0.051
	0.0423	0.0425	0.0479	0.0472	0.0641	0.0573
所有制 4	0.0276	0.2705***	0.0443	0.2851***	0.0224	0.1275**
	0.0513	0.0483	0.0585	0.0534	0.0769	0.0647
所有制 5	0.0738	0.1511***	0.0741	0.1584***	0.1114	0.0703
	0.05	0.055	0.0565	0.061	0.0762	0.0739
截距	1.3074***	1.0302***	0.9031***	0.8011***	1.7851***	1.3969***
	0.114	0.12	0.1339	0.1374	0.1707	0.1583
N	1010	923	1010	923	1010	923
AdjR²/ Pseudo R²	0.245	0.2384	0.1352	0.0999	0.155	0.1615

注：系数下方为标准误；*、**、***分别代表在 10%、5%、1%的程度上显著；OLS 估计为 Adjusted R^2，分位数回归为 Pseudo R^2。

从 Mincer 方程的 OLS 回归结果如表 6.4 所示，可以发现个人特征变量的回报率存在明显的性别差异：男性教育年限、非农工作年限以及健康测度的回报率都高于女性，而女性在城市接受培训的回报率则高于男性。除了在城市接受培训外，其他人力资本变量，包括教育年限、非农务工年限、健康测度得分对工资的回报率男性都高于女性。而分位数回归的结果发现，在工资分布的高端，人力资

第六章 劳动市场中的性别工资差异

本的回报率上升，同时回报率的性别差异也呈现缩小的趋势。以教育年限的回报率为例，除了在工资分布的尾端教育回报率呈现下降趋势外，随着工资的提高，教育的回报率也逐步上升。而教育回报率的性别差异则呈现缩小的趋势。

另一个值得关注的结果是企业的所有制性质对男性农民工工资的影响不显著，但对女性农民工工资的影响显著，而且在非国有制单位中，女性的平均工资较高。这表明国有单位并没有表现出其在性别平等方面的优势。究其原因，这与国有单位内部职工的二元分割有关：国有单位雇用的农民工没有编制，不能享受与单位内部有编制人员相同的对待，特别是对女性农民工而言，所受到的这种不公正待遇更加明显。

（三）Neumark 分解和基于分位数回归分解的结果

如果不考虑职业和所在单位所有制性质，那么以供给方变量回归为基础的 Neumark 分解结果显示如表 6.5 所示，系数差异占到了总差异的 62.76%。如前所述，在农民工群体中还存在性别职业隔离，这也影响了女性的工资和性别工资差异。此外，所在单位不同的所有制性质也会影响农民工的性别工资差异。因此，我们将职业类别和所在单位所有制性质加入回归方程，并以此为基础进行 Neumark 分解，结果显示在所有变量回归下，系数差异占总差异的比例有所下降，但是仍然占到了总差异的一半以上（53.02%）。这表明在农民工的工资性别差异中，还存在较为严重的性别歧视。

表 6.5 Neumark 分解结果及部分分位数回归分解结果

	Neumark 分解结果		分位数回归分解结果				
	供给方变量回归	全部变量回归	0.1	0.25	0.5	0.75	0.9
总差异	0.193	0.1941	0.1342	0.1611	0.2024	0.2448	0.2423
特征差异	0.0719	0.0912	0.0679	0.0543	0.0587	0.0734	0.0875
（%）	37.24	46.98	50.61	33.67	28.99	29.97	36.11
系数差异	0.1211	0.1029	0.0663	0.1069	0.1437	0.1714	0.1548
（%）	62.76	53.02	49.39	66.33	71.01	70.03	63.89
男性高估	0.0582	0.0491					
（%）	30.17	25.32					
女性低估	0.0629	0.0538					
（%）	32.59	27.71					

注：男性高估部分为上文所说的男性从性别歧视中获得的"好处"，女性低估部分为女性从性别歧视中获得的"坏处"；分位数分解基于全部变量的分位数回归。

为了发现在整个分布上的性别工资差异特征，笔者使用上节给出的基于分位数回归分解的方法对农民工的性别工资差异进行分解①。在分位数回归中，笔者使用与 OLS 回归中相同的解释变量。表 6.4 给出了分位数回归的第 25 个和第 75 个分位点的回归结果。从分位数回归结果中可以发现人力资本回报率的性别差异在工资分布的高端出现了缩小的趋势。除了老家培训不显著外，教育年限、非农工作经验、健康测度和在城市培训的回报率差异都出现了缩小的趋势。图 6.6 给出了教育年限和非农工作经验在不同分位点上的回报率。女性教育年限的回报率在工资分布的低端呈下降趋势，但是在第 45 个分位点左右开始上升；从回报率的性别差异看，则在整个分布上呈现出缩小的趋势。女性非农工作经验的回报率从最低端开始上升，在第 85 个分位点左右又出现了下降的趋势；而在整个分布上回报率的性别差异呈现出缩小趋势。

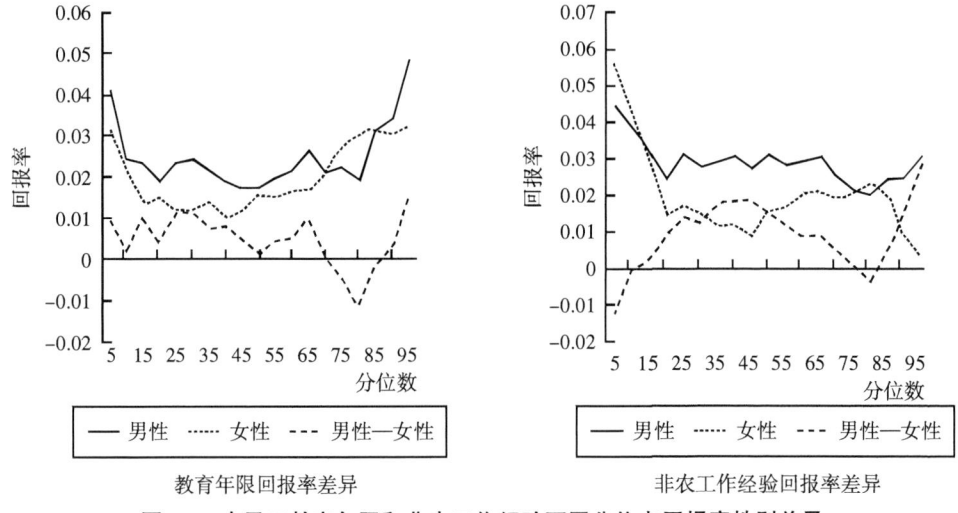

教育年限回报率差异　　　　　　　　非农工作经验回报率差异

图 6.6　农民工教育年限和非农工作经验不同分位点回报率性别差异

从全部解释变量分位数回归分解的结果分析如图 6.7 所示，农民工的性别工资差异表现出"天花板效应"。但是，在最高端又出现了性别差异的缩小。在总差异中，系数差异所占比例高于特征差异所占比例，除了在第 5 个到第 10 个分位点上系数差异所占比例低于 50% 外，其他分位点上的系数差异都超过了 50%，

---

① Melly 给出的 Stata 程序同时给出了估计结果的标准误，限于篇幅本文没有给出，有需要者可与作者联系索取。

最高达到了70%（第54个分位点）。而在最高端（第85个到第95个分位点）系数差异又表现出了缩小的趋势。这表明在农民工的性别工资差异中，包括性别歧视在内的不可观察因素是主要原因，特别是在工资分布的高端；而在最高端，虽然系数差异开始缩小，但是占总差异的比例还是在60%以上。

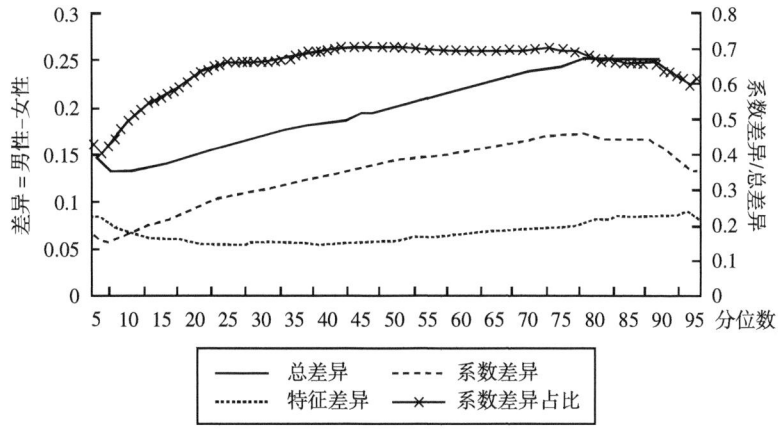

图6.7 农民工性别工资差异的分位数回归分解结果（全部变量回归）

为了分析性别职业隔离和所在单位所有制性质对农民工性别工资差异分布的影响，本书仅使用供给方变量进行了分位数回归分解，并与全部变量回归结果进行了比较（见图6.8）。在加入职业和单位所有制性质后，性别工资差异在工资分布的高端出现了明显的下降，但在低端则变化不明显。这表明性别职业隔离和单位所有制性质对农民工性别工资的影响主要是在工资分布的高端。

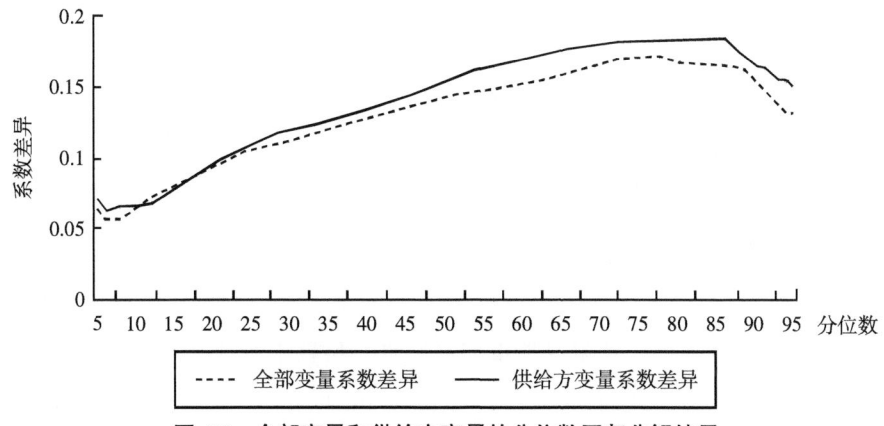

图6.8 全部变量和供给方变量的分位数回归分解结果

农民工性别工资差异表现出来的"天花板效应"表明性别歧视因素在工资分布的高端影响更大，而在最高端因性别歧视导致的工资差异又出现了下降趋势。那么，如何解释这种性别工资差异特征呢？在劳动经济学中，对性别歧视的解释主要有偏好歧视理论（Becker，1957）和统计歧视理论（Aigner and Cain，1977；Autor，2003）。偏好歧视是说对女性的歧视来源于雇主或顾客对女性的厌恶偏好。统计歧视理论则认为之所以产生对女性的歧视，是因为在雇主和工人之间存在信息不对称，雇主依靠性别作为甄别工人生产能力的信号。在信息不对称的条件下，雇主不能有效鉴别男性和女性的真实生产能力和努力程度，雇主会根据全社会女性的平均生产能力来给自己雇用的女性职工发放工资，这样就构成了对生产能力超过平均水平的女性的歧视。

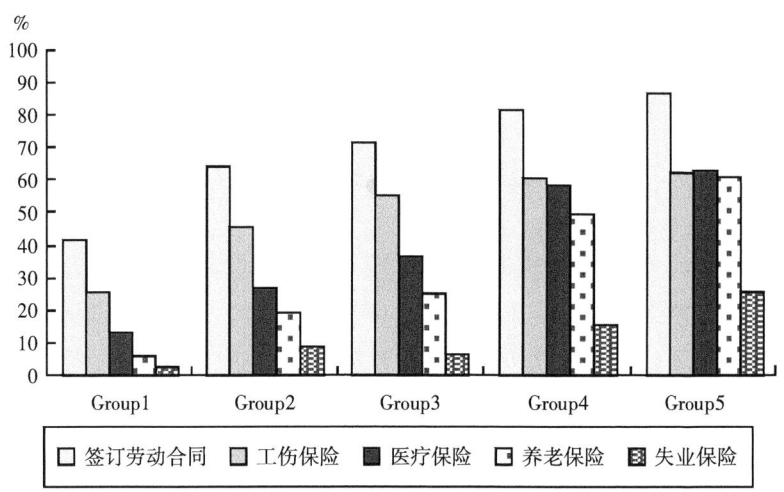

图6.9 按工资五等分组的女性农民工签订劳动合同及社会保险覆盖率情况

笔者认为，统计歧视理论更适合用来解释农民工性别工资差异的分布特征。工作内容越复杂，雇主与雇员之间的信息不对称越严重，则"歧视"性因素的效应越大。在工资分布最低端的农民工主要从事那些最不需要技术和经验的低端工作，他们往往与雇主不签订劳动合同或签订短期劳动合同，大多数是计件工资或能够很容易转化为计件工资的计时工资。在这种条件下，性别作为鉴别生产能力的信号作用不大，因此性别工资差异以及性别"歧视"都不大。随着工资的上升，农民工所从事工作的技术含量也逐渐提高，信息不对称的程度增大，对工人监督的成本越来越高，从而性别作为生产能力信号的作用也开始增大。在信息不对称的条件下，这导致雇主根据平均工资水平给女性工人发放工资，从而损害了生产能力高于平均水平的女性工人，造成她们的低工资。如果没有社会政策的干预，那么可以预计随着工资水平的提高，性别工资差异还会继续增大。

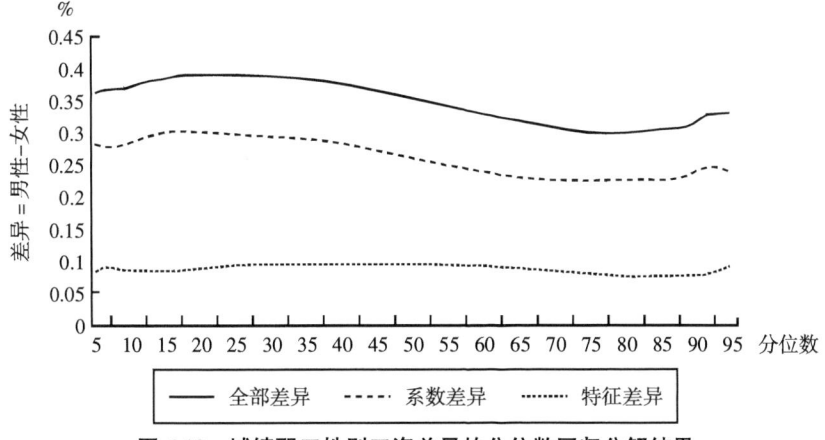

图 6.10 城镇职工性别工资差异的分位数回归分解结果

与城镇职工性别工资差异的比较则表明，在工资分布高端的部分女性农民工已经开始突破城乡二元分割体制，逐步融入城市社会。城镇职工性别工资差异表现为"粘地板效应"，即在工资分布的低端性别工资差异较大，随着工资水平的上升，性别工资差异缩小。图 6.10 给出了笔者使用国家统计局 2006 年城镇住户抽样调查数据进行的城镇职工性别工资差异的分位数分解结果[1]，该结果显示城镇职工性别工资差异与系数差异呈现出明显的"粘地板效应"。比较图 6.7 农民工性别工资差异分布的高端与图 6.10 城镇职工性别工资差异分布的低端，可以发现二者分布的趋势有相似之处：都出现了性别工资差异逐渐减小的趋势。这种趋势大致可以表明在工资分布高端的女性农民工已经开始部分突破城乡二元分割体制，获得了与工资分布低端城镇职工相似的社会保护。

在农民工性别工资差异的分解中，工资分布的最高端性别工资差异出现了下降。笔者认为这主要是在性别工资分布的最高端，社会保护政策开始覆盖这部分农民工，从而矫正了性别工资差异继续拉大的趋势。也就是说，在工资分布的低

---

[1] 此处使用的是城镇职工的年工资（对数）；自变量包括年龄、教育程度、婚姻状况、就业性质、职业。教育程度分为小学以下、初中、高中和中专、大学专科、本科及以上；就业性质分为：国有经济单位、城镇集体及其他经济类型单位、非正规就业人员（城镇个体或私营企业被雇佣者、离退休再就业人员及其他就业者）；职业为国家统计局城镇住户抽样调查方案中的八类。此处的估计虽然由于使用的变量不同，估计结果的绝对值与农民工的分解结果没有直接的可比性，但是仍可给出城镇职工性别工资差异的分布状况。

端和中高端，农民工群体缺乏有效的社会保护，性别歧视没有得到矫正；而到了工资分布的高端，一部分农民工开始获得社会性别保护。图 6.9 给出了按工资五等分组下的女性农民工与所在企业签订劳动合同的比例以及工伤保险、医疗保险、养老保险、失业保险的覆盖率情况。可以发现，随着工资的提高，女性农民工与所在企业签订劳动合同的比例以及四项社会保险的覆盖率都随之提高。这表明在工资分布的高端，女性农民工所受到的社会政策保护要好于工资分布的低端，而社会保护政策部分冲抵了性别歧视造成的性别工资差异。

第四节 小 结

本章首先对性别工资差异的研究方法进行了梳理。分析性别工资差异的基础是 Mincer 工资方程。在 Mincer 工资方程的回归中，加入性别变量是考察性别工资差异的一般方法。这一性别变量的系数表示在控制其他变量的条件下（其他条件相同），男性和女性的工资差异。这一方法的一个暗含假定是男性和女性面临的劳动市场结构相同，男性和女性的人力资本回报率（回归系数）是相同的。但是，在实际的劳动市场中，男性和女性面临的市场结构是不同的，即男性和女性人力资本的回报率是不同的。这一系数差异实际上表示了性别歧视等不可观测因素对性别工资差异的影响。Oxaca-Blinder 分解方法将性别工资差异分解为特征差异和系数差异两部分。这一分解方法充分利用了 Mincer 方程回归的系数中所包含的信息，成为研究劳动市场性别差异的主要方法。但是 Oxaca-Blinder 分解存在"指数"问题，即使用男性还是女性的回归系数作为劳动市场的基准系数。为了解决这一问题，Cotton 分解和 Neumark 分别提出使用男性和女性回归系数的加权平均作为基准系数，以及使用全部样本回归的系数作为基准系数。Cotton 分解和 Neumark 分解将全部性别工资差异分解为特征差异、男性作为男性获得"好处"和女性作为女性获得的"坏处"三个部分。这些分解方法建立的基础是对 Mincer 工资方程的 OLS 回归。但是，OLS 回归属于均值回归，基于 OLS 回归的分解方法只能得到均值意义上的性别工资差异分解结果。然而，实际上我们在劳动市场中经常观察到的却是不同收入水平的群体其性别工资差异特征也不相同。这一现象可以用基于分位数回归分解的方法来分析。分位数回归不同于 OLS 回

第六章 劳动市场中的性别工资差异

归,是在每一个分位点进行回归。本章基于分位数回归的分解方法,将不同分位数上的性别工资差异分解为特征差异和系数差异,从而揭示整个工资分布上的性别工资差异特征。

关于中国性别工资差异的研究较多,但是都主要关注城镇职工或者关注农村劳动力的性别工资差异。对于农民工群体的性别工资差异的研究还比较少。本章在中国社科院经济所课题组2006年农民工调查数据的基础上,使用Neumark分解和分位数回归分解的方法研究了农民工的性别工资差异;还对农民工群体的性别工资差异和城镇职工的性别工资差异进行了比较。有如下结论值得关注:

第一,农民工工资方程的OLS估计显示,人力资本的回报率存在性别差异,男性教育年限、非农工作年限以及健康测度的回报率都高于女性;而女性在城市接受培训的回报率则高于男性。Neumark分解结果显示,系数差异占总差异的比例占到了总差异的一半以上(53.02%)。这表明在农民工的工资性别差异中,还存在较为严重的性别歧视。

第二,分位数回归结果显示,农民工的性别工资差异及系数差异表现为"天花板效应";但是,在工资分布的最高端,性别工资差异又出现了缩小的趋势。性别职业隔离和农民工所在单位的所有制性质对农民工性别工资差异的影响主要在工资分布的高端。

第三,农民工性别工资差异出现的"天花板效应"及分布最高端性别工资差异缩小的趋势,可以用统计歧视理论和社会保护政策差异来解释。在工资分布的低端,农民工所从事的大多是最不需要技术和经验的低端工作,性别作为鉴别生产能力的信号作用不大,因此性别工资差异以及性别"歧视"都不大。随着工资的上升,农民工所从事工作的技术含量也逐渐提高,对工人监督的成本越来越高,从而性别作为生产能力信号的作用也开始增大,信息不对称导致的性别歧视影响增大。最高端性别工资差异的缩小则主要是因为社会保护政策开始覆盖这部分农民工,从而矫正了性别工资差异继续拉大的趋势。

第四,比较农民工性别工资差异分布的高端与城镇职工性别工资差异分布的低端,可以发现两者分布的趋势有相似之处:都出现了性别工资差异逐渐减小的趋势。这种趋势大致可以表明,在工资分布高端的女性农民工已经开始部分突破城乡二元分割体制,获得了与工资分布低端的城镇职工相似的社会保护。

上述结论的政策含义在于,需要通过实施社会保护政策来矫正农民工群体的性别工资差异。实际上,当前中国的社会保护政策网络已经形成,但是,问题在于这些政策并没有平等覆盖到所有劳动群体,而农民工显然是没有被覆盖的群体之一。可以预计,如果缺乏有效的社会保护政策,农民工群体中的性别工资差异还将继续扩大。乐观的是,在工资分布高端的女性农民工已经开始获得与工资分布低端城镇职工相似的社会保护。就当前的具体政策而言,最需要做的是将当前覆盖城镇女性职工的社会保护政策扩展到女性农民工群体,从而缩小这个群体的性别工资差异。

第七章 社会保障项目的性别分析

社会保障（Social Security）是劳动市场的重要内容，也是一个社会对劳动市场结果的矫正。在国际学术界和一些国际组织中，社会保障又被称为社会保护（Social Protection）。学术界对社会保障内涵的界定还存在一些争议。传统上，社会保障的功能主要被视作"安全网"，是对劳动市场结果的一种矫正。此后，社会保障的前沿又前移到人力资本的投资，被视作促进人力资本投资的有效手段。社会保障中的生命周期理论和社会风险理论则将社会保障的功能延伸到个人生命周期的不同阶段对社会风险的应对（徐月斌等，2007）。从这一角度讲，社会保障又是劳动市场的重要组成部分，是劳动市场政策干预的主要工具。

如果说本书前面的章节主要关注的是劳动市场过程中的性别差异，那么本章主要关注与劳动市场密切相关的社会保障。在社会保障项目设计和实施中，也存在性别差异。总体而言，给定女性在劳动市场中的弱势地位，一些看似性别中性的社会保障设计，在实施中却形成了事实上对女性的歧视。例如，在社会养老保险的设计中，如果男性和女性都按照同一个缴费和待遇公式计算，那么虽然看起来是"公平的"，但因为女性在劳动市场中的就业年限短、工资收入低，在退休后的待遇计算中，女性就会低于男性。而又因为女性的预期寿命长于男性，这样，较低的退休待遇和较长的预期寿命就会导致老年女性陷入贫困的概率更高。

改革开放以来，中国适应社会主义市场经济体制的社会保障制度逐渐建立和完善。但是，社会保障的城乡分割长期以来一直存在。农民工进入城市就业，虽然工作和生活在城镇地区，但是他们却不能与城镇职工一样，获得相同的社会保障待遇。农民工进入城市面临的是工业社会和城市社会的风险，但其应对这些风险的保障方式依然是传统的农村家庭保障。这种风险与保障模式的错配使得他们在失去收入和遭遇风险时无法应对，极易陷入贫困和生活无着的状态。近年来，针对农民工的社会保障问题，中央政府和各地方政府都进行了一些制度上的探索。这些探索为中央制定农民工的社会保障政策起到了重要作用。在农村地区，也启动了农村的社会保障建设。其中，值得一提的是，2009年开始试点的新型农村社会养老保障。那么，在这些社会保障项目设计中，是否存在性别差异？如何从政策上应对这些性别差异，以实现社会保障中的性别平等？本章将就社会保障项目中的性别差异进行分析。

第一节　社会养老保险中的性别分析与政策设计

在一个日渐老龄化的社会中，养老保险越来越受到重视。而养老保险中存在的性别差异却没有引起各方面的足够关注。养老保险中的性别差异主要来源于两个方面：一是男性和女性在劳动市场中的相对地位和面临的不同条件；二是养老保险的制度设计，主要是资格条件（Entitlement）和受益结构（Bertranou，2001）。

相比于男性，第一，女性的劳动市场参与率低于男性，所从事的职业具有明显的"女性化"特征，更多地进入非正规就业中；第二，因为生育和哺育以及照料家庭，女性的职业生涯经常会被中断；因此，女性的就业年限低于男性，女性所从事的无酬劳动（家务劳动）多于男性；第三，女性在劳动市场上的工资报酬水平低于男性。

这些特征，通过养老保险的制度设计映射到女性的养老金受益水平上。一般而言，越是与缴费和就业年限联系紧密的养老保险设计，越不利于养老金受益上的性别平等（Ginn, et al., 2001；潘锦棠，2002）。按照世界银行的说法，"女性在任何以收入和就业为基础的老年保障安排中都处于不利地位"（World Bank，1994）。而当前大多数国家的主体养老保险制度，不论是基金积累制还是现收现付制，都或多或少与被保险人的就业年限与缴费贡献相联系。大量的研究已经证实（Edwards，2000；ABI，2004；Even & Machperson，1994），给定女性在劳动市场中的参与率、就业时间和收入水平，在养老金受益水平上，女性低于男性。

此外，大多数国家的养老保险覆盖人群主要是正规就业人员；进入非正规就业的人群的养老保险覆盖不足，一直是一些国家养老保险制度面临的主要问题之一。而在非正规就业中，女性所占比例又远高于男性，这种状况导致在未被覆盖人群中，女性所占比例高于男性。

即使在一些发达国家，不论在养老保险的覆盖率上，还是在养老保险的受益水平上,女性都要低于男性(Johnson, 1999; Smeeding & Sandstrom, 2005)。加之女性的预期寿命又高于男性(如图7.1所示),因此对于以养老金为主要收入来源的老年人来说,这两方面的原因导致在老年贫困人口中,女性比例高于男性,老年女性的脆弱性高于男性(Smeeding & Sandstrom, 2005; Petrovic, 2008),特别是老年寡妇和老年离婚单身女性(Choi, 2006)(见图7.2)。

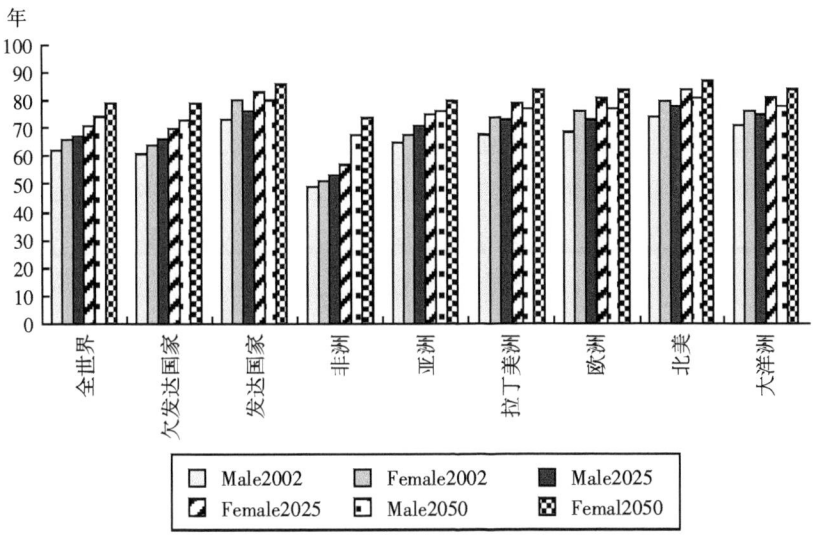

图7.1 男性和女性的预期寿命

资料来源:U. S. Census Bureau, Global Population Profile: 2002, table A-12, p.6。

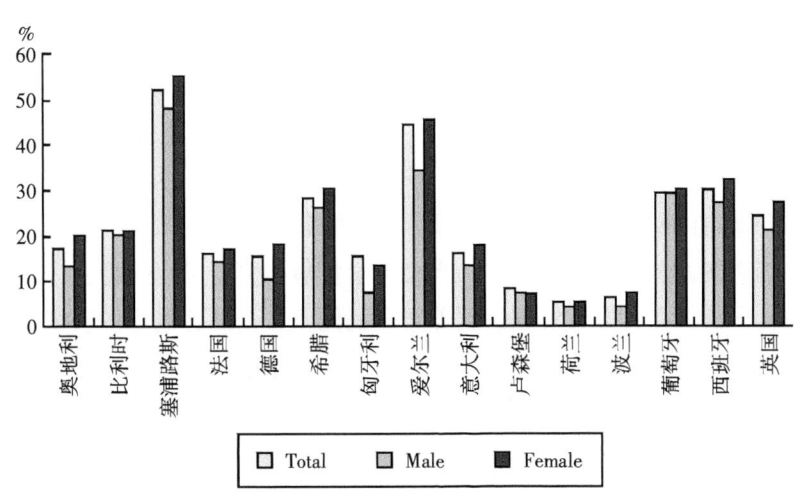

图7.2 欧洲一些国家 65 岁以上老年人的贫困风险

资料来源:Petrovic (2008)。

针对女性所处的这种困境，一些国家提出并实施了一系列的相关政策，力图在养老保险的政策设计中充分关注性别差异问题。根据这些政策的历史和逻辑发展脉络，本节对养老保险中的性别政策进行回顾。

(一) 基于引致性权利的女性养老保险政策

所谓引致性养老金权利（Derived Pension Rights）是指一种获得养老金资格的方式，它并不来源于受益人自己对养老保险的缴费贡献和就业经历，而是建立在受益人与被保险人之间的家庭关系上（Choi，2006）。对于女性而言，引致性养老金权利来源于其丈夫的养老金资格；而女性之所以能够获得这样一种养老金权利，主要是基于这样的假设（Schalkwyk & Woroniuk，1998；ILO，2001）：第一，"男主外，女主内"的家庭分工模式，男性收入是家庭收入的主要来源；第二，在家庭关系中，女性依赖于男性；第三，女性的劳动市场参与率不足，不能根据自己的就业经历参加养老保险；即使参加了养老保险，也由于就业中断等原因，导致养老金不足。它主要是一种家庭内部的性别再分配。引致性养老金权利背后的一个含义是女性的养老金不足是家庭作为"一个"决策单位的最优选择；女性的家庭照料是对家庭效用最大化的贡献，应该由男性来对之进行补偿。

1. 遗属养老金（Survivor Pension Benefits）

基于引致性权利的女性养老保险政策中实施最早，也是当前最为广泛的政策措施是遗属养老金。遗属养老金所应对的是家庭中男性去世而导致的家庭收入锐减的风险（ILO，2001）。最早建立社会养老保险政策的德国，在1911年引入了寡妇与孤儿养老金；英国则在1925年《寡妇、孤儿和老年缴费养老金法案》[①]中引入了寡妇和孤儿的遗属养老金。当前世界上大部分发达国家以及一些发展中国家的养老保险体系中，都有关于遗属养老金的条款。

对于遗属养老金，一般而言，当丈夫去世后，妻子可以获得丈夫养老金的一部分或者全部。在大多数实施遗属养老金的国家，遗属养老金的获得资格和数额依赖于丈夫的养老保险资格和养老金数额。英国1925年法案规定[②]，参加缴费型

---

① Widows, Orphans and Old Age Contributory Pensions Act, 1925.
② 如无特别说明，本书对各国养老保险政策的介绍，主要参考美国社会保障署（U.S. Social Security Administration, ISSA）各地区和相关年份的《世界社会保障制度》（Social Security Programs Throughout the World）。

第七章 社会保障项目的性别分析

养老保险的男性，其妻子也同时获得与丈夫相同受益水平的养老金。当前英国的遗属养老金已经成为定额的遗属津贴（Survivor Allowance）。在美国，获得遗属养老金的资格是去世一方是社会保险的被保险人；遗属养老金的数额等于去世一方的基本养老金。德国的遗属养老金规定，获得遗属养老金的资格是去世一方至少有5年及以上的养老保险缴费记录，遗属养老金的数额则根据受益人的收入状况发放（Income-tested）。

2. 配偶联合年金（Joint Annuities）

基于引致性权利的女性养老保险政策的另一个具体措施是配偶联合年金。配偶联合年金要求将配偶双方的养老金捆绑在一起，由双方共同领取。配偶联合年金得以建立的一个基础是传统的家庭分工模式。其前提假设是：女性因为家庭照料或其他原因导致参与劳动市场的时间较短，从而不能获得足够的养老金；丈夫应该对此给予补偿（World Bank，2004）。

以智利为例，在完全积累制养老保险体系下，除了10%的缴费费率外，还有2.55%的费率用于残疾和遗属养老金以及配偶联合年金（包括管理费用）。遗属养老金和配偶联合年金捆绑在一起，对参保人是强制性的。配偶联合年金对于减小男性和女性之间的养老金差异具有显著的作用。在阿根廷和智利，配偶联合年金将养老金的性别比由30%~40%提高到了60%~80%（James，Edwards and Wong，2003）。

3. 养老金分割（Pension-splitting）

遗属养老金和配偶联合年金仅保障了已婚和婚姻稳定女性的养老金不足问题，而不能有效解决单身女性和因为离婚而不能获得遗属养老金和配偶联合年金的女性的养老保险问题（World Bank，2004）。"二战"之后，特别是20世纪60年代以来，在发达国家出现了离婚率大幅上升的现象，如图7.3所示。对于离婚女性而言，特别是那些没有获得自己养老金资格的离婚女性而言，这种状况无疑是非常不利的。为了解决这个问题，一些国家引入了"养老金分割"政策。养老金分割是在双方离婚时，将处于婚姻关系中的双方养老金资格相加，然后再平均分配。如果给定女性的养老金资格低于男性，那么这也是一种家庭内部的男性向女性的养老金再分配。其得以建立的假设是，男性应该补偿在婚姻期间女性由于家庭照料而损失的养老金。加拿大和德国在20世纪70年代就引入了"养老金分割"的政策，以保护离婚女性的养老金权益。最近，爱尔兰、南非、瑞士等国也引入了这种政策（ILO，2001）。2001年在德国的养老保险制度改革中，养老金分割已经不再限于离婚女性：2001年12月之后结婚的夫妇，都可以选择进行养老金分割（Rasner，2005）。

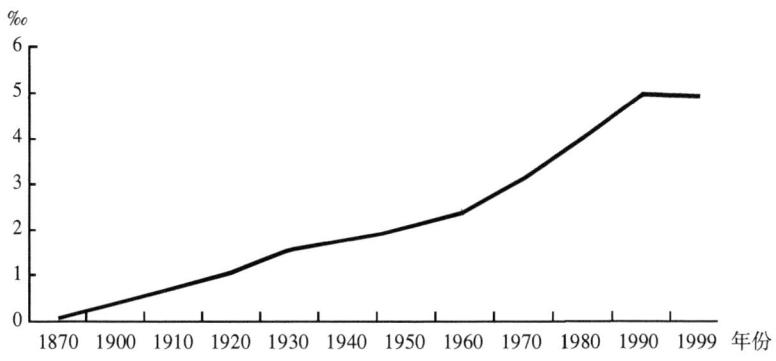

图7.3 美国19世纪以来主要年份的离婚率（每千人中的平均离婚人数）

资料来源：US Census Bureau, Tax Foundation, US Dept. of the Treasury.

基于引致性权利的女性养老保险政策对于保障主要承担家务劳动的女性的老年收入起到了重要作用。但是，基于引致性权利的女性养老金政策对应的时代背景是传统的家庭分工模式，大部分女性从事的是无报酬的家务劳动。在女性劳动市场参与率不断提高的趋势下，可以判断基于引致性权利的女性养老金在保障老年女性收入方面的作用将越来越低（Choi，2006）。同时，引致性养老金权利是建立在女性对男性的"依赖"关系假设基础上的，它形成了对女性的一种"间接歧视"（ILO，2001）。

（二）养老保险中的家庭照料补贴

随着女性劳动参与率的不断提高，一些国家逐步在养老保险制度中引入了基于女性就业经历的"独立"的养老保险资格。例如，20世纪40年代，英国根据贝弗里奇报告建立的养老保险体系中，为已婚女性提供了建立在她们自己的就业记录上的养老保险资格（DWP，2005）。虽然女性根据自己的就业经历参加了养老保险，但是女性的就业经历会因为生育、哺育等家庭照料责任而被中断。在就业收入关联的养老保险制度中，女性的这种就业中断以及较低的收入水平被映射到养老保险受益水平上，从而导致女性的养老金水平低于男性。为了解决这个问题，一些国家引入了"家庭照料补贴"，对女性因为生育、哺育等家庭照料导致的养老金损失进行补贴。其背后的逻辑在于，女性因为生育、哺育等家庭照料责任导致其就业经历不完整，收入水平较低；就业和收入方面的这些不利情况，通过养老金计发公式映射到养老金受益水平上，导致女性的养老金低于男性。而女性的家庭照料责任，特别是生育和哺育是对社会做出的贡献，由此导致的女性在养老金上的损失应该得到社会的补偿。

1. 家庭照料补贴（Caring Credits）

对女性养老金的家庭照料补贴一般有两种方式：一种是直接对女性的生育哺育等家庭照料时间进行补贴，补贴额度等于或低于女性正常就业年份的缴费贡献，如德国、瑞典、瑞士等国家。另一种方式是英国和爱尔兰的"家庭责任保护"条款。德国养老保险体系中的家庭照料补贴条款规定，对女性生育和哺育期间的养老金损失进行补贴。根据最新的规定，1992年之前出生的孩子，母亲可以按照当时年平均收入75%的费率得到一年补贴；1992年之后出生的孩子，母亲可以获得三年的补贴。这一补贴还可以用来帮助那些就业年限较低的女性达到最低缴费年限（Rasner，2005）。瑞典的家庭照料补贴规定，对于照料小孩的父母提供养老金补贴，补贴额度直接添加到父母的养老保险资格中。

2. 家庭责任保护（Home Responsibilities Protection，HRP）

1978年，英国在养老保险体系中引入了"家庭责任保护"条款，以保护长期担负家庭照料责任的人的国家基本养老金（Basic State Pension）。家庭责任保护不是一种"补贴"，而是对获得全部基本国家养老金所需缴费年限的扣减。在英国，只要妇女最小的孩子未满16岁，而且在缴税年份（Tax Year）得到孩子津贴（Child Benefit），就有资格申请家庭责任保护；即使女性回到了劳动市场，也可以得到家庭责任保护（DWP，2005）。女性获得全部国家基本养老金的有效缴费年限是39年，如果一名女性处于家庭责任保护下，那么可以根据她所获得的家庭责任保护降低有效缴费年限，例如只需要30年就可以获得全部国家基本养老金。

根据英国2007年养老金法案（Pension Act 2007），家庭责任保护条款将在2010年4月后被新的每周国家保险补贴（Weekly National Insurance Credit）所替代。孩子未满12岁的母亲，如果得到了孩子津贴（Child Benefit），那么就可以获得按周计发的国家保险补贴。而原来的家庭责任保护条款，则是按一个税收年度计发的。实行新的每周计发的国家保险补贴后，如果母亲照料孩子不足一个税收年度，也可以按周获得国家保险补贴。

养老保险体系中，对女性进行家庭照料补贴，提高了女性的养老金受益水平。相比于基于引致性权利的养老金补贴,家庭照料补贴是社会对女性生育哺育等家庭照料的承认,提高了老年女性的收入,促进了养老保险中的性别平等(ILO,2001)。

(三) 非正规就业与女性养老保险

女性就业的一个重要特征是,相对于男性,更多地进入了非正规就业[①]中。非正规就业不仅出现在发展中国家,一些发达国家和转型国家,包括一些经济增长较快的国家也出现了大量的非正规就业人口(Barrientos & Barrientos, 2002; Ginneken, 2003)。而在非正规就业人口中,女性所占比例又高于男性,如图7.4所示。大量进入非正规就业的女性被排除在正规养老保险体系之外(Kasente, 2000)。因此,如何从政策上应对这一问题,提高非正规就业女性养老保险的覆盖率,对于防止老年女性贫困具有重要意义。

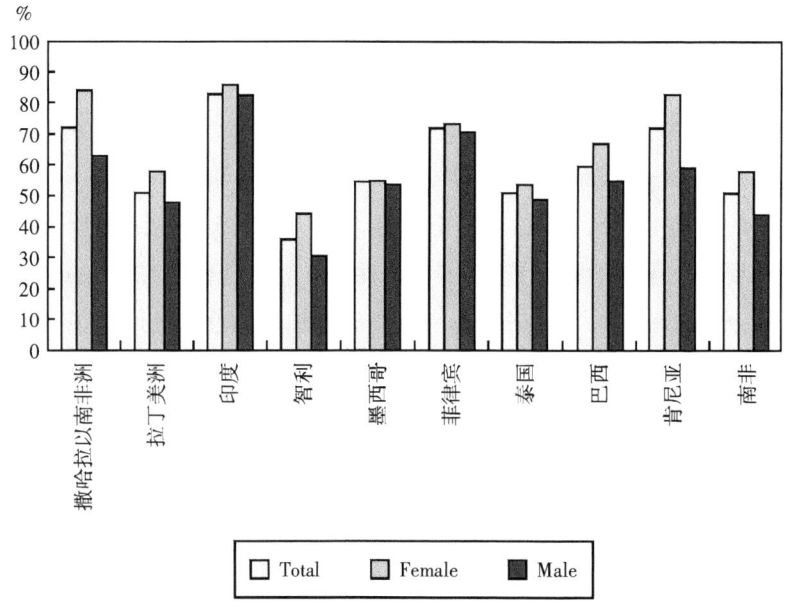

图 7.4　一些国家和地区非正规就业占非农就业的比例

资料来源: ILO (2002)。

[①] 按照 ILO (2002) 的定义,非正规就业既包括在非正规部门工作的工人,也包括正规部门的非正规就业。

1. 鼓励性参保或非强制性参保（Encouraging Voluntary Participation）

大部分非正规就业人员没有被正规的养老保险体系所覆盖，其灵活的就业方式和较低的收入水平是一个重要原因。对于他们而言，由于过低的收入水平，包括养老保险在内的正规社会保障的受益并不是他们当前最迫切的需要（Ginneken, 1999）。他们就业方式灵活，收入水平较低，在这样的情况下，将他们纳入正规养老保险体系中，需要针对他们的就业和收入特点，采取更加灵活的参保方式和适当的缴费费率。在智利等一些发展中国家，农业部门的工人参加养老保险，就根据每年的农业收成状况，采取了非常灵活的缴费方式（Hu & Stewart, 2009）。如果某一年的农业收成比较好，那么农业工人可以提高本年度的缴费费率；而在收成不好的年份，则可以降低或者延迟缴费。这种灵活的缴费政策也可以扩展到其他具有类似就业方式和收入模式的行业中。

鼓励非正规就业人员参加正规的养老保险的另一个措施是在特定情况下允许退出的条款。非正规就业人员属于最脆弱的群体之一，他们可能会遇到失去收入、紧急事件等问题，导致其没有能力继续参保。针对这种状况，一些国家在其养老保险条款中规定了在特定情况可以退保的条款（Hu & Stewart, 2009）。例如，澳大利亚养老保险基金就允许参保人在遇到自身收入和经济困难时，可以退保。

2. 强制性或半强制性参保[①]（Compulsory or Semi-compulsory Participation）

对于那些收入水平较高的非正规就业者，主要是一些自我雇佣人员，一些国家则对之实行强制参保的政策。对于大多数建立了社会养老保险体系的国家来说，自我雇用人员参保一般建立在自愿基础上。但是，近年来一些国家针对非正规就业人员，特别是自我雇用人员养老保险覆盖率较低的情况，开始实行非正规就业人员的强制参保措施（Hu & Stewart, 2009）。例如，在智利 1980 年改革后的养老保险体系中，只有在正规部门就业的人员才被强制加入养老保险体系；自我雇用人员和其他在非正规部门就业的人员则自愿参保。在这一规定下，大量在非正规部门就业的人员，包括自我雇用人员选择不参加养老保险。一些估计显示，智利 1/3 的劳动人口没有被养老保险覆盖，其中包括大约 120 万非正规部门

[①] 强制性或半强制性参保的理论基础来自于行为经济学：个人在面临决策困境时（做出决策的约束条件过多，导致决策成本过高），倾向于不做出决策。对养老保险中的这种决策模式的讨论，可参见 OECD 的养老保险教育项目：http://www.oecd.org/document/37/0, en_2649_15251491_25698341_1_1_1_1_1, 00.html。

就业的人员（Herald Tribune，2008）。为了应对这种情况，智利政府2006年向国会提出的养老保险改革提案提出强制自我雇佣人员在改革后的7年之内加入个人退休账户体系。

OECD的一些国家，包括意大利、英国和新西兰，则在养老保险体系中引入了"自动注册"（Auto Enrolment）机制，并将其扩展到非正规部门就业人员。"自动注册"机制的一个特点是它是可选择的：所有有资格参加者，包括非正规就业人员，都自动参加养老保险，但是参加者也可以选择退出。因此，这种"自动注册"机制也被称为"半强制或软强制的"（Hu & Stewart，2009）。在英国，2/3 的自我雇佣者没有养老储蓄，因此英国政府决定自2012年开始起实施国民养老保险储蓄计划（National Pension Saving Scheme，NPSS）；这一计划对自我雇佣人员而言，是自动注册的，如果不希望参加，可以选择退出。

3. 金融理财宣传教育（Financial Education）

鼓励非正规就业人员参保的另外一些措施包括税收优惠以及金融和理财宣传教育等措施。金融理财宣传教育对非正规就业人员参保的作用一直以来被忽视，但是已经有研究表明，金融理财宣传教育对提高养老保险的知晓率和覆盖率，包括提高非正规就业人员的覆盖率具有显著作用（Stewart，2006；ADB，2006）。

4. 非正规养老保障计划（Informal Old-age Security Plans）

鼓励或强制非正规就业人员加入正规的社会养老保险体系，首先需要一个运作成熟、资金较为充裕的社会养老保险体系。而一些低收入的发展中国家，正规的社会保障体系能力有限，不能有效覆盖大量从事非正规就业的人口（Benda-Beckmann & Renate，1999）。在这种情况下，就需要采取正规社会保障之外的其他措施保障非正规就业人口的老年生活，其主要形式包括建立在互助基础上的储蓄协会、建立在共同基金基础上的自我帮助组织、消费和储蓄协会以及合作社等（Kasente，2000）。

印度自我雇佣女性协会（SEWA）银行在2006年推出了小额养老金计划（Micro Pension Scheme），为非正规就业女性提供了一定的养老保障。凡是在SEWA银行拥有储蓄账户且年龄在18~55岁的女性都有资格加入这一小额养老金计划；实行低费率和灵活缴费方式，成员每月缴费50卢比，并且可以每年一次更改缴费数额；参加者在年满58岁时，可以一次性取出自己的账户余额，也可以转换为年金领取。小额养老金计划实行一年多来，已经有4万多名女性参加，包括小摊贩、家庭佣人、建筑工人、拾荒者等①。孟加拉国小额信贷银行Grameen

Bank 也在 2000 年推出了相似的小额养老金储蓄账户计划（Barua，2006）。

非正规性的养老保险计划对于保障非正规就业人员，特别是女性的老年收入起到了一定的作用。但是，由于这种养老保险计划覆盖范围小，资金来源不充裕，而且面临着成员无力缴纳保费的风险，其可持续性和保障水平都受到一定的限制（Kasente，2000）。因此，这种非正规的养老保险计划只能是一种补充性和过渡性的措施。

（四）老年贫困女性的"安全网"：养老金补贴及养老救助

即使在采取了上述政策措施后，老年女性还是更容易陷入贫困之中。从养老保障的角度来说，还需要一个最后的"安全网"来解决老年女性的收入不足问题。这一点在世界银行关于养老保险的"五支柱模式"中得到了体现。世界银行关于养老保险的"五支柱模式"中的"零支柱"(Zero Pillar) 即是建立一个由政府财政支持的、针对老年贫困人口的最低养老保障制度；这一制度的目标是减轻老年脆弱群体的贫困，为他们提供最低保障（Holzmann, et al.，2008）。

针对老年贫困的"安全网"政策主要包括如下两个类型：一是"嵌入"到养老保险体系中的养老金补贴条款和最低养老金保障条款；二是与养老保险体系相分离的养老救助或社会救助（Smeeding，2001）。一般而言，"安全网"政策的资金来源主要是政府的公共财政；其受益方式主要有两种：一种是普惠型的（Universal or Flat-rate），另一种是基于收入调查或家计调查型的（Income-tested or Means-tested）。普惠型补贴或救助向所有达到资格条件的居民提供相同的补贴或救助；而基于收入调查型的补贴或救助，则仅向那些收入水平低于某一标准的人群提供，补贴或救助的基础是家庭或个人的收入或基本需求。

1. 养老金补贴（Pension Credit）

英国 2002 年养老金补贴法案（Pension Credit Act 2002）决定于 2003 年引入养老金补贴（Pension Credit），以降低老年贫困的发生率。养老金补贴的获得是基于收入调查型的，年满 60 岁以上的人口、收入在某一水平线之下者都有资格获得养老金补贴。这一补贴是在已有养老保险体系的基础上设立的，其目的是对养老金不足者提供补贴。养老金补贴实施以来，已经成为英国减轻老年贫困的主要政策手段。2003~2005 年，就有大约 330 万名老年人接受了养老金补贴，其中

---

① 参见 SEWA 网站，http://www.sewabank.com/uti-sewa-bank-pension.htm。

大约 2/3（218 万）是老年女性（DWP，2005）。

2. 最低养老金保障（Minimum Pension Guarantee）

最低养老金保障与养老金补贴具有相同的含义，即对于那些正常养老金收入达不到标准线的老年人口进行补贴。例如，瑞典的保障性养老金（Guarantee Pension），对达到退休年龄的老年人口，如果其正常养老金收入达不到最低养老金水平，那么就可以获得保障性养老金。墨西哥和智利的最低保障性养老金则规定，有资格申请者，必须已经参保养老保险，并且达到最低缴费年限（智利 20 年，墨西哥 1250 周）；申请人在达到了最低缴费年限后，如果家庭或个人收入低于最低养老金标准，那么就可以获得最低保障性养老金。

即使在一些建立普惠型养老保险体系的国家，如丹麦和加拿大，如果退休后养老金收入低于最低标准，也可以再获得一个普惠型的补充养老金（Universal Pension Supplement）。这里的普惠型补充养老金也具有最低保障性养老金的性质。

3. 养老救助（Old-age Assistance）

养老救助属于社会救助系统，它和养老保险体系一般是分离的，其资金来源主要是政府的公共财政。养老救助的目标是减轻老年贫困。美国的老年补充收入补贴（Old-age Supplemental Income Benefit）[①] 属于独立于养老保险体系的养老救助或社会救助。老年补充收入补贴从政府公共财政中支出，不从社保基金中支出。

一些国家既有最低保障性养老金，也有养老救助。如智利，在最低保障性养老金之外，还设立了老年救助金（Old-age Assistance Pension），作为最低保障性养老金之外的又一层"安全网"。

（五）结论

养老保险中的性别差异，一是来自男性和女性在劳动市场中的差异，如就业年限和工资收入等；二是来自养老保险的制度设计。给定女性在劳动市场中的弱势地位，任何与就业和收入相关联的养老保险设计都对女性不利。针对这种情况，一些国家在其养老保险的制度设计中，提供了对女性进行补偿的条款。一些发达国家经过几十年，甚至上百年的时间形成的养老保险中对女性的保护性政

---

① 属于美国补充保障性收入（Supplemental Security Income，SSI）的一部分；补充保障性收入提供给收入低于最低标准的 65 岁以上的老年人、盲人、残疾人；从政府公共财政中支出，不从社保基金中支出。

策,可以说是一个较为完整的体系,既包括了家庭补偿和社会补偿,又包括了针对就业特征的政策和最后的"安全网"。

图7.5总结了养老保险中的性别政策。针对已经被养老保险覆盖的女性而言,由于其就业中断和较低的收入水平导致的养老金不足,可以使用基于引致性权利的养老保险政策进行家庭内部补偿,同时使用家庭照料补贴对女性进行社会补偿。没有被养老保险覆盖的女性,一部分未参与劳动市场,主要进行无报酬的家务劳动和家庭照料,则可以使用基于引致性权利的养老保险政策对之进行家庭内部补偿;对于参与劳动市场,但是进入非正规就业的女性,则可以使用有关非正规就业的养老保险政策为她们提供养老保障。最后,对于那些仍然落入贫困中的老年女性,则为之提供养老金补贴或养老救助,以维持其老年生活。

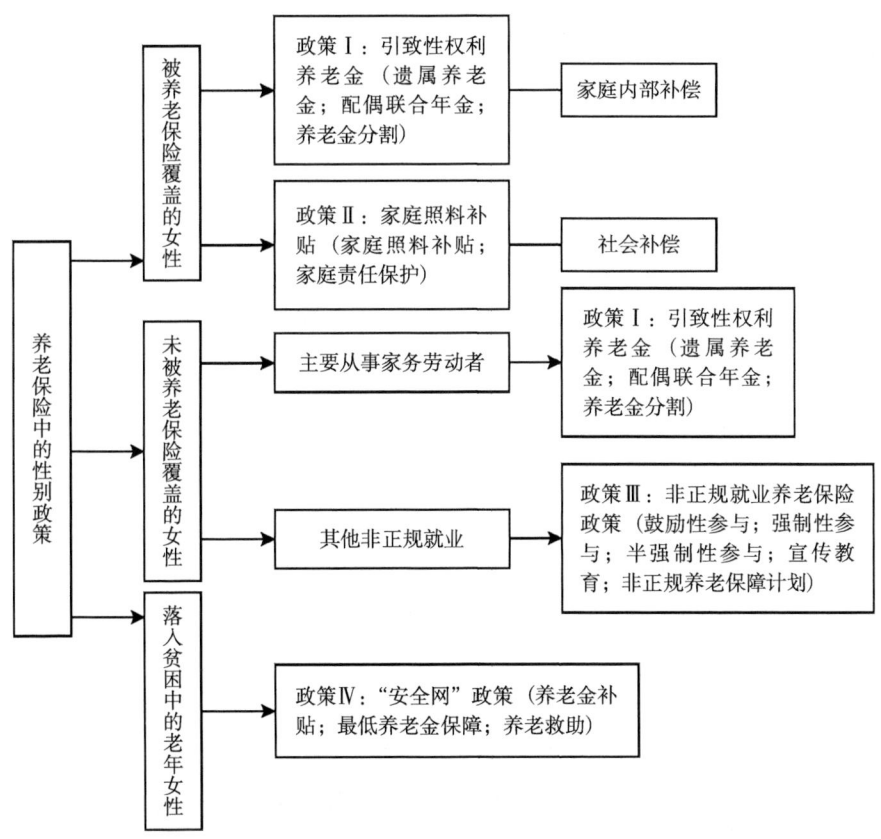

图 7.5 养老保险中的性别政策总结

当前,在中国的养老保险体系中,针对女性的政策措施还没有进入政策制定者的视野当中。可以预计,在当前的体系下,老年女性更容易陷入贫困当中。其他国家的发展历程已经证明了这一点。对其他国家解决女性养老保险问题的政策回顾,可以为中国下一步在政策设计上应对女性养老保险问题提供一些参考。

第二节 非正规就业与农民工养老保险设计的性别分析

在中国庞大的农民工群体中,非正规就业者占了相当大的比重。但是,由于各种原因,他们既不能参加正规的社会养老保险,也很难获得其他形式的养老保障。在这种情况下,他们极易在老年之后陷入贫困。而在非正规就业的农民工中,女性处于更加弱势的地位,在其预期寿命高于男性的情况下,她们更易陷入贫困,成为脆弱性最高的群体(World,1994;Chen,et al.,2004;Jhabvala and Sinha,2006)。鉴于此,研究和考察非正规就业农民工的养老保障问题,不仅有利于这一群体的女性,而且对缓解即将到来的老龄化社会中的老年贫困问题具有重要意义。

实际上,为非正规就业者提供适当的养老保障,一直是各国养老保障体系所面临的挑战(Chen,et al.,2001;Canagarajah and Sethuraman,2001)。近年来,一些国家针对非正规就业者的养老保障问题提出了一系列的政策措施。那么,这些措施能否适用于中国非正规就业的农民工?如何为这一群体提供适当的养老保障?如何在政策设计和实施过程中充分关注女性的特殊需要?本节在2008年10月东莞、顺德以及2009年3月重庆、上海、苏州、大连等地的田野调查基础上对这些问题进行分析,并提出相应的政策建议。

(一)非正规就业农民工的规模与特征

关于非正规就业有许多不同的定义,其基本特征可以概括为那些非标准的、未被官方记录的、临时性的以及不受法规约束和保护的就业(Hussmanns,2004;Hussmanns,2005)。根据ILO(2002),非正规就业既包括在非正规部门的就业也包括正规部门中的非正规就业。本书将非正规就业的农民工界定为没有与单位

第七章 社会保障项目的性别分析

签订劳动合同的农民工,包括两部分,一是没有劳动单位的自我雇佣者,二是虽然有单位,但没有与单位签订正式劳动合同的农民工。

对于非正规就业农民工的规模,虽没有确切的统计数据,但鉴于工伤保险是当前农民工群体参与最广泛的社会保险类型,本书以是否被工伤保险覆盖作为农民工非正规就业的代理变量,来粗略估计农民工群体中非正规就业的规模。因为经济发展水平以及社会保险方式的不同,各城市非正规就业农民工的规模有差异,比重在20%(上海)到50%(重庆)变动。如果以国家统计局女性农民工占36%的比重估计,女性非正规就业农民工的数量在调查城市中高者达65万(东莞)和63万(重庆),如表7.1所示。而从国际经验看(Chen,2001;Chen,et al.,2004;ILO,2002;ILO,2007),女性更容易进入非正规就业中,且处于非正规就业的低端,从而,非正规就业的女性农民工还将呈现快速增长的趋势。

由于户籍制度导致的城乡和地区劳动市场分割,非正规就业农民工具有城镇非正规就业者不具备的一些特征。

表7.1 非正规就业农民工情况

城市	农民工(万人)	正规就业(万人)	非正规就业(万人)	非正规就业比重(%)
重庆	332.3	157	175.3	52.75
上海	403	326.23	76.77	19.05
苏州	168	100	68	40.48
大连	65	46.1	18.9	29.08
东莞	523.46	342	181.46	34.67
顺德	100	64.9	35.1	35.10

资料来源:各地《统计年鉴》、网上资料及笔者访谈记录。其中,重庆为2007年数据,其他城市为2008年数据。

首先,从就业层次上看,非正规就业的农民工多集中在非正规就业的低端。笔者在重庆和苏州的访谈中获知,非正规就业农民工的职业多集中在垃圾清运、清洁、临时工、家政服务、护工、无固定摊位的流动摊贩、三轮车夫等。在一些服务业行业中,如酒店、宾馆等,做服务员的一般是外来农民工,而且多为女性。等这些人年龄稍大,就只能退到酒店的后台服务部门,做更低级的清洁工作。在同部分企业人事经理的访谈中得知,本地人都不愿意做这些服务性工作。

其次,不同于城镇的非正规就业者,农民工群体中的非正规就业者既不能通过"单位"也不能通过当地政府获得一般性的社会服务和社会保护,他们是城镇劳动群体中最为边缘和最为脆弱的群体，需要依靠自己极不稳定的就业收入应对各种风险。

再次，非正规就业的农民工收入极低，且不稳定。同在一家宾馆的女性农民工，前台服务员基本都参加了社会保险，月收入在 1000~1200 元；而在后台做重体力劳动的清洁工和客房整理工，基本不在企业正式员工之列，也没有参加社会保险，其月收入只有 600~800 元。在重庆一个社区做清洁工的农民工的月收入只有 500 元，而在苏州做小时工的女工一个小时只有 10 元左右的收入，且处于"有活就干，没活就闲着"的半就业状态。

最后，女性农民工由于承担生育、哺育等家庭照料责任，更容易被"甩进"低端的非正规就业。大量进入正规就业的女性农民工主要依靠的是年龄优势；当她们到生育年龄之后，由于缺乏生育期间的保护，极易中断正规就业，回到老家完成生育。等她们再回到城市劳动市场，年龄优势不复存在，只能进入到非正规就业中。

（二）意愿与支付能力分析

非正规就业者对正规社会养老保险的需求取决于他们的参保意愿和支付能力。已有研究表明非正规就业者参加正规社会养老保险的意愿较低（Keizi，2006；Jhabvala and Sinha，2006）。对这一点的主要解释是，未来的老年保障并不是他们当前的最迫切需要；相比于养老保险，当前的必要生活开支和医疗保险以及子女教育无疑更具吸引力。从经济学角度看，他们的主观"贴现率"较高，相对于未来他们更偏好当前消费。出于"规避"养老保险缴费目的而进入非正规就业的现象则从现实角度对这部分人群较低的参保意愿提供了证据。即使在智利等实行完全积累制养老保险制度的国家，也出现了因为"规避"养老保险缴费而导致的大量非正规就业人口（Barrientos，2002；Mesa-Lago，2008）。

笔者的实地调查表明，非正规就业农民工对参加社会养老保险缺乏主观意愿，特别是那些集中在低端非正规就业的女性农民工。这首先与其就业和收入特征有关。非正规就业的农民工就业层次和收入水平低，且不稳定；他们的收入在应付当前基本生活需要后，基本没有剩余。当前的基本生活需要、意外事件、健康风险以及子女教育是他们最迫切的需要；至于未来的老年生活，对于他们而言并不是最迫切的需要。

其次，囿于户籍制度导致的城乡分割和地区分割，相对于城镇非正规就业者，农民工群体中的非正规就业者不能从所在城市获得社会救助，也因此完全暴露在风险之中。在这种情况下，应对紧急事件完全需要依靠他们自己的力量。这种情况无疑又大大增加了他们对当前就业和收入的偏好，从而相对降低了他们的参保意愿。

此外，参保意愿不足还与非正规就业农民工对正规社会养老保险的信任程度有关。非正规就业农民工远离城市管理当局，而城市管理当局也没有把他们当作服务对象，这造成了非正规就业农民工对包括社会保险在内的城市管理和服务体系持一种不信任的态度。这种不信任造成了他们在考虑未来的老年生活保障时，并没有将正规社会养老保险包括在内。在实地调查中，当向被访谈者提及社会养老保险时，他们基本都表现出了与自己无关的态度。

对于非正规就业的女性农民工而言，除了上述原因外，还由于她们承担的生育、哺育等家庭照料责任，使得她们的就业时间和收入少于男性，对正规社会养老保险的参保意愿更低。

与参保意愿相联系的另一个概念是参保的支付能力。考察参保支付能力的一个指标是实际缴费额占收入的比例。笔者以调查城市本地非正规就业人员参保的缴费比例来模拟非正规就业农民工的参保缴费额。根据非正规就业农民工收入低的特点，本书选择使用最低档缴费基数进行计算。根据笔者的调查，假定了不同层次非正规就业农民工的月收入水平：最高档为1800元，中间档为1200元和1000元，最低档为800元，如表7.2所示。虽然各地都对非正规就业人员参加养老保险给出较为优惠的条件，例如缴费基数可以自行申报、费率较低等，但是由于大多数非正规就业人员需要自己缴纳所有费用，而且他们的收入也低于当地在岗职工的平均工资，因此其实际缴费额度占月收入的比例并不低。例如在重庆，月收入1200元的农民工，其实际缴费率高达22.5%；且收入越低，实际缴费款越高。对于月收入为800元的农民工，其实际缴费率高达33.7%。这一实际缴费率在广州更是高达69.0%。这一点也在我们的访谈中得到了印证，在大部分收入较低的非正规就业农民工的心目中，收入仅能维持当前的生活以及供应子女上学等最迫切的需要，养老保险属于可望而不可即的"奢侈品"，离他们的现实生活很远。

表 7.2 调查城市非正规就业人员养老保险缴费与收入

城市	最低档缴费基数（元）	费率（%）	实际缴费（元）	缴费额占假定月收入比重（%）			
				1800元	1200元	1000元	800元
重庆	1349.4	20	269.9	15.0	22.5	27.0	33.7
上海外地	1975.2	7	138.3	7.7	11.5	13.8	17.3
上海本地	960	30.5	292.8	16.3	24.4	29.3	36.6
苏州	1650	20	330.0	18.3	27.5	33.0	41.3
大连	1581	20	316.2	17.6	26.4	31.6	39.5
东莞	1655.4	18	298.0	16.6	24.8	29.8	37.2
顺德	1655.4	18	298.0	16.6	24.8	29.8	37.2
深圳	2759	19	524.2	29.1	43.7	52.4	65.5
广州	2759	20	551.8	30.7	46.0	55.2	69.0

（三）制度分析

对五城市城镇非正规就业人员和农民工参加社会养老保险制度规定的调查显示，非正规就业的农民工，既不能以城镇非正规就业人员的身份参加社会养老保险，也不能像正规就业的农民工一样参加农民工社会养老保险，从制度上被排除在正规社会养老保险之外。所调查的五城市中，虽然允许非正规就业人员以低费率参保，但其覆盖范围仅限于有本地户籍的非正规就业人员。对于农民工参加养老保险，在调查城市中，重庆建立了独立的农民工养老保险体系；上海实行的是外来从业人员综合保险制度；苏州、大连（开发区）、东莞、顺德、深圳、广州则将农民工纳入城镇企业职工基本养老保险。人力资源和社会保障部出台的《农民工养老保险暂行办法（征求意见稿）》的基本思路是将农民工以低费率和低待遇纳入到城镇企业职工基本养老保险中。在这些模式与办法中，都规定只有与用人单位建立了正式劳动关系的正规就业农民工才能参加。上海综合保险虽然规定允许外地非正规就业人员参加，但是从上海相关部门的访谈中获悉，基本上没有外地非正规就业人员参保。

从制度上分析，将非正规就业的农民工排除在正规社会养老保险之外，首先来源于其就业的"非正规化"状态。从社会养老保险在工业化社会建立之初起，就确立了雇主和雇员共同负担、社会化管理的原则。从经济学角度看，将非正规就业排除在社会养老保险之外是由于养老保险需要保证缴费连续性与基金的可持续性，而非正规就业者的一个主要特征恰恰是就业和收入的不稳定；另外也来源于管理上的困难，特别是保费征缴的困难（Barrientos，2002；Keizi，2006）。

上述情况也适用于非正规就业农民工：他们既无企业，也远离城市管理当局的视线，缺乏就业和收入记录。在这种情况下，如何辨别他们的就业形式和收入以确定缴费基数就成为一个难题。现在各城市本地非正规就业人员参保的缴费基数一般都以当地在岗职工的月平均工资作为基数，而这个基数显然要高于非正规就业农民工的正常收入。

此外，非正规就业农民工还面临着户籍制度导致的城乡分割和地区分割造成的障碍。非正规就业农民工既不属于打工城市居民，而其就业和收入也已经离开了流出地，在确定养老保险关系上处于"三不靠"的境地：既没有单位作为依托，也脱离了流出地和打工地政府的管理范围。而养老保险缴费和待遇的地区差异，又使问题进一步复杂化：由于不能确定非正规就业农民工的就业状态和收入水平，在非正规就业人员缴费低于正规就业人员且待遇相同的条件下，如果允许非正规就业农民工在打工地参加社会养老保险，那么接受非正规就业农民工参保的地区无疑会承受持续的养老基金支付压力。这也是我们在调查中打工地城市社保管理机构一再表达的不允许非正规就业农民工参保的主要原因。

（四）政策选择

从国际经验看（Jhabyala and Sinha，2006；Palacios，2008；Hu and Stewart，2009），为非正规就业人员提供养老保障，不外乎以下四种选择：一是通过灵活的缴费方式、较低的费率等，将其纳入到正规社会养老保险体系中；二是设计更加灵活的、专门针对非正规就业的养老保险体系；三是发展和利用非正规的和传统的养老保障模式；四是实行普惠制（Universal）的养老救助或养老补贴机制（Pinheriro，2006；Willmore，2006）。

通过灵活的缴费方式、较低的费率等将非正规就业人员纳入到正规社会养老保险体系中，首先需要一个管理和运作比较成熟的社会养老保险体系，特别是社会养老保险要具有可持续的基金支付能力。对于经济发展水平较低的国家而言，其正规的社会养老保险体系并不成熟，不仅管理水平欠缺，而且还面临着较大的资金缺口，因此，这一"纳入型"的思路并不适合经济发展水平较低的国家（Benda-Beckmann and Renate，1999；Kasente，2000）。

具体到中国，综合考虑非正规就业农民工参加正规社会养老保险的需求方面（意愿和支付能力）以及供给方面（制度），上文的分析表明，将非正规就业农民工纳入到正规的社会养老保险，还存在着一些不可克服的障碍，至少在短期内不是一个现实的选择。而即使在政策设计上将他们纳入到正规社会养老保险中，我们的调查也表明，一些城市社保机构的管理水平还不足以实现这一政策目标。

设计更加灵活的、专门针对非正规就业人员的养老保险体系，实际上是为这一群体在城镇企业职工基本养老保险体系之外再建立一个体系，其结果是导致全国养老保险制度的"碎片化"，而这正是政府社保当局极力避免的问题（刘卫，2009）。

所谓非正规化的养老保障，是指那些小型的、建立在互惠、自组织及社区互助组织基础上的养老保障项目（Kasente，2000）。这些项目在南亚一些国家和非洲部分国家中都有案例。但是，一方面，这些非正规化的养老保障项目由于资金来源单一、分散风险的范围小，缺乏可持续性；更重要的是，这些项目需要依托在已经较为成熟的互惠组织或自我组织基础上，而我们的调查表明这个基础在中国的农民工群体中并不存在。而依托社区的养老保障项目，其前提是社区的融入，而非正规就业农民工由于城乡分割和地区之间的分割，在制度上就已经决定了他们很难真正融入到城市社区中。

传统的养老保障模式，即依靠土地和子女养老，虽然在我们的调查中一直是非正规就业农民工养老保障的现实选择。但是，依靠土地和子女养老乃是适应农业社会的养老保障模式，在逐步工业化和城市化的过程中，传统保障模式已不能为已经进入城市的农民工提供有效的养老保障。

从政策选择的方向来看，鉴于非正规就业农民工的就业和收入特征以及现实的户籍制度下的城乡分割和地区分割，较为现实的办法是以缓解老年贫困为目标、以低保制度为依托，为非正规就业的农民工提供适当的非缴费型的养老救助。非缴费型保障不挤占当前的必要生活开支，与当前的就业和收入状况没有关联，从而避免缴费、管理等方面的障碍。在拉美等实行完全积累制养老保险体系的国家，社会养老救助也已经成为减轻老年贫困的主要政策手段（James, et al., 2003）。而由于女性多集中在非正规就业的低端，收入更低，老年之后陷入贫困的概率更高（Petrovic, 2008），因此这一社会养老救助更具性别敏感性。当然，这一社会养老救助的目标是缓解贫困，而不是提高老年生活水平，因此其保障水平也较低。这一点还有待于我国经济的进一步发展和社会管理水平的提高。

第七章 社会保障项目的性别分析

第三节 新型农村社会养老保险设计的性别分析

2009年9月，中国发布了《关于开展新型农村社会养老保险试点的指导意见》（以下简称《指导意见》），提出在中国农村地区建立新型农村社会养老保险制度（以下简称"新农保"），并要求在2009年新农保试点覆盖全国10%的县（市、区、旗），到2020年全面覆盖农村适龄居民。截止到2010年3月底，全国27个省（自治区）的320个试点县和4个直辖市的新农保试点已经全部启动，覆盖面达11.8%，共有1570万60周岁及以上老年农村居民领到基础养老金，4685万人参保缴费，参保率超过50%。新型农村社会养老保险制度的建立，为农村老年居民提供了一个可靠的收入来源，有助于改善他们的基本生活条件，降低老年农村居民的贫困率，促进城乡平等。

但是，我们注意到，农村女性从新农保中受益还存在一些障碍。与城市人口和农村男性人口相比，农村女性不论是在劳动分工、经济收入、社会地位还是家庭关系中，都还处于弱势；特别是老年农村女性，她们是分城乡和分性别的四个老年群体中最为脆弱的群体（贾云竹，2007）。如果新农保的制度设计不能充分应对农村女性的这种弱势地位，就有可能出现女性利益受损的情况。那么，现行的新农保政策的制度设计是否充分关注了农村女性的特殊需要？在其推进过程中，可能会产生哪些性别影响？对这些问题的回答，将有助于理清新农保政策设计面临的性别挑战，提高新农保的性别敏感性，有助于在新农保的实施过程中保护农村女性的利益。

本节主要基于案头研究，根据相关新型农村社会养老保险的政策文件，包括中央政府的文件和各地方政府的文件以及养老保险和性别研究的相关文献，并辅之以安徽省当涂县和江苏省洪泽县新农保的实地调查，对新农保政策设计中的性别影响进行分析和评估，提出相应的改进建议。

（一）新型农村社会养老保险的实施背景与制度特征

1. 新农保的实施背景

事实上，在新农保之前，中国农村曾经建立过一个农村社会养老保险制度。

1992年民政部发布了《县级农村社会养老保险基本方案（试行）》，开始在全国范围内推进农村社会养老保险（"老农保"）。老农保的筹资以个人缴纳为主，没有明确政府的补贴责任。由于老农保的保障作用非常小，各地区的农村居民参加老农保也没有积极性（曾庆芬，2006）。在这种情况下，国务院在1999年7月指出目前我国农村尚不具备普遍实行社会养老保险的条件，决定对已有的业务实行清理整顿，停止接受新业务，有条件的地区应逐步向商业保险过渡（张静、江海，2007）。此后，对农村社会养老保险制度一直处于讨论过程中（曲大维，2007）。

2007年中国共产党十七大报告正式提出要"探索建立农村养老保险制度"，但是对如何建立农村养老保险制度没有提出明确的原则和方向。2008年10月中共十七届三中全会《中共中央关于推进农村改革发展若干重大问题的决定》对建立农村社会养老保险制度提出了一个明确的指导性意见，即"按照个人缴费、集体补助、政府补贴相结合的要求，建立新型农村社会养老保险制度"。在这个文件中，第一次正式提出了农村养老保险制度中的政府财政补贴责任。2008年国务院政府工作报告提出"鼓励各地开展农村养老保险试点"；2009年政府工作报告明确提出了要建立新型农村社会养老保险，并提出了当年的推进时间表。2009年6月24日国务院常务会议正式明确了建立和推进新农保的基本原则，即"保基本、广覆盖、有弹性、可持续"，在筹资方式上确立了个人缴费、集体补助和政府补贴相结合的方式。

2009年8月18日全国新型农村社会养老保险试点工作会议对新农保实施的具体问题进行了安排和部署。2009年9月1日国务院发布了《关于开展新型农村社会养老保险试点的指导意见》，对新农保的基本原则、任务目标、参保范围、基金筹集、个人账户管理、养老金待遇发放以及经办管理等进行了详细说明。2010年国务院政府工作报告提出了该年新农保覆盖范围扩大到23%的县的目标。

2. 与性别影响相关的新农保制度特征

第一，不同于城镇的社会保险，新农保采取自愿参保的原则。新型农村社会养老保险没有规定强制性，而是通过一定的政策措施，如政府财政承担的基础养老金和参保补贴，"吸引"农村居民参保。新农保的"自愿参保"原则，一方面是为了抵消农村居民对"强制"性的抵触心理，以扩大参保率；另一方面，"自愿参保"和允许对个人账户缴费档次进行选择的规定，也照顾了当前中国农村地区之间和不同收入群体之间的巨大差异。

第二，新农保采用了"基础养老金+个人账户"的模式，这一模式与统筹和个人账户相结合的城镇职工基本养老保险类似。但是，不同于城镇职工基本养老保险，新农保的基础养老金是由政府按照普惠制的原则（Universal Flat Rate）统一发放的。按照《指导意见》，基础养老金的最低标准为每月 55 元，中央政府负担中西部地区的全部最低基础养老金，负担东部地区最低基础养老金的 50%。各地方政府可以自行调高基础养老金标准。

第三，不同于老农保和城镇职工基本养老保险，在新农保的筹资机制中，政府补贴占了重要地位。政府补贴责任到位是新农保区别于老农保的主要特征，也是新农保能够快速推进的主要原因（杨娟、何涛焘，2009；于桔云，2009）。

新农保的政府补贴的第一个方面一是"补出口"。"补出口"分为三部分：第一部分是中央政府规定的最低基础养老金每人每月 55 元，其中中央政府对中西部地区进行全额补贴，对东部地区补贴 50%。第二部分是各地方政府自行提高的基础养老金待遇。第三部分是一些地方政府规定的长年缴费的激励措施，即长年缴费参保的人员，在缴满一定年限后，多缴年份的基础养老金奖励。

政府补贴的第二个方面是"补入口"：一是按照缴费档次对参保人的个人账户进行补贴。二是地方财政对困难群体和重度残疾人参保缴费的补贴，对农村重度残疾人等缴费困难群体，试点县应为其代缴全部最低标准的养老保险费。

（二）新型农村社会养老保险的性别平等效应

在已有的研究中，养老保险中的性别分析框架主要基于两个方面：一方面是男性和女性在劳动和就业市场中的特征和表现；另一方面是养老保险参保资格、受益条件的制度规定（Bertranou，2001；James, et al., 2003）。给定女性在就业和劳动市场中的特征和表现弱于男性，那么任何与就业、收入、缴费等相关联的养老保险受益设计都不利于女性。一般而言，越是与缴费和就业年限联系紧密的养老保险设计，越不利于养老金受益水平上的性别平等（Ginn, et al., 2001）。正如 World Bank（1994）所指出的，"女性在任何以收入和就业为基础的老年保障安排中都处于不利地位"。

在城镇职工基本养老保险制度中，统筹部分养老金（相当于新农保的基础养老金）是与就业年限和缴费年限相联系的（满 15 年后，每多缴一年统筹部分养老金增加 1%）。在给定女性提前退休和较短的就业年限的条件下，女性统筹部分养老金低于男性。同样的，在城镇职工基本养老保险中，个人账户积累是根据个人缴费工资确定的缴费率缴费的，在给定女性提前退休和工资收入低于男性的条件下，个人账户养老金的积累额也少于男性。在这样的制度设计下，女性在劳动市场中不利的表现和经历都会映射到其养老金领取额上，从而将劳动市场中的性别不平等延伸到退休后。而新农保的制度安排则从如下两个方面促进了农村居民养老保险制度中的性别平等，这是值得肯定的。

第一，中国农村的新型社会养老保险制度在基础养老金上具有"普惠制"的特征，这一点明显有利于养老金中的性别平等（Edwards，2001；Willmore，2006）。"普惠制"的基础养老金割断了养老金与就业年限和收入的联系，这对处于弱势地位的农村女性而言无疑是有利的。"普惠制"的农村养老金制度对性别平等的正面影响也已经被其他一些国家的经验所证明（Lloyd-Sherlock and Barrientos，2009）。

第二，新农保对农村缴费困难群体的缴费补贴有利于女性。国务院新农保《指导意见》规定，对农村缴费困难群体，地方政府为其代缴部分或全部最低标准的养老保险费。各个地方政府也都对本地区农村缴费困难群体的参保缴费的补贴额度进行了规定，这些缴费困难群体主要包括重度残疾人、享受农村低保的贫困人口等。在农村女性贫困人口多于男性，特别是老年女性人口不断增加的情况下（World Bank，2002；王德文、张恺悌，2005；贾云竹，2007），这一补贴有利于农村女性获益。这也被国外的相关经验所证实。例如，英国对困难群体参加养老保险缴费补助的受益人群中，超过 2/3 的为女性（DWP，2005）。

（三）新型农村社会养老保险对女性的不利影响

1. 参保缴费与个人账户

按照新农保《指导意见》和各地新农保的实施方案，农村居民参加新农保遵循"自愿参保"的原则，在当前农村的社会性别关系下，可能对女性造成不利影响。

自愿参保对女性的影响取决于女性在家庭决策中的地位。如果女性在家庭决策中拥有一定的权力，那么女性参保的可能性就会大大提高。值得肯定的是，中国农村已婚的年青一代女性在家庭中的地位大大提高了（World Bank，2002；阎云翔，2005；郭于华，2001）。这种状况使得这部分女性可以同家庭中的男性一样参保。但是，正如有研究所指出的（胡玉坤，2009），农村女性仍然受到"男尊女卑"性别歧视的影响，传统家庭的"男主内、女主外"的模式仍然存在。如果这种传统性别关系反映到社会保险中，那么就会导致社会保险中的女性仍然处于弱势地位。

在当前中国农村的社会性别关系下,在新农保参保上容易受损的主要是如下群体,即农户家庭中未出嫁的女儿。在中国当前农村的性别关系下,出嫁的女儿类似"泼出去的水",是属于另一个家庭的人。而养老金需要未来若干年内领取,因此她们缴费参保的家庭和养老金领取的家庭是不同的。这样,当她们在未出嫁之前面临参保选择时,可能发生的情况是不给她们参保,留待她们出嫁之后由丈夫的家庭为她们参保。

安徽省马鞍山市当涂县是新农保的试点县之一。截止到 2010 年 3 月,符合参保条件的 16~59 岁人口中总参保率为 68.68%,但是参保率却存在明显的性别差异。图 7.6 显示,在 16~24 岁人口中,男性的参保率大于女性,而这个年龄段中的女性大多为未出嫁的女性,她们的参保率明显低于男性。在 25~29 岁年龄组中,女性的参保率高于男性,而这个年龄段中的女性大多数已婚。这种情况表明,农村女性在出嫁后更易参保。

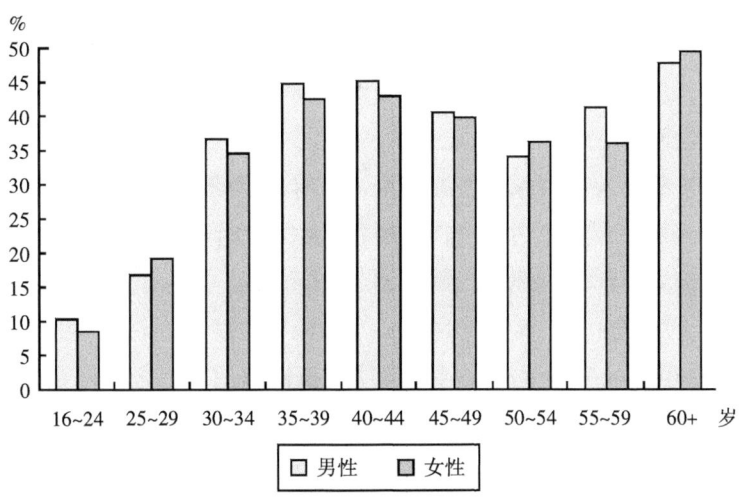

图 7.6 安徽省马鞍山市当涂县截止到 2010 年 3 月分性别的参保率

资料来源:当涂县人力资源和社会保障局:《当涂县新型农村社会养老保险试点工作开展情况汇报》,2010 年 4 月。

2. 新农保经办管理中的性别问题

在新农保的推进过程中,经办管理工作是基础性工作,其重要性不言而喻。按照人力资源和社会保障部《新型农村社会养老保险经办规程(试行)》(以下简称《经办规程》)的规定,新农保业务由社会保险经办机构和乡镇劳动保障事务所等具体经办,村协办员协助办理,实行属地化管理。从目前中国农村,特别是中西部偏远地区农村的现实情况来看，新农保的基层经办管理建设严重滞后，管理能力不足，难以支撑繁重的管理任务（林义，2010）。相关数据显示，在2209个县级经办机构中，只有1267个建立了新农保经办机构，占57.4%；在29378个乡镇中，只有4137个建立了新农保经办机构，仅占14.1%；按照目前的人员配备情况，1名工作人员需要面对2万多名农民的参保、领取等经办业务。

农村女性的教育和文化程度低于男性，特别是中西部地区的老年女性，她们的文盲率远高于男性。不仅如此，相对于男性农村居民，女性农村居民的教育和文化水平以及与外界沟通和交流能力都欠缺，特别是中西部地区偏远农村的女性（胡玉坤，2009）。这种状况使得她们在新农保的经办管理过程中面临困难。

首先，在对新农保的信息接收和理解能力上，文盲和教育程度较低的农村女性，特别是老年女性，对新农保的正确理解存在困难。其次，新农保的参保申请、登记等，需要参保个人当场填写、确认，这需要参保者具有一定的文化知识和理解能力，从而对各条款有大致的了解，而这对于那些老年女性，特别是不识字的农村女性而言，也存在困难。

此外，按照各地新农保的经办规则，所有的缴费及养老金领取需要通过农村的金融机构经办。然而，中国当前农村金融机构网点的分布存在明显的地区差异，没有覆盖到全部农村地区。截止到2007年末，全国有2868个乡镇没有任何金融机构，约占全国乡镇总数的7%（中国人民银行农村金融服务研究小组，2008）。那些距离城市较近的农村还有便利条件利用城市金融网点进行缴费和养老金领取，但对那些居住地较为偏远的农村居民，缴费和养老金领取都要面临高昂的交通成本。这一点在农村女性，特别是农村老年女性身上表现得更加突出。一些农村老年女性可能一辈子从未出过自己居住的村庄，让她们到距离居住地较远的城市金融网点缴费和领取养老金，存在的困难可想而知。

（四）女性外出就业农民工与新农保

近年来，在中国农村外出就业的农民工中，女性所占的比例越来越高，根据第二次全国农业普查数据，截止到2006年农村外出农民工1.32亿，其中女性外出农民工为4747万，占36%。相比于男性农民工，女性农民工更多进入低端的非正规就业中，她们就业层次低于男性，工资收入低于男性，比男性更早退出城市就业（中国社会科学院经济研究所课题组，2009）。在养老保险获得上，对于那些不能参加城镇基本养老保险的女性农民工，特别是那些进入非正规就业的女性农民工，她们面临着回户籍所在地参加新农保的问题；而对于那些已经参加了城镇基本养老保险又打算回农村养老的女性农民工而言，则面临着如何将城镇基本养老保险转移接续到新农保的问题。

国务院新农保《指导意见》以及各省新农保的实施办法都明确规定具有本地户籍的农村居民都可参加新农保。因此，对于回户籍所在地参加新农保的农民工而言，不存在制度障碍。但是，外出就业农民工回户籍所在地参加新农保也存在一些问题，首先表现在新农保的信息传递上。课题组在安徽和江苏等地对新农保的调查显示，影响参保率的一个主要原因是新农保经办人员无法联系上外出就业的农民工，特别是那些全家外出的农民工。其次是外出打工农民工如何缴费的问题。新农保的缴费和养老金领取都是通过金融机构进行的，但是还没有制定异地缴费的相关规定，这给外地就业农民工的缴费和养老金领取带来困难。

对于已经在打工地参加城镇养老保险的农民工而言，面临的问题是如何将城镇养老保险关系转移接续到户籍所在地的新农保。关于这一转移接续问题，国务院新农保《指导意见》没有给出具体的衔接办法，待"人力资源和社会保障部会同财政部制定"。这就意味着在具体办法没有出台之前，农民工还不能将城镇社会基本养老保险转移回户籍所在地的新农保。而相对于男性农民工，女性农民工更早退出城市就业市场，在城市就业的年限更短（中国社会科学院经济研究所课题组，2009），因此对衔接办法的出台更为迫切。

（五）结论

本书在梳理和分析新型农村社会养老保险的各种政策规定以及相关研究的基础上，对新农保的性别影响进行了分析和评估。新农保实行的普惠制的基础养老金，减弱了经济收入与养老金受益之间的联系，有利于新农保中的性别平等；对困难群体参保的政府补贴也有利于女性。但是，新农保的制度设计中也存在一些不利于女性的性别影响：

第一，在参保缴费上，虽然中国农村女性的家庭地位有了很大提高，特别是已婚的年青一代女性，她们在家庭决策中的地位使她们能够与男性共同参保。但是，农村传统的对女性的歧视以及家庭资源配置中的"男性优先"可能使她们面临不能参保的境况，这一点在未出嫁的年轻农村女性群体中表现得尤为明显。

第二,在中国农村,相比于男性,农村女性的教育和文化水平都较低,文盲率远高于男性,这种情况导致了农村女性在参保缴费、领取养老金等经办环节上面临着比男性更大的困难。而当前新农保的基层经办管理建设严重滞后,又使这种情况更加严重。

第三,外出打工的女性农民工还面临着如何回户籍所在地参加新农保以及如何将打工地城镇养老保险与新农保衔接的问题。回户籍所在地直接参加新农保,没有制度安排上的困难,问题在于如何获得及时、准确的户籍所在地新农保信息以及如何顺利地在外地缴费。女性农民工的城市就业年限更短,因此她们迫切需要了解新农保与城保之间的转移衔接办法。

根据上面的分析,本书对新农保政策有如下改进建议:

第一,提高和加强政府对困难群体和弱势群体缴费的补贴力度。国务院新农保《指导意见》和各地的实施方案都规定了对困难群体和弱势群体参保缴费的政府补贴政策。但是,大多数都限于最低档次缴费。困难群体和弱势群体中的女性比例高于男性,因此提高政府对困难群体和弱势群体参保缴费的补贴,将有利于女性。

第二,提高新农保的经办管理能力,特别是最基层的乡镇和村一级的新农保经办管理能力,有利于教育和文化程度低、缺乏社会交往的农村女性参保。

第三,针对女性农民工更早退出城市就业市场、在城市就业时间短的情况,尽快制定和出台城镇企业职工基本养老保险和新农保之间的转移衔接办法。

参考文献

中文文献

[1] 蔡昉. 劳动力迁移和流动的经济学分析 [J]. 中国社会科学季刊, 1996 (春): 120-135.

[2] 蔡昉, 白南生. 中国转轨时期劳动力流动 [M]. 北京: 社会科学文献出版社, 2006.

[3] 蔡昉, 都阳, 王美艳. 户籍制度与劳动力市场保护 [M]// 蔡昉. 转型中的中国劳动力市场. 北京: 中国人口出版社, 2005.

[4] 陈金永. 中国户籍制度改革和城乡人口迁移 [J]. 中国劳动经济学, 2004 (1).

[5] 陈俊, 贺晓玲, 张积家. 反事实思维两大理论: 范例说和目标—指向说 [J]. 心理科学进展, 2007, 15 (3).

[6] 陈柳钦. 社会资本及其主要理论研究观点综述 [J]. 东方论坛, 2007 (3).

[7] 陈银娥, 秦静. 社会资本与妇女农民工就业 [J]. 中南财经政法大学学报, 2005 (5).

[8] 崔传义. 农民工社会保障制度的选择 [EB]. 国研网国研报告, 2006.

[9] 戴霞. 流动人口工资收入影响因素中的性别差异——以厦门市流动妇女为例 [J]. 妇女研究论丛, 2005 (11): 14-19.

[10] 杜凤莲. 中国城镇失业与性别的职业分割 [J]. 中国劳动经济学, 2005, 2(1).

[11] 杜凤莲, 王晶. 中国城镇人口失业与性别工资差异 [J]. 市场与人口分

析，2005（4）.

[12] 都阳. 中国贫困地区农户劳动供给研究 [M]. 北京：华文出版社，2001.

[13] 杜鹰，白南生. 走出乡村——中国农村劳动力流动实证研究 [M]. 北京：经济科学出版社，1997.

[14] 高文书. 进城农民工就业状况及收入影响因素分析——以北京、石家庄、沈阳、无锡和东莞为例 [J]. 中国农村经济，2006（1）：28-34.

[15] 弓秀云，秦富. 家庭非农劳动供给时间的影响因素分析 [J]. 技术经济，2007，26（6）.

[16] 关信平，姜妙屹. 城市外来人口的基本生活与健康服务——来自成都和沈阳的调查 [M]// 李培林. 农民工：中国进城农民工的经济社会分析. 北京：社会科学文献出版社，2002.

[17] 国际劳工局. 2000年世界劳动报告 [R]. 中国劳动和社会保障部、国际劳工与信息研究所译. 北京：中国劳动社会保障出版社，2001.

[18] 郭继强. 中国城市次级劳动力市场中民工劳动供给分析——兼论向右下方倾斜的劳动供给曲线 [J]. 中国社会科学，2005（5）.

[19] 国家统计局，全国妇联. 第二期中国妇女社会地位抽样调查主要数据报告 [R]. 北京，2001.

[20] 国家统计局调研组. 当前农民外出务工情况分析 [M]// 国务院研究室课题组. 中国农民工调研报告，2006.

[21] 国家统计局服务业调查中心. 农民工生活质量调查 [OL]. 国家统计局网站.

[22] 国家统计局人口和社会技术统计司. 中国社会中的男人和女人——事实与数据 [OL]. 国家统计局网站，2006.

[23] 国家职业分类大典和职业资格工作委员会. 中华人民共和国职业分类大典 [M]. 北京：中国劳动社会保障出版社，1999.

[24] 国务院. 国务院关于解决农民工问题的若干意见. 2006.

[25] 国务院新闻办公室. 中国性别平等与妇女发展状况. 2005.

[26] 国务院研究室课题组编. 中国农民工调研报告 [R]. 北京：言实出版社，2006.

[27] 郭于华. 代际关系中的公平逻辑及其变迁——对河北农村养老事件的分析 [J]. 中国学术，2001（4）.

[28] 樊明.健康经济学——健康对劳动市场表现的影响 [M].北京：社会科学文献出版社，2002.

[29] 房莉杰.农村流动人口医疗保障研究综述 [J].甘肃理论学刊，2006，177.

[30] 胡玉坤.转型期中国的"三农"危机与社会性别问题——基于全球化视角的探究 [J].清华大学学报（哲学社会科学版），2009（6）.

[31] 胡晓义.开展新型农村社会养老保险试点，加快建设覆盖城乡居民社会保障体系 [OL].中国政府网访谈，http：//www.gov.cn/zxft/ft188/wz.htm，2009-09-15.

[32] 黄祖辉，宋瑜.对农村妇女外出务工状况的调查与分析——以在杭州市农村务工妇女为例 [J].中国农村经济，2005（9）.

[33] 侯慧丽.市场转型时期农村迁移女性的职业地位获得——对五城市流动人口移民社区的研究 [J].市场与人口分析，2005（1）：15-21.

[34] 贾云竹.中国老年妇女的经济地位状况分析 [J].浙江学刊，2007（1）.

[35] 金一虹.非正规劳动力市场的形成和妇女就业 [J].妇女研究论丛，2000（3）：16-18.

[36] 金一虹.城市化——妇女发展的又一机遇与挑战 [J].妇女研究论丛，2001（6）：4-10.

[37] 劳动和社会保障部、国家统计局.2006年度劳动和社会保障事业发展统计公报 [EB].劳动和社会保障部网站.

[38] 劳动和社会保障部调研组.当前农民工流动就业数量、结构与特点 [M]//国务院研究室课题组.中国农民工调研报告.北京：中国言实出版社，2006.

[39] 劳动和社会保障部调研组.农民工社会保障问题研究报告 [R]//国务院研究室课题组.中国农民工调研报告.北京：中国言实出版社，2006.

[40] 劳动和社会保障部劳动科学研究所课题组.中国灵活就业基本问题研究 [J].经济研究参考，2005（45）.

[41] 劳动和社会保障部社会保险研究所课题组.灵活就业群体社会保险研究报告 [EB].http：//www.usc.cuhk.edu.hk/wk_wzdetails.asp?id=2074.

[42] 蓝李焰.女性就业的边缘化——中国目前的职业性别隔离状况及其原因 [J].中共福建省委党校学报，2004(9).

[43] 李超, 孙飞. "民工潮"与"民工荒"思考 [J]. 合作经济与科技, 2007 (6).

[44] 李军峰. 就业质量的性别比较分析 [J]. 市场与人口分析, 2003 (11): 1-7.

[45] 李路路. 向城市移民: 一个不可逆转的过程 [M] // 李培林. 农民工——中国进城农民工的经济社会分析. 北京: 社会科学文献出版社, 2003.

[46] 李萌. 劳动力市场分割下乡城流动人口的就业分布与收入的实证分析——以武汉市为例 [J]. 人口研究, 2004 (11): 70-75.

[47] 李强. 城市农民工与城市中的非正规就业 [J]. 社会学研究, 2002 (6).

[48] 李强. 影响中国城乡流动人口的推力与拉力因素分析 [J]. 中国社会科学, 2003 (1).

[49] 李强. 农民工与中国社会分层 [M]. 北京: 社会科学文献出版社, 2004.

[50] 李培林. 农民工: 中国进城农民工的经济社会分析 [M]. 北京: 社会科学文献出版社, 2003.

[51] 李培林, 李炜. 农民工在中国转型中的经济地位和社会态度 [J]. 社会学研究, 2007 (3).

[52] 李实, 古斯塔夫森. 中国城镇职工收入的性别差异分析 [M] // 赵人伟, 李实, 卡尔·李思勤. 中国居民收入分配再研究. 北京: 中国财政经济出版社, 1999.

[53] 李实, 马欣欣. 中国城镇职工的性别工资差异与职业分割的经验分析 [J]. 中国人口科学, 2006 (5): 2-13.

[54] 林志斌, 李小云. 性别与发展导论 [M]. 北京: 中国农业大学出版社, 2001.

[55] 林义. 新农保试点推进中的问题与对策 [OL]. 人民网, http://society.people.com.cn/GB/11071034.html.

[56] 林毅夫, 蔡昉, 李周. 中国的奇迹: 发展战略和经济转型 [M]. 上海: 上海三联书店, 1994.

[57] 刘传济主编. 劳动经济学辞典 [M]. 郑州: 河南人民出版社, 1985.

[58] 刘爽, 武晓萍. 对大城市外来劳动力注入的思考 [J]. 中国人口科学, 1999 (9).

[59] 刘旗,张冬平.外出务工农村劳动力的性别特征及差异分析——以河南省农村劳动力转移为例[J].农业经济问题,2005(5).

[60] 刘卫.研究制定农民工养老保险办法情况介绍.在北师大的演讲稿,2009年3月.

[61] 刘文海.一些地方农民工社会保障制度评析[M]//国务院研究室课题组.中国农民工调研报告.北京:中国言实出版社,2006.

[62] 刘文忻,杜凤莲.中国城镇再就业者性别分割的实证研究[J].经济学家,2005(5).

[63] 陆铭,葛苏勤.经济转轨中的劳动供给变化趋势:理论、实证及含义[J].上海经济研究,2000(4).

[64] 陆学艺.农民工问题要从根本上治理[J].新华文摘,2003(12).

[65] 孟昕,张俊森.上海若干大企业外来劳动力研究[J].中国人口科学,2000(3).

[66] 潘锦棠.经济转轨中的中国女性就业与社会保障[J].管理世界,2002(7).

[67] 潘锦堂.养老社会保险制度中的性别利益——兼评关于男女退休年龄的讨论[J].中国社会科学,2002(2).

[68] 庞丽华.中国农村老年人劳动供给研究[J].经济学(季刊),2003(3):37-42.

[69] 裴劲松.劳动经济学视角下的"民工荒"现象[J].现代经济探讨,2007(5).

[70] 曲大维.农村社会养老保险研究综述[J].市场与人口分析,2007(3).

[71] 世界银行.中国国别社会性别报告[J].世界银行,2002(6).

[72] 宋洪远,黄华波,刘光明.关于农村劳动力流动的政策问题分析[M]//蔡昉,白南生.中国转轨时期劳动力流动.北京:社会科学文献出版社,2006.

[73] 宋丽娜,Simon Appleton.中国劳动力市场中有权益阶层与无权益阶层的抗衡:寻求就业与政府干预[M]//蔡昉,白南生.中国转轨时期劳动力流动.北京:社会科学文献出版社,2006.

[74] 宋丽娜,张小玲.受特惠者和无特惠者:中国的城市失业者和外来农民工[M].蔡昉.转型中的中国劳动力市场.北京:中国人口出版社,

2005.

[75] 谭岚. 中国经济转型中城镇女性劳动供给行为分析 [D]. 浙江大学博士学位论文, 2006.

[76] 谭琳, 李军锋. 我国非正规就业的性别特征分析 [J]. 人口研究, 2003 (5).

[77] 谭深. 农村劳动力流动的性别差异 [J]. 社会学研究, 1997 (1): 42-47.

[78] 王德文, 张恺悌. 中国老年人口的生活状况与贫困发生率估计 [J]. 中国人口科学, 2005 (1).

[79] 王美艳. 中国城市劳动力市场上的性别工资差异 [J]. 经济研究, 2005 (12).

[80] 王美艳. 中国劳动力市场男女两性就业机会和工资差距分析 [M]// 谭琳. 1995-2005: 中国性别平等与妇女发展报告. 北京: 社会科学文献出版社, 2005.

[81] 王美艳. 中国城市劳动力市场回报因素分析 [D]. 中国社会科学院研究生院博士学位论文, 2007.

[82] 王震. 农民工医疗保险覆盖率及其影响因素的经验分析 [J]. 中国人口科学, 2007 (5).

[83] 魏巍, 岳昌君. 性别工资差异研究 [J]. 北大教育经济研究, 2006, 4 (3).

[84] 魏众. 健康与非农就业的关系 [D]. 中国社会科学院研究生院博士学位论文, 2003.

[85] 徐月宾, 刘凤芹, 张秀兰. 中国农村反贫困政策的反思: 从社会救助向社会保护转变 [J]. 中国社会科学, 2007 (3).

[86] 阎云翔. 私人生活的变革: 一个中国村庄里的爱情、家庭与亲密关系, 1949-1999 [M]. 龚小夏译. 上海: 上海书店出版社, 2005.

[87] 杨娟, 何涛焘. 论我国农村社会养老保险制度中的政府责任 [J]. 内蒙古农业大学学报 (社会科学版), 2009 (5).

[88] 杨军勇, 柴定红. 非正规经济发展与农民工就业状况变化分析——以上海市为例 [J]. 南阳师范学院学报 (社会科学版), 2004, 3 (1).

[89] 姚宇. 中国城镇非正规就业研究 [D]. 复旦大学博士学位论文, 2005.

[90] 姚先国, 谭岚. 家庭收入与中国城镇已婚妇女劳动参与决策分析 [J].

经济研究, 2005 (7).

[91] 易定红, 廖少宏. 中国产业职业性别隔离的检验与分析 [J]. 中国人口科学, 2005 (4): 40-47.

[92] 肖云. 女性农民工就业现状及特点——对重庆市375名女性农民工的调查 [J]. 中国人口科学, 2005, s1.

[93] 徐林清. 女性就业的行业——工资倾向与性别歧视 [J]. 妇女研究论丛, 2004 (4).

[94] 徐月宾, 刘凤芹, 张秀兰. 中国农村反贫困政策的反思——从社会救助向社会保护转变 [J]. 中国社会科学, 2007 (3).

[95] 谢嗣胜, 姚先国. 我国城市就业人员性别工资歧视的估计 [J]. 妇女研究论丛, 2005 (6).

[96] 叶文振, 葛学凤, 叶妍. 流动妇女的职业发展及其影响因素分析——以厦门市流动人口为例 [J]. 人口研究, 2005 (1).

[97] 易定红, 廖少宏. 中国产业职业性别隔离的检验与分析 [J]. 中国人口科学, 2005 (4).

[98] 于桔云. 普惠制"新农保"填补了农村社会养老的空白 [OL]. 求是理论网, http://www.qstheory.cn/sh/shbzyshgl/200911/t20091125_15862.htm.

[99] 翟振武, 段成荣. 农民工问题现状和发展趋势 [M]// 国务院研究室课题组. 中国农民工调研报告. 北京: 中国言实出版社, 2006.

[100] 曾庆芬. 西部农村养老困境与农村养老保险制度思考 [J]. 北方经贸, 2006 (1).

[101] 张丹丹. 市场化与性别工资差异研究 [J]. 中国人口科学, 2004 (1).

[102] 张慧. 农民工就业歧视问题分析 [J]. 上海经济研究, 2005 (10).

[103] 张静, 江海. 对改革农村社会养老保险制度的若干思考 [J]. 福建金融, 2007 (1).

[104] 张车伟. 营养、健康与效率 [M]. 中国香港: 中国教育发展(香港)基金会出版社, 2005.

[105] 张文宏. 社会资本: 理论争辩与经验研究 [J]. 社会学研究, 2003 (4).

[106] 张智勇. 户籍制度: 农民工就业歧视形成之根源 [J]. 农村经济, 2005 (4).

[107] 赵瑞美. 改革开放以来我国职业性别隔离状况研究 [J]. 甘肃社会科学, 2004 (4).

[108] 赵忠. 农村移民的特点和经济分析 [M]// 蔡昉, 白南生. 中国转轨时期劳动力流动. 北京: 社会科学文献出版社, 2006.

[109] 郑功成, 黄黎若莲. 中国农民工问题: 理论判断与政策思路 [J]. 中国人民大学学报, 2006 (6).

[110] 郑真真, 解振明. 人口流动与农村妇女发展 [M]. 北京: 社会科学文献出版社, 2004.

[111] 钟甫宁, 徐志刚, 栾敬东. 经济发达农村地区外来劳动力的性别差异研究 [J]. 人口与经济, 2001 (2): 31-37.

[112] 中共中央宣传部理论局. 理论热点面对面 (2006) [M]. 北京: 学习出版社、人民出版社, 2006.

[113] 中国人民银行货币政策分析小组. 中国货币政策执行报告 (2006 年第一季度) [N]. 金融时报, 2006-05-31.

[114] 钟甫宁, 徐志刚, 栾敬东. 经济发达农村地区外来劳动力的性别差异研究 [J]. 人口与经济, 2001 (2): 31-37.

[115] 中国社会科学院经济研究所课题. 农村迁移工人养老保险设计的性别影响 [R]. 中国社会科学院经济研究所研究报告, 2009.

[116] 朱信凯, 陶怀颖. 农民工直接问卷调查情况分析 [M]// 国务院研究室课题组. 中国农民工调研报告. 北京: 中国言实出版社, 2006.

[117] 朱玲. 性别分析与发展经济学研究 [J]. 读书, 2001 (11): 97-100.

[118] 朱玲. 实地调查基础之上的研究报告写作 [J]. 经济研究, 2007 (1).

[119] 朱玲. 女性迁移劳动者生殖健康保障问题 [J]. 经济学动态, 2007 (5).

[120] 周庆行, 孙慧君. 我国女性劳动参与率的变化趋势及效应分析 [J]. 经济经纬, 2006 (1).

[121] 周业安, 章泉. 劳动供给研究的新进展 [J]. 教学与研究, 2006 (2).

英文文献

[1] ABI. The gender pension gap –encouraging women to save for retirement [OL]. www.abi.org.uk/Display/File/364/The_Gender_Pensions_Gap_FINAL.pdf.2004.

[2] Abu –Ghaida, D. and Klasen, S.. The costs of missing the milleuium development goal on gender equity [J]. IZA DP, 2004, 1031.

[3] ADB. Pension reforms for the unorganized sector [M]. Asian Development Bank, Manila, 2006.

[4] Addison, John T, and W. Stanley Siebert. The Market for Labor: An Analytical Treatment, Santa Monica CA: Goodyear Publishing Company [M]. Inc., 1979.

[5] Aigner, Dennis J. and Glen G. Cain. Statistical theories of discrimination in labor market [J]. Industrial and Labor Relations Review, 1977 (1): 175-187.

[6] Albrecht, J., A. Bjorklund, and S. Vroman. Is there AGlass ceiling in sweden? [J]. Journal of Labor Economics, 2003, 20 (1): 145-177.

[7] Althauser, Robert P., and Michael Wigler. Standardization and component analysis [J]. Sociological Methods and Research, 1972 (1): 97-135.

[8] Altman, M.. A behavioral model of labor supply: casting some light into the black box of income-leisure choice [J]. Journal of Socio-Economics, 2001 (33): 199-219.

[9] Altug, S., and R. A. Miller. The effect of work experience in female wages and labor supply [J]. The Review of Economic Studies, 1998 (65): 45-85.

[10] Anker, Richard. Theories of occupational segregation by sex: an overview [J]. International Labour Review, 1997, 136 (3): 315-339.

[11] Anker, Richard. Gender and Jobs: Sex Segregation of Occupations in the

World [M]. Geneva, ILO, 1998.

[12] Anker, Robert, H. Malkas and A. Korten. Gender-based occupational segregation in the 1990's [M]. ILO Working Paper, 2003.

[13] Arrow, Kenneth. The theory of discrimination, in Orley Ashenfelter and Albert Rees (eds) [M]. Discrimination in Labor Market, Princeton: Princeton University Press, 1973.

[14] Ashenfelter, Orley and James Heckman. The estimation of income and substitution effects in a model of family labor supply [J]. Econometrica, 1974, 42 (1): 73-86.

[15] Atkinson, A. B.. "Social Insurance", in A. B. Atkinson (eds) [M]. Incomes and the Welfare State: Essays on Britain and Europe, Cambridge: Cambridge University Press, 1995.

[16] Autor, David H.. The economics of discrimination-Theory, Lecture Note of Labor Economics [M]. MIT 14.661, Fall, 2003.

[17] Bardhan, Pranab and Christopher Udry. Development Microeconomics [M]. Oxford: Oxford University Press, 1999.

[18] Barrientos, A., S. W. Barrientos. Extending social protection to informal workers in the horticulture global value chain, Social Protection Discussion Paper Series, No. 0216, Social Protection Unit, Human Development Network: World Bank, 2002.

[19] Bartel, A. and P. Taubman.. Health and labor market success: the role of various diseases [J]. The Review of Economics and Statistics, 1979, 61 (1).

[20] Barua, D. C.. Microcredit, microfinance and pension scheme: the experience of Grameen Bank, Presented at "Workshop on Extending Pension Coverage to Informal Sector Workers in Asia", Bangkok, Thailand, 2006.

[21] Basmann, R. L.. On finite sample distributions of generalized classical linear identifiability test statistics [J]. Journal of the American Statistical Association, 1960, 55 (292): 650-659.

[22] Barzel, Yoram and R. J. McDonald. Assets, subsistence and the supply

curve of labor [J]. American Economic Review, 1973, 63 (4): 621–633.

[23] Bauer, J., F. Wang, N. E. Riley and X. Zhao. Gender inequality in urban China [J]. Modern China, 1992 (3): 333–370.

[24] Beblo, Miriam, Denis Beninger, Anja Heinze and Francois Laisney. Methodological issues related to the analysis of gender gaps in employment, earnings and career progression, Project carried out for the European Commission, Employment and Social Affairs DG, 2003.

[25] Becker, Gary S.. The Economics of Discrimination [M]. Chicago: University of Chicago Press, 1957.

[26] Becker, Gary. Investment in human capital: a theoretical analysis [J]. Journal of Political Economy, 1962, 70 (5): 9–49.

[27] Becker, Gary. Human Capital [M]. New York: Columbia University Press, 1964.

[28] Becker, Gary S.. A theory of the allocation of time [J]. The Economic Journal, 1965, 75 (299): 493–517.

[29] Becker, Gary. The Economics of Discrimination (2nd edition) [M]. Chicago: University of Chicago Press, 1971.

[30] Becker, Gary and Chiswick, Barry. R.. Education and the distribution of earnings [J]. The American Economic Review, 1966, 56 (1/2): 358–369.

[31] Belfield, Clive. Economic Principles for Education: Theory and Evidence [M]. Cheltenham and Northampton: Edward Elgar, 2000.

[32] Beller, Andrea H.. Occupational segregation by sex: determinants and changes [J]. The Journal of Human Resources, 1982, 17 (3): 371–392.

[33] Ben-Porath, Yoram. The production of human capital and the life cycle of earnings [J]. Journal of Political Economy, 1967, 75 (4): 352–378.

[34] Benda-Beckmann, F. V., and K. Renate.. Informal security systems in Southern Africa and approaches to strengthen them through policy measures [J]. Journal of Social Development in Africa, 1999, 14 (2).

[35] Berg, Elliot J.. Backward-sloping labor supply functions in dual economics: the Africa case [J]. Quarterly Journal of Economics, 1961, 75 (3): 468–492.

[36] Bergmann, Barbara. The effect on incomes of discrimination in employment [J]. Journal of Political Economy, 1971, 79 (2): 294–313.

[37] Bergmann, Barbara R.. Occupational segregation, wages and profits when employers discriminate by race and sex [J]. Eastern Economic Journal, 1974 (1): 103–110.

[38] Bertranou, F. M.. Pension reform and gender gaps in Latin America: what are the policy options? [J]. World Development, 2001, 29 (5).

[39] Bishop, John A, Feijun Luo and Fang Wang. Economic transition, gender bias, and the distribution of earnings in China [J]. Economic of Transition, 2005, 13 (2): 239–259.

[40] Blackburn, Robert M, Jennifer Jarman and Bradley Brooks. The puzzle of gender segregation in inequality: a cross-national analysis [J]. European Sociological Review, 2000, 16 (2): 119–135.

[41] Blackburn, Robert M., Jude Browne, Bradley Brooks and Jennifer Jarman. Explaining gender segregation [J]. British Journal of Sociology, 2002, 53(4): 513–536

[42] Blackburn, Robert M. and Jennifer Jarman. Segregation and inequality [R]. GeNet Working Paper 3. ESRC Gender Equality Network, University of Cambridge, 2005.

[43] Blau, Francine D., and Lawrence M. Kahn. Gender differences in pay [J]. Journal of Economic Perspectives, 2000, 14 (4): 75–99.

[44] Blau, Francine D., and Lawrence M. Kahn. The US gender pay gap in the 1990s: slowing convergence [R]. NBER Working Paper No. 10853, 2003.

[45] Blinder, Alan S.. Wage discrimination: reduced form and structural estimates [J]. Journal of Human Resources, 1973 (8): 436–455.

[46] Blinder, Alan and Y. Weiss. Human capital and labor supply: a synthesis, [J]. Journal of Political Economy, 1976 (84): 449–472.

[47] Blishen, B. R.. A socio-economic index for occupations in Canada [J].

Canadian Review of Sociology and Anthropology, 1967 (4): 41-53.

[48] Bloch, F.. The allocation of time to market and non-market work within a family unit, Technical Report No. 114, Inst. Math. Studies Soc. Sci., Stanford University, 1973.

[49] Blundell, Richard and Thomas MaCurdy. Labor supply: a review of alternative approaches, in O. Ashenfelter and D. Card (eds) [J]. Handbook of Labor Economics, 1999 (3).

[50] Borjas, George J., and James J. Heckman. Labor supply estimates for public policy evaluation, NBER Working Paper No. 299, 1978.

[51] Boskin, Michael J.. A Conditional logit model of occupational choice [J]. The Journal of Political Economy, 1974, 82 (2): 389-398.

[52] Bosworth, Derek D., and P. Dawkins. Economics of Labor Market [M]. Addison Wesley Longman Limited, 1996.

[53] Bourdieu, P.. The forms of Capital, In J. Richardsonceds, Handbook and Research for the sociology of Education [M].New York: Greenwood, 1986: 241-258.

[54] Brainerd, Elizabeth. Women in transition: changes in gender differentials in eastern Europe and the former Soviet Union [J]. Industrial and Labor Relations Review, 2000, 54 (1): 138-162.

[55] Brown, Cynthia J, Jose Pagan and Eduardo Rodriguez-Oreggia. Occupational attainment and gender earnings differential in Mexico [J]. Industrial and Labour Relations Review, 1999, 53 (1): 123-135.

[56] Brown, Randall S., Marilyn Moon and Barbara S. Zoloth. Incorporating occupational attainment in studies of male-female earnings differentials [J]. Journal of Human Resources, 1980, 15 (1): 3-28.

[57] Brown, Randall S., Marilyn Moon and Barbara S. Zoloth. Occupational attainment and segregation by sex [J]. Industrial and Labor Relations Review, 1980, 33 (4): 506-517.

[58] Bourdieu, Pierre. The forms of social capital, in John G. Richardson (eds): Handbook of Theory and Research for the Sociology of Education, Westport, CT.: Greenwood Press, 1986.

[59] Butler, Richard J.. Estimation wage discrimination in labor market [J]. Journal of Human Resources, 1982, 17 (4): 606-621.

[60] Bulter, Richard. J.. New indices of segregation [J]. Economic Letters, 1987 (24): 359-363.

[61] Burt, Ronald S.. Structural Holes: The Social Structure of Competition [M]. Cambridge, MA: Harvard University Press, 1992.

[62] Cain, G.. The challenge of segregated labor market theories to orthodox theory: a survey [J]. Journal of Economic Literature, 1976, 14 (4): 1251-1257.

[63] Canagarajah, S., and S. V. Sethuraman. "Social Protection and the Informal Sector in Developing Countries: Challenges and Opportunities" [R]. Social Protection Discussion Paper Series, No. 0130, Social Protection Unit and Human Development Network: World Bank, 2001.

[64] Card, David. Intertemporal labor supply: an assessment [R]. NBER Working Paper No. 3602, 1991.

[65] Charles, M. and D. Grusky. Models for describing the underlying structure of sex, segregation [J]. American Journal of Sociology, 1995, (100): 931-971.

[66] Chen, M. A.. Women and informality: a global picture, the global movement [J]. the SAIS Review, 2001, 21 (1).

[67] Chen, M. A., R. Hhabvala, and F. Lund. Supporting Workers in the Informal Economy: A Policy Framework, WIEGO (Women in Informal Employment Globalizing & Organizing): Paper Prepared for ILO Task Force on the Informal Economy, 2001.

[68] Chen, M. A., J. Vanek, and M. Carr. Mainstreaming Informal Employment and Gender in Poverty Reduction: A Handbook for Policy-makers and Other Stakeholders [M]. London: the Commonwealth Secretariat, 2004.

[69] Chiappori, Pierre-Andre. Rational household labor supply [J]. Econometrica, 1988 (56): 63-90.

[70] Chiappori, Pierre-Andre, Bernard Fortin, and Guy Lacroix. Marriage

market, divorce legislation, and household labor supply [J]. Journal of Political Economy, 2002, 110 (1): 37-72.

[71] Chzhen, Yekaterina. Occupational gender segregation and discrimination in Western Europe, Paper for EPUNet Conference 2006, May 8-9, Barcelona, Spain.

[72] Choi, J.. The role of derived rights for old-age income security of women, OECD Social, Employment and Migration Working Papers No. 43, 2006.

[73] Coleman, James S.. Social capital in the creation of human capital [J]. American Journal of Sociology, 1988, (94): 95-120.

[74] Coleman, James S.. The Foundations of Social Theory [M]. Cambridge, MA: Belknap Press of Harvard University Press, 1990.

[75] Costa, Dora L.. From mill town to board room: the rise of women's paid labor [J]. Journal of Economic Perspectives, 2000, 14 (4): 101-122.

[76] Cotton, J. On the decomposition of wage differentials [J]. The Review of Economics and Statistics, 1988 (2): 236-243.

[77] DaVanzo, Julie S., Dennis N. DeTray and David H. David. The sensitivity of male labor supply estimates to choice of assumptions [J]. Review of Economics and Statistics, 1976 (58): 313-325.

[78] Demurger, Sylvie, Martin Fournier and Chen Yi. The evolution of gender earnings gaps and discrimination in urban China: 1988–1995, Working Paper Series: 2006-3, Society for the Study of Economic Inequality.

[79] Dessing, Marke. Labor supply, the family and poverty: the S-shape labor supply curve [J]. Journal of Economic Behavior & Organization, 2002 (49): 433-458.

[80] Dewan, Ritu. Gender in Neoclassical economics: conceptual overview [J]. Economic and Political Weekly, 1995, 30 (17): WS46-WS48.

[81] Dijkstra, A. Geske, and Janneke Plantenga (eds). Gender and Economics: A European Perspective [M]. London and New York: Routledge, 1997.

[82] Dimand, Robert and Nyland, Chris.. The Status of Women in Classical Economic Thought [M]. Edward Elgar Publishing Limited, 2003.

[83] Dimand, Robert W., Forget, Evelyn L. and Nyland, Chris. Retrospectives:

gender in classical Economics [J]. Journal of Economic Perspectives, 2004, 18 (1): 229-240.

[84] Doeringer, Peter and Michael Piore. Internal Labor Markets and Manpower Analysis, Lexington, MA. D.C. Heath and Co., 1971.

[85] Du, Ying. Rural labor migration in contemporary China: an analysis of its features and the macro context, In Loraine A. West and Yaohui zhao (eds): Rural Labor Flows in China, Institute of East Asian Studies, University of California, Berkerly, 2000: 67-100.

[86] Duncan, Otis. A socio-economic index for all occupations, in J. Reiss (eds) [M]. Occupations and Social Status, Glencoe, IL, Free Press, 1961.

[87] Duncan, Otis D.. Inheritance of poverty or inheritance of race?, In D. P. Moynihan (eds): On Understanding Poverty [M]. New York: Basic Books, 1968.

[88] Duncan, Otis & Beverly Duncan. A methodological analysis of segregation indexes [J]. American Sociological Review, 1955, 20 (2): 210-217.

[89] Dunn, L. F.. An Empirical indifference function for income and leisure [J]. Review of Economics and Statistics, 1978, 60 (4): 533-540.

[90] DWP. Women and Pensions: The Evidence [OL]. www.dwp.gov.uk/publications/dwp/2005/wp/women-pensions.pdf, 2005.

[91] England, Paula. The failure of human capital theory to explain occupational sex segregation [OL]. The Journal of Human Resources, 1982, 17 (3): 358-370.

[92] Edwards, A. C.. Social security Reform and women's pensions, Policy Research Report on Gender and Development Working Paper Series No. 17, World Bank, http: //www.worldbank.org/gender/prr.

[93] Edgeworth, F. Y.. Equal pay to men and women for equal work [J]. The Economic Journal, 1922, 32 (128): 431-457.

[94] EU Commission Staff. Gender pay gaps in European labour markets-Measurement, analysis and policy implications, EU Commission Staff Working Paper, SEC (2003) 937.

[95] Even, W. E., and D. A. Macpherson. Gender differences in pensions [J]. Journal of Human Resources, 1994, XXIX.

[96] Fan, C. Cindy. Rural-Urban Migration and Gender Division of Labor in Transitional China [J]. International Journal of Urban and Regional Research, 2003, 27 (1): 24-27.

[97] Faulkner, Constance. The feminist challenge to economics [J]. Frontiers: A Journal of Women Studies, 1986, 8 (3): 55-61.

[98] Fawcett, M. G.. Mr. Sidney Webb's article on women's wages [J]. The Economic Journal, 1892, 2 (5): 173-176.

[99] Fawcett, Millicent G.. Equal pay for equal work [J]. The Economic Journal, 1978, 28 (109): 1-6.

[100] Fein, R.. Economics of Mental Illness [M]. New York: Basic Book, 1958.

[101] Ferro, K. F.. Self-ratings of health among the old and the old-old [J]. Journal of Health and Social Behavior, 1980 (21): 377-383.

[102] Figart, Deborah M.. Gender as more than a dummy variable: feminist approaches to discrimination [J]. Review of Social Economy, 2005, 63 (3): 509-536

[103] Fortin, Bernard and Guy Lacroix. A test of the unitary and collective models of household labour supply [J]. The Economic Journal, 1997, 107 (443): 933-955.

[104] Fortin, Nicole M. and Michael Huberman. Occupational gender segregation and women's wages in Canada: an historical perspective [J]. Canadian Public Policy/Analyse de Politiques, Supplement: Occupational Gender Segregation: Public Policies and Economic Forces, 2002 (28): 11-S39.

[105] Freeman, Richard B.. The effect of unionism on fringe benefits [J]. Industrial and Labor Relations Review, 1981, 34 (4): 489-509.

[106] Fuchs, Victor. Male-female differentials in hourly earnings [J]. Monthly Labor Review, 1971 (94): 434-447.

[107] Gabriel, Paul E., Donald R. Williams and Susanne Schmitz. The relative

occupational attainment of young blacks, whites, and Hispanics [J]. Southern Economic Journal, 1990, 57 (1): 35-46.

[108] Ganzeboom, H., de Graaf and D. Treiman. An international scale of occupational status [J]. Social Science Research, 1992 (21): 1-56.

[109] Ginn, J., D. Street, and S. Arber. Women, Work and Pensions: International Issues and Prospects [M]. Buckingham and Philadelphia: Open University Press, 2001.

[110] Ginneken, W. V.. Extending Social Security: Case Studies of Development Countries [M]. Geneva, ILO, 1999.

[111] Ginneken, W. V.. Extending social security: policies for developing countries [J]. International Labour Review, 2003, 142 (13).

[112] Glinskaya, Elena and Thomas A. Mroz. The gender gap in wages in Russia from 1992 to 1995 [J]. Journal of Population Economics, 2000 (13).

[113] Goldin, Claudia.. Female labor force participation: the origin of black and white differences, 1870 and 1880 [J]. Journal of Economic History, 1977, 37, (1): 87-108.

[114] Gronau, Reuben. The allocation of time of Israeli women [J]. Journal of Political Economy, 1976, 84: (4): s201-s220.

[115] Gronau, Reuben. Leisure, home production, and work: the theory of the allocation of time revisited [J]. Journal of Political Economy, 1977, 85 (6): 1099-1123.

[116] Grossman, Michael. On the concept of health capital and the demand for health [J]. The Journal of Political Economy, 1972, 80 (2): 223-255.

[117] Grusky, D. B. and M. Charles. The past, present, and future of sex segregation methodology [J]. Demography, 1998 (35): 497-504.

[118] Grossman, M and L. Benham. Health, hours and wages [J]. The Economics of Health and Medical Care, 1982: 205-233.

[119] Guhan, S.. Social security options for developing countries [J]. International Labour Review, 1994, 133 (1).

[120] Gujarati, Damodar N.. Basic Econometrics, McGraw-Hill Companies,

2002.

[121] Gustafsson, B. & Li Shi. Economic transformation and the gender earnings gap in urban China [J]. Population Economics, 2000 (13): 305–329.

[122] Gustafsson, Siv. Feminist neo-classical economics: some examples, In A. Geske Dijkstra and Janneke Plantenga (eds) (1997): Gender and Economics: A European Perspective, London and New York: Routledge, 1997.

[123] Hausman, J. A.. Specification tests in econometrics [J]. Econometrica, 1978, 46 (6): 1251–1271.

[124] Heckman, James. A life-cycle model of earnings, learning, and consumption [J]. Journal of Political Economy, 1976, 84 (4): 211–244.

[125] Heckman, James J.. Sample selection Bias as a specification error [J]. Econometrica, 1979, 47: 153–163.

[126] Heckman, James J.. What has been learned about labor supply in the past twenty years? [J]. American Economic Review, 1993, 83 (2): 116–121.

[127] Heckman, James J., and Lance J. Lochner. Fifty years of Mincer Earnings Regressions [R]. NBER Working Paper, 2003, 9732.

[128] Herald Tribune. Chile overhauls its pioneering pension system, 2008.

[129] Holzmann, R., R. P. Hinz, and M. Dorfman. Pension systems and reform conceptual framework, SP Discussion Paper, No. 0824, Social Protection & Labor, World Bank, 2008.

[130] Holzer, Harry J. and Keith R. Ihlanfeldt. Customer discrimination and employment outcomes for minority workers, Institute for Research on Poverty Discussion Paper, 1997, 1122–1197.

[131] Hu, Yu-Wei, and F. Stewart. Pension coverage and informal sector workers: international experiences, OECD Working Paper on Insurance and Private Pensions, 2009, 31.

[132] Huang, Youqin. Gender, hukou, and the occupational attainment of

female migrants in China (1985-1990) [J]. Environment and Planning, 2001 (33): 257-279.

[133] Huang, Yukon. Backward-bending supply curves and behaviour of subsistence farmers [J]. Journal of Development Studies, 1976, 12 (3): 191-211.

[134] Hussmanns, R..Measuring the Informal Economy: From Employment in the Informal Sector to Informal Employment, Working Paper No. 53 of Policy Integration Department, Geneva: International Labour Office, 2004.

[135] Hussmanns, R..Measuring the Informal Economy: From Employment in the Informal Sector to Informal Employment.Policy Integration Department Working Papers No. 53, ILO, 2005.

[136] Hutchens, Robert. M.. Segregation curves, Lorenz curves and inequality in the distribution of people across occupations [J]. Mathematical Social Sciences, 1991 (21): 31-51.

[137] Hutchens, Robert M.. One measure of segregation [J]. International Economic Review, 2004, 45 (2): 555-578.

[138] ILO. Employment, incomes and inequality: a strategy for increasing productive employment in Kenya, ILO: Geneva, 1972.

[139] ILO . Social Security: Issues, Challenges and Prospects, Chapter IV: Gender Equality, Report to the International Labor Conference, ILO, Geneva, 2001.

[140] ILO . Women and Men in the Informal Economy: A Statistical Picture, International Labour Office, Geneva, 2002.

[141] ILO. Key Indicators of the Labour Market, 5th Edition, Geneva: International Labour Office, 2007.

[142] James, E., A. C. Edwards, and R. Won. The Gender Impact of Pension Reform: A Cross-Country Analysis. Policy Research Working Paper 3074, World Bank, Washington, D. C, 2003.

[143] Jenkins, S.. Earnings discrimination measurements [J]. The Journal of Econometrics, 1994, 61: 81-102.

[144] Jhabvala, R., and S. Sinha. Social Protection for Women Workers in the Informal Economy [J]. Comparative Labor Law & Policy Journal, 2006, 27 (2).

[145] Johnson, R. W.. The gender gap in pension wealth: is women's progress in the labor market equalizing retirement benefits? Brief Series No. 1 of The Retirement Project, Urban Institute, U. S.

[146] Jones, F. L.. On decomposing the wage gaps: a critical comment on Blinder's method [J]. Journal of Human Resources, 1983, 18 (1): 126–130.

[147] Juhn, Chinhui, Kevin M. Murphy and Brooks Pierce. Accounting for the slowdown in black –white wage convergence, in Marvin H. Kosters (eds): Workers and Their Wages [J]. Washington D. C., AEI Press, 1991: 107–143.

[148] Juhn, Chinhui, Kevin M. Murphy and Brooks Pierce. Wage inequality and the rise in returns to skill [J]. Journal of Political Economy, 1993, 101 (3): 410–442.

[149] Jurajda, Stephen. Gender wage gap and segregation in late transition, Discussion Paper Series No. 2952, Center for Economic Policy Research, London, 2001.

[150] Kahneman, D. and A. Tversky. The Simulation Heuristic [M]. New York: Cambridge University Press, 1982.

[151] Kakwani, N. C.. Segregation by sex: measurement and hypothesis testing [J]. Research on Economic Inequality, 1994 (5): 1–26.

[152] Karmel, T. and M. MacLachlan. Occupational sex segregation: increasing or decreasing [J]. Economic Record, 1988 (64): 187–195.

[153] Kasente, Deborah. Gender and social security reform in Africa, IDRC Social Development Documents [OL]. http: //www.idrc.ca/socdev/pub/documents/gender2.html, 2000.

[154] Keeley, Michael C.. Labor Supply and Public Policy: A Critical Review [M]. New York: Academic, 1981.

[155] Keizi, L. K.. Barriers to Pension Scheme Participation by Workers in the

Informal Economy. RBA Research Paper 02-2006, Kenya, 2006.

[156] Killingsworth, Mark R.. Labor Supply [M]. New York: Cambridge University Press, 1983.

[157] Kitagawa, Evelyn M.. Components of a difference between two rates [J]. Journal of American Statistical Association, 1955 (50): 1168-1194.

[158] Klasen, S.. Does gender inequality reduce growth and development? Evidence from cross-country regressions, Policy Research Report on Gender and Development Working Paper Series, No. 7, World Bank.

[159] Knight, Hohn and Lina Song. Why urban wages differ in China, In Griffin, K. B., and Renwei Zhao (eds): The Distribution of Income in China, St. Martin's Press, 1993.

[160] Koenker, R., and G. B. Bassett .Regression Quantiles [J]. Econometrica, 1978, 46 (1): 33-50.

[161] Koenker, R., and K. Hallock . Quantile Regression [J]. Journal of Economic Perspectives, 2001 15 (4): 143-156.

[162] Korupp, Sylvia, Karin Sanders and Harry Ganzeboom. The intergenerational transmission of occupational status and sex-typing at children's labour market entry [J]. The European Journal of Women's Studies, 2002, 9 (1): 7-30.

[163] Lewbel, A. Selection model and conditional treatment effects, including endogenous regressors, mimeo, Boston College, 2002.

[164] Li, Haizheng, and Jeffrey S. Zax . Labor supply in urban China [J]. Journal of Comparative Economics, 2003, 31 (4): 795-817.

[165] Li, Shi and Bjorn Gustafsson. Unemployment, early retirement and changes in gender income gap in urban China over 1995-2002, Not published draft, 2004.

[166] Liu, Pak-Wai, Xin Meng and Junsen Zhang. Sectoral gender wage differentials and discrimination in the transitional Chinese economy [J]. Journal of Population Economics, 2002, 13 (2): 331-352.

[167] Lewis, W. Arthur. Economic development with unlimited supplies of labour [J]. The Manchester School of Economic and Social Studies,

1954 (22): 139-191.

[168] Lewis, Oscar. The culture of poverty [J]. Scientific American, 1966, 215 (4): 19-25.

[169] Lin, Nan. Building a network theory of social capital [J]. Connections, 1999, 22 (1).

[170] Lloyd-Sherlock, P., and Barrientos, A.. Brazil's rural pension system: its development and impacts [OL]. lessons for China, http://newdynamics.group.shef.ac.uk/files/168.pdf, 2009.

[171] Lucas, Robert E. B.. Internal Migration in Developing Countries, In Mark R. Rosenzweig and Oded Stark (eds): Handbook of Population and Family Economics, Chapter 13, Elsevier Science B. V., 1997.

[172] Luft, Harold S.. The impact of poor health on earnings [J]. The Review of Economics and Statistics, 1975 (1): 43-57.

[173] Lundberg, Shelly and Robert A. Pollak. Noncooperative bargaining models of marriage [J]. American Economic Review, 1994 (84): 132-137.

[174] Lundberg, Shelly and Robert A. Pollak. Bargaining and distribution in marriage [J]. Journal of Economic Perspectives, 1996, 10 (4): 139-158.

[175] Lundberg, Shelly and Robert A. Pollak. Efficiency in marriage [R]. NBER Working Paper, No. w8642, 2001.

[176] Machado, J., and J. Mata . Counterfactual Decomposition of Changes in Wage Distributions Using Quantile Regression Models [J]. Journal of Applied Econometrics, 2005, 20 (4): 445-465.

[177] Madden, Janice F. Gender differences in the cost displacement: an empirical test of discrimination in the labor market [J]. The American Economic Review, 1987, 77 (2): 246-251.

[178] Manser, Marilyn, and Murray Brown. Marriage and household decision making: a bargaining analysis [J]. International Economic Review, 1980, 21 (1): 31-44.

[179] Maurer-Fazio, Margaret and James Hughes. The effects of market liberalization on the relative earnings of Chinese women [J]. Journal of

Comparative Economics, 2002 (30): 709-731.

[180] Maurer-Fazio, Margatet, Thomas G. Rawski and Wei Zhang. Inequality in the rewards for holding up half the sky: gender wage gaps in China's urban labour market, 1988-1994 [J]. The China Journal, 1999 (41): 55-88.

[181] McConnell, Campbell R., Stanley L. Brue and David A. Macpherson. Contemporary Labor Economics (6th edition), McGraw-Hill Companies, Inc., 2003.

[182] McElroy, Marjorie B., and Mary Horney. Nash-bargained household decisions: toward a generalization of the theory of demand [J]. International Economic Review, 1971, 22 (2): 333-349.

[183] McFadden, Daniel L. Econometric analysis of qualitative response models, in Zvi Griliches and Michael D. Intriligator (eds): Handbook of Econometrics, Vol. 2, Amsterdam, New York: North-Holland, 1984.

[184] McFadden, Daniel L.. Conditional logit analysis of qualitative choice behavior, in P. Zarembka (eds): Frontiers in Econometrics, New York: Academic Press, 1974.

[185] Mellor, J. W. The use and productivity of farm family labor in early stages of agricultural development [J]. Journal of Farm Economics, 1963, 45 (3): 517-534.

[186] Melly, B..Estimation of Counterfactual Distributions Using Quantile Regression. University of St. Gallen, Discussion Paper, 2006.

[187] Meng, Xin and Zhang Junsen. The two-tier labor market in Urban China [J]. Journal of Comparative Economics, 2001 (29): 485-504.

[188] Meng, Xin. Gender Occupational Segregation and its Impact on the Gender Wage Differential among Rural-Urban Migrants: A Chinese Case Study [J]. Applied Economics, 1998 (30): 741-752.

[189] Meng, Xin and P. Miller. Occupational Segregation and Its Impact on Gender Gap Discrimination in China's Rural Industrial Sector [J]. Oxford Economic Papers, 1995, (47): 136-155.

[190] Mesa-Lago, C.. Social Insurance (Pensions and Health), Labour Markets

and Coverage in Latin America.Social Policy and Development Programme Paper No. 26, UNRISD, 2008.

[191] Meyer, Bruce D.. Labor supply at the extensive and intensive margins: the EITC, welfare, and hours worked [J]. American Economic Review, 2002, 92 (2): 373-379.

[192] Mincer, Jacob A.. Investment in human capital and personal income distribution [J]. The Journal of Political Economy, 1958, 66 (4): 281-302.

[193] Mincer, Jacob A.. Labor force participation of married women [M]. in H. G. Lewis (eds): Aspects of labor economics, New Jersey: Princeton University Press, 1962.

[194] Mincer, Jacob A. Schooling, Experience, and Earnings, New York and London: National Bureau of Economic Research, 1974.

[195] Mincer, Jacob A., and S. Polachek. Family investment in human capital: earnings of women [J]. Journal of Political Economy, 1974, 82 (2): S76-S108.

[196] Mora, Ricardo, Javier Ruiz-Castillo. An evaluation of an entropy based index of segregation, Working Paper 03 -04, Economics Series 14, October 2003, Departamento de Economia, Universidad Carlos III de Madrid, 2003.

[197] Miracle, Marvin P., and Bruce Fetter. Backward-sloping labor-supply functions and African economic behavior [J]. Economic Development and Cultural Change, 1970 (18): 240-251.

[198] Mroz, Thomas A.. The sensitivity of an empirical model of married women's hours of work to economic and statistical assumptions [J]. Econometrica, 1987, 55 (4): 765-799.

[199] Mushkin, Selma J.. Health as an investment [J]. The Journal of Political Economy, 1962, 70 (5): 129-157.

[200] Nakamura, Alice and Masao Nakamura. A comparison of the labor force behavior of married women in United States and Canada: with special attention to the impact of income taxes [J]. Econometrica, 1981, 49

(2): 451-489.

[201] Nardinelli, Clark and Curtis Simon. Customer racial discrimination in the market for memorabilia: the case of baseball [J]. Quarterly Journal of Economics, 1990 (105): 575-595.

[202] Nelson, J. A.. Gender and economic ideologies [J]. Review of Social Economy, 1993, 51 (3): 287-301.

[203] Neumark, David. Employer's discrimination behavior and the estimation of wage discrimination [J]. Journal of Human Resources, 1988, 23 (3): 279-295.

[204] Newey, W. K., and D. McFadden. Large sample estimation and hypothesis testing, in R. F. Engle and D. McFadden (eds). Handbook of Econometrics, 1994 (4): 2111-2245, Amsterdam: North Holland.

[205] Nicodemo, C..Gender Pay Gap and Quantile Regression in European Families [R]. IZA Discussion Paper, 2009 (3978).

[206] Ng, Ying Chu. Gender earnings differentials and regional economic development in urban China, 1988-1997, Working Paper Series No. CP200402, Hong Kong Baptist University, 2004.

[207] Oaxaca, R. L.. Male-female wage differentials in urban labor markets [J]. International Economic Review, 1973, 14 (3): 693-709.

[208] OECD. Employment Outlook 2005, OECD, 2005.

[209] OECD. Employment Outlook 2007, OECD, 2007.

[210] Oglobin, Constantin. The gender earnings differential in the Russian transition economy [J]. Industrial and Labor Relations Review, 1999, 52 (4).

[211] Orazem, Peter F. and Milan Vodopivec. Male-female differences in labor market outcomes during the early transition to market: the case of Estonia and Slovenia [J]. Journal of Population Economics, 2000 (3).

[212] Pailhe, A.. Gender discrimination in Central Europe during the systemic transition [J]. Economics of Transition, 2000, 8 (2): 505-535.

[213] Palacios, R.. Addressing the Coverage Gap: Schemes for Informal Sector Workers. World Bank, Tokyo, February 22, 2008.

[214] Pencavel, John. Labor supply of men: a survey, in O. Ashenfelter and R. Layard (eds): Handbook of Labor Economics, Vol. 1, Chapter 1, Elsevier Science Publishers BV, 1986.

[215] Petrovic, J. A.. Women's pensions and poverty: a European issue, Lecture presented on NPC Conference, London: European Federation of Retired and Elderly People [OL]. http://ferpa.etuc.org/IMG/ppt/WomensPensionsAndPoverty.ppt, 2008.

[216] Pham, Thai-Hung and Barry Reilly. The gender pay gap in Vietnam, 1993-2002: a quintile regression approach [J]. Journal of Asian Economics, 2007 (18): 775-808.

[217] Phelps, Edmund S.. The statistical theory of racism and sexism [J]. American Economic Review, 1972, 62 (4): 659-661.

[218] Pinheiro, V. C..Pensions Arrangements for Informal Workers. Istanbul: OECD/IOPS Global Forum on Private Pensions, 2006.

[219] Polachek, Solomon W.. Occupational segregation among women: theory, evidence, and a prognosis, In Women in the Labor Market [M]. By Cynthia B. Lloyd, New York: Columbia University Press, 1979.

[220] Polachek, Solomon William. A human capital approach to sex differences in occupational structure [J]. The Review of Economics and Statistics, 1981, 63 (1): 60-69.

[221] Portes, Alejandro (eds.). The Economic Sociology of Immigration [M]. New York: Russell Sage Foundation, 1995.

[222] Putterman, Louis. Effort, productivity, and incentives in a 1970s Chinese people's commune [J]. Journal of Comparative Economics, 1990, 14 (1): 88-104.

[223] Putnam, Robert D.. The prosperous community: social capital and public life [J]. American Prospect, 1993 (13).

[224] Rasner, A.. How to close the gender pension gap in Germany: an analysis for the Federation of German Statutory Pension Insurance Institutes (VDR), Monograph, Master Thesis, Terry Sanford Institute of Public Policy, Duke University, 2005.

[225] Reilly, B.. The gender pay gap in Russia during the transition, 1992–1996 [J]. Economics of Transition, 1999, 7 (1): 245–264.

[226] Renaud, P. S. A., and J. J. Siegers. Income and substitution effects in family labour supply [J]. De Economist, 1984, 132 (3): 350–366.

[227] Rosen, Sherwin. Human capital, in John Eatwell, Murray Milgate and Peter Newman (eds) [J]. The New Palgrave: A Dictionary of Economics, 1987 (11): 681–690.

[228] Rozelle, Scoot, Xiao-Yuan Dong, Linxiu Zhang and Andrew Mason. Gender wage gaps in post–reform rural China [J]. Pacific Economic Review, 2002, 7 (1): 157–179.

[229] Schalkwyk, J., and B. Woroniuk. Social insurance and equality between women and men [OL]. www.oecd.org/dataoecd/3/10/1896600.pdf, 1998.

[230] Schmidt, Peter and Robert P. Strauss. The prediction of occupation using multiple Logit models [J]. International Economic Review, 1975, 16 (2): 471–486.

[231] Schultz, Theodore. W. Transformation Traditional Agriculture [M]. New Haven: Yale University Press, 1964.

[232] Schultz, Theodore. W. Investment in Human Capital [M]. London: Collier Macmillan, 1971.

[233] Sharif, Mohammed. Poverty and the forward–falling labor supply function: a microeconomic analysis [J]. World Development, 191, 19 (8): 1075–1093.

[234] Shaw, K.. Life-cycle labor supply with human capital accumulation [J]. International Economic Review, 1989 (30): 431–456.

[235] Shorrocks, A. F.. Inequality decompositions by population subgroups [J]. Ecnometrica, 1984 (48): 1369–1386.

[236] Shu, Xiaoling. Market Transition and Gender Segregation in Urban China [J]. Social Science Quarterly, 2005 (86): 1299–1323.

[237] Smeeding, T. M.. Income maintenance in old–age: what can be learned from cross–national comparisons, CRR (Center for Retirement Research) Working Paper, No. 2001–11, Boston College, 2001.

[238] Smeeding, T. M., and S. Sandstrom. Poverty and income maintenance in old age: a cross-national view of low income older women, CRR (Center for retirement Research) Working Papers No. 2005-2013, Boston College, 2005.

[239] Smith, Adam. Lectures on Jurisprudence, in Ronald L. Meek, David D. Raphael, and Peter G. Stein, eds, The Glasgow Edition of the Works and Correspondence of Adam Smith, Vol. 5, Indianapolis: Liberty Fund, 1982.

[240] SSA. Social Security Programs throughout the World [M]. Washington D. C.: Social Security administration of United States, 2008.

[241] Standing, Guy. Global Feminization Through Flexible Labour, World Employment Programme Research, Working Paper No. 31, WEP 2-34/WP.31, Geneva, ILO, 1989.

[242] Strassmann, D. L.. Feminist thought and economics; or what do the Visigoths know [J]. American Economic Review, 1994, 84 (2): 153-158.

[243] Stewart, F.. The role of financial education in improving pension coverage ratios, OECD/IOPS Conference on Private Pensions in Latin America, 29 March 2006.

[244] Takayama, Akira. Analytical Methods in Economics [M]. University of Michigan Press, 1993.

[245] Theil, Henri. A multinomial extension of the linear logit model [J]. International Economic Review, 1969, 10 (3): 251-259.

[246] Thurow, Lester C.. Poverty and Discrimination [M]. Washington D.C.: The Brookings Institution, 1969.

[247] Todaro, Michael P.. Internal Migration in Developing Countries [M]. Geneva: International Labor Organization, 1976.

[248] Todaro, Michael P.. Economic Development in the Third World [M]. New York: Longman, 1989.

[249] Toossi, Mitra. A new look at long-term labor force projections to 2050 [J]. Monthly Labor Review, 2006, 129 (11).

[250] Treiman, D. J.. Occupational Prestige in Comparative Perspective [M].

New York: Academic Press, 1977.

[251] Yao, Yang. Social exclusion and economic discrimination: The status of migrations in China's coastal area [R]. Working paper E2001005, China Center for Economic Research, Peking University, 2001.

[252] United Nations. Gender Mainstreaming: An Overview [M]. New York: 2001.

[253] UNICEF. Women in Transition: A Summary, The NONEE Project Regional Monitoring Report, No.6, UNICEF, Florence-Italy, 1999.

[254] Walker, Amasa.. The Science of Wealth: A Manual of Political Economy [M]. Philadelphia: Lippincott, 1872.

[255] Wang, Meiyan and Fang Cai. Gender wage differentials in China's urban labour market, UNU-WIDER Research Paper No. 2006/146, 2006.

[256] Watts, Martin. Occupational gender segregation: index measurement and econometric modeling [J]. Demography, 1998, 35 (4): 489–496.

[257] Wellington, A. J. Changes in the male/female wage gap, 1976–1985 [J]. Journal of Human Resources, 1993, 28 (2): 383–411.

[258] Willmore, L.. Universal pensions for developing countries [J]. World Development, 2006, 35 (1).

[259] Wooldridge, Jeffrey M.. Econometric Analysis of Section and Panel Data [M]. The MIT Press, 2002.

[260] World Bank . Averting the Old Age Crisis: Policies to Protect the Old and Promote Growth [M]. New York: Oxford University Press, 1994.

[261] World Bank . China Country Gender Review [OL]. www.worldbank.org.cn/English/content/gender-en.pdf, 2002.

[262] World Bank. Gender-differentiated impacts of pension reform, PREM (Poverty Reduction and Economic Management) Notes No. 85, 2004.

[263] World Bank. Gender in Transition, Eastern Europe and Central Asia Region of Human Development Unit of World Bank, Washington D. C, 2002.

[264] Zhang, Junsen, Jun Han, Pak-Wai Liu and Yaohui Zhao. What has happened to the gender earnings differential in urban China during 1988-2004. HIEBS Working Papers Series No. 1164, 2007.

后 记

本书是我近年来对劳动市场中性别问题相关研究的一个总结。性别差异问题在中国当前的经济学研究中并不算热门,一个冠冕堂皇的理由是,在中国的经济发展与转型中,有诸多"大问题"都还未解决,诸如"性别差异"之类的"小问题"还不值得研究。这种想法并不鲜见。我之所以敢于如此说,是因为当年我进入该领域时也有如此的想法。但是,随着研究的深入以及对性别问题理解的加深,对"性别问题是小问题"的看法逐渐改变,对就业和劳动领域中因性别不平等所引发的经济和社会问题的认识也逐渐加深。性别平等既涉及社会公正的实现,也涉及经济运行的效率与质量。性别问题不是一个可望而不可即的"空中楼阁",而是就在你我身边,触手可及,随处可见。

选择农民工群体进行研究,来源于这样一个事实:过去 30 年以及未来 10 年、20 年是中国快速城镇化的过程。这一城镇化过程将彻底改变中国过去两千多年的农业社会结构以及建立在农业社会之上的制度、文化与意识形态。而中国传统的关于性别分工的理念也将在这一过程中受到前所未有的冲击。工业社会、市场经济与城市生活成为当前及未来社会结构的关键词,而这三个关键词对中国农村女性的发展而言无疑是一柄"双刃剑":在帮助她们从传统的家庭束缚中走出来、获得更多经济独立的同时,她们也要面对工业社会、市场经济和城市生活带来的种种风险,其中之一就是市场对女性的"惩罚"(Market Penalty)。若没有相应的保护性政策,女性在进城之初所遭受的不平等不仅对她们自身有所损害,而且还通过代际传递影响到她们的后代,使这种不平等固化和阶层化。而制定相应的保护性政策的前提是对劳动市场中导致性别差异的诸因素的分析。这正是本书的主题。

本书中的一些内容已在相关学术期刊上发表,还有一些内容在学术会议上进行过宣讲,但是在纳入本书时都进行了相应的修改。

在本书即将出版之际,首先要感谢中国社会科学院学部委员、经济研究所朱玲研究员。朱老师是我攻读博士学位期间的导师，也是我进入中国社会科学院经济研究所工作后参加的相关研究课题的主持人。朱老师严谨的研究风格、国际化的研究视野、扎根中国现实的研究路径，是我在科研道路蹒跚前行的指路明灯。本书包含了朱老师的心血和教导。

其次还要感谢加拿大温尼伯大学的董晓媛教授。我在攻读博士学位期间曾两次旁听董老师在北京大学组织的中国女经济学者培训项目，虽然不是正式学员，但也受益匪浅。近两年在董老师的组织下，我分别参加了 2012 年在西班牙巴塞罗那和 2013 年在美国斯坦福举行的国际性别经济学年会，并在会上就自己的研究成果进行了交流。这对我掌握国际前沿的性别理论与分析方法起到了重要作用。

感谢经济管理出版社的徐雪编辑和赵喜勤编辑，她们的敦促是本书得以出版的重要动力。我的研究生单爽进行了文字编辑工作，在此也表示感谢。

还要感谢我的妻子，她的善意、支持和包容是我能够在学术研究这条路上一直走过来的必不可少的条件。感谢我的父母，他们一直站在我身后，给我莫大的支持与鼓励。感谢我的女儿小熊，她带给我的欢乐和幸福是无法用语言形容的，这本书也是献给她的。

王　震